新概念教材
产学结合型

教育部职业教育与成人教育司行业规划教材
中等职业教育财经类专业基础课教材新系
教育部商业职业教育教学指导委员会 推荐

中国经济地理

（第六版）

U0656856

林婉如　主　编
叶惠莲　副主编

东北财经大学出版社
Dongbei University of Finance & Economics Press
大连

图书在版编目（CIP）数据

审图号：GS（2023）553号

中国经济地理/林婉如主编. —6版. —大连：东北财经
大学出版社，2023.2
（中等职业教育财经类专业基础课教材新系）
ISBN 978-7-5654-4682-5

Ⅰ.中⋯　Ⅱ.林⋯　Ⅲ.经济地理–中国–中等专业学校–教
材　Ⅳ.F129.9

中国版本图书馆CIP数据核字（2022）第207725号

东北财经大学出版社出版
（大连市黑石礁尖山街217号　邮政编码　116025）
网　　址：http：//www.dufep.cn
读者信箱：dufep@dufe.edu.cn
大连图腾彩色印刷有限公司印刷　　东北财经大学出版社发行
幅面尺寸：148mm×210mm　　字数：316千字　　印张：10.5
2023年2月第6版　　　　　　　2023年2月第1次印刷
责任编辑：周　欢　　　　　　　责任校对：王　娟
封面设计：张智波　　　　　　　版式设计：原　皓

定价：28.00元

推荐说明

　　本书是全国中等专业（职业）学校通用教材，经审定，同意作为我会推荐教材出版。书中不足之处，欢迎读者批评指正。

教育部商业职业教育教学指导委员会

第六版前言

在科技飞速发展、产业更新换代加快的当今，为了提高学生的整体素质、培养学生的综合职业能力，本次修订力求在教材传承的基础上创新；应用地理学的观点，在科学分析、评价中国经济布局条件（自然、科学技术、社会经济条件）的基础上，以最新资料和数据，系统地阐述中国农业、工业、交通运输业、商贸、旅游、城市等的布局现状和特点，并预测其发展方向；同时突出经济地理学的实用性，为国家经济布局的科学决策提供依据。本书一改以往中职教材以定性描述为主、陈述空泛的传统做法，尽量简化定性描述，减少"地位、作用"等所占的篇幅，适当增加图、表、小知识、小思考等的比例，并在各章专设了学习目标、主要概念、本章小结、知识练习、观念应用等栏目，旨在帮助学生提高学习效果和综合能力，从而形成自身特色。本书提供了电子课件与习题答案，可登录东北财经大学出版社网站http://www.dufep.cn查询或下载。

本书由高级讲师林婉如任主编，叶惠莲任副主编。参加本书编写的有：福建工贸学校高级讲师林婉如（绪论和第3、6、7章），安徽商贸职业技术学院副教授李萍（第1章），福建工贸学校讲师叶惠莲（第2、4、5章）。全书由高级讲师林婉如总纂，福建师范大学地理科学院教授袁书琪主审。本书在编写过程中参阅了不少文献，得到了有关部门、专家和教师的大力支持，在此一并致谢。

由于编写时间仓促，编者水平有限，书中疏漏在所难免。敬请广大读者不吝赐教，以便继续修订，使之日臻完善。

编　者
2022年10月
于福建福州

目　录

绪　论

学习目标

　　知识目标：了解地理学科的概况；明确学习经济地理学的目的；掌握经济地理学的研究对象和经济地理学的学科特点；掌握经济地理学的学习方法。

　　技能目标：能利用地图查找自然和人文地理要素，为学好经济地理学奠定基础。

　　能力目标：应用经济布局的原理分析或评价所在地区的宏观或微观经济布局现状。

引例　"十四五"时期，我国国民经济和社会发展的主要目标

经济发展取得新成效。发展是解决我国一切问题的基础和关键，发展必须坚持新发展理念，在质量效益明显提升的基础上实现经济持续健康发展，使国内市场更加繁荣，经济结构更加优化，创新能力显著提升，产业基础高级化、产业链现代化水平明显提高，农业基础更加稳固，城乡区域发展协调性明显增强，现代化经济体系建设取得重大进展。

资料来源　根据《中共中央关于制定国民经济和社会发展第十四个五年规划的建议》的有关内容整理得来。

以上资料说明，进行合理的经济布局是十分必（重）要的，这正是经济地理学科要研究和探讨的问题，也是我们学习经济地理的目的，即为国家经济布局出谋划策。

地理学是研究地表（包括大气圈、水圈、岩石圈、生物圈等）空间分布和变化规律的科学，可分为自然地理学和人文地理学两大支。前者侧重于研究地表自然区域系统，揭示自然环境对人类活动的作用；后者侧重于研究地表人文区域系统，揭示人类活动对于其赖以生存的自然环境的影响。地理学发展至今已形成了一个庞大的、成熟的学科体系（如图0-1所示）。

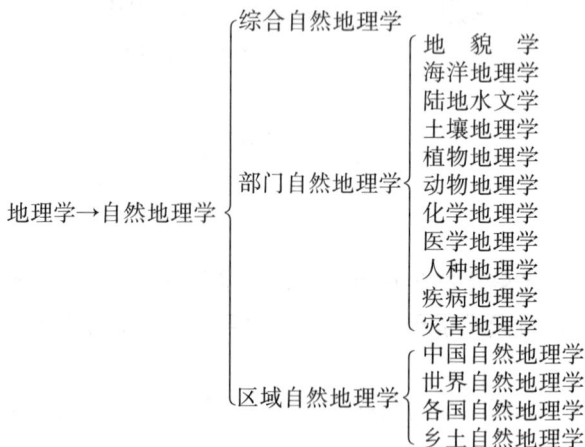

地理学→自然地理学
- 综合自然地理学
- 部门自然地理学
  - 地　貌　学
  - 海洋地理学
  - 陆地水文学
  - 土壤地理学
  - 植物地理学
  - 动物地理学
  - 化学地理学
  - 医学地理学
  - 人种地理学
  - 疾病地理学
  - 灾害地理学
- 区域自然地理学
  - 中国自然地理学
  - 世界自然地理学
  - 各国自然地理学
  - 乡土自然地理学

```
                    ┌ 综合人文地理学
                    │        ┌ 人口地理学
                    │        │          ┌ 普通经济地理学
                    │        │          │                ┌ 工业地理学
                    │        │          │                │ 农业地理学
                    │        │          │ 部门经济地理学 ┤ 交通地理学
                    │        │ 经济地理学┤                │ 贸易地理学
                    │        │          │                └ 旅游地理学
                    │        │          │                ┌ 世界经济地理学
                    │        │          │ 区域经济地理学 ┤ 中国经济地理学
地理学→人文地理学 ┤ 部门人文地理学┤        └                └ 乡土经济地理学
                    │        │ 聚落地理学┌ 城市地理学
                    │        │          └ 乡村地理学
                    │        │          ┌ 福利地理学
                    │        │ 社会地理学┤ 犯罪地理学
                    │        │          └ 行为地理学
                    │        │          ┌ 民族地理学
                    │        │ 文化地理学┤ 宗教地理学
                    │        │          └ 语言地理学
                    │        │ 政治地理学
                    │        │ 军事地理学
                    │        └ 历史地理学
                    └ 区域人文地理学
```

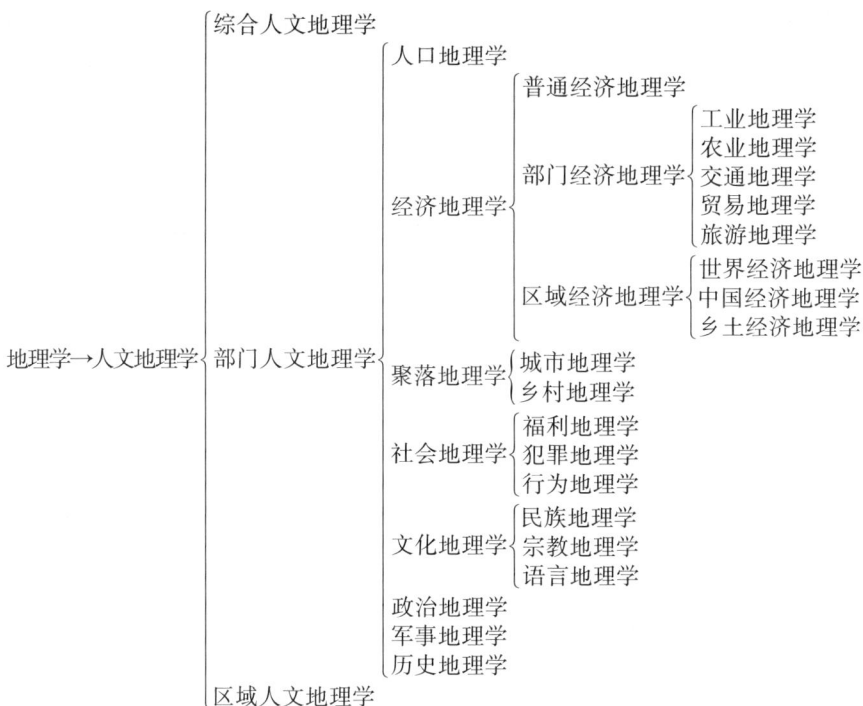

图 0-1　地理学分支

0.1　经济地理学的研究对象

经济地理学是人文地理学的一个重要分支，是研究各国、各地区经济（产业）布局的形成、发展条件和变化规律的学科。

所谓**经济布局**，就是社会各经济部门在一个国家或地区的空间分布及组合形式。经济布局可分为宏观布局和微观布局。宏观布局是指较大区域的综合性经济布局。它主要根据一定时期国民经济发展的战略目标和各地区的自然资源、科学技术和社会经济条件状况，按照经济的地域分工和加强地区间经济协作关系等原则，通过区域规划和科学论证，建立起具有地区优势和特色的经济结构，并指导经济部门进行合理分布和组合。它对国民经济的整体发展具有战略意义。微观布局是指具体经济建设项目的空间分布，是宏观布局的落实和实施。它主要根据拟建项目对技术、经济等方面的要求，选择最佳的布局条件，以实现经济要素在空间的最优组合。宏观布局与微观布局既有联系又有区别，只有二者有机结合才能取得良好效果。

经济布局也不是一成不变的，它会随着生产方式的变化以及自然、技术、社会条件的改变而发生相应的变化，尤其是代表生产力水平的科学技术的迅猛发展，使社会生产的空间领域不断扩大，从而引起各经济部门和经济要素的空间组合向纵深、复杂化和多样化的方向不断发展，这是经济布局的必然趋势。因此，经济地理学必须从各地区、各时期的自然、技术、社会经济等因素的相互联系中，分析经济部门空间组合的类型、规模和结构，研究它们的形成条件、特点和发展变化的规律。

经济地理学有普通经济地理学、部门经济地理学和区域经济地理学三大组成部分。对我国的经济工作者来说，实际应用最多的是区域经济学地理知识，尤其是中国经济地理学知识。中国经济地理学是一门研究中国经济布局规律的学科，在分析、评价我国经济布局条件的基础上，主要应用经济地理学的基本理论，研究我国农业、工业、交通运输业、贸易、旅游业等经济部门的地区分布及形成、发展、变化规律。

0.2　经济地理学的学科性质和特点

学科的性质取决于学科的研究对象。经济地理学所研究的经济布局，是一个极为复杂的社会经济现象，它的形成和发展深受自然、技术和社会经济等诸因素的制约和影响，其中社会经济因素对经济布局起决定性作用，它决定着经济布局的目的和原则，而自然因素是经济合理布局的基础和前提，技术则是经济合理布局的必要手段。任何经济部门的合理布局都是这三者在一定地域空间上辩证统一的结果。由此可见，经济地理学是一门特殊的、与技术科学和自然科学都有密切联系的社会经济科学。"经济"反映了它的性质，与技术科学相联系；"地理"反映了它的特点，与自然科学相联系。所以，一般认为经济地理学是一门介于社会经济科学、自然科学和技术科学之间的边缘学科。

经济地理学的学科性质，使这门学科具有区别于其他学科的地域性、综合性、社会性等特点。

（1）地域性。它是所有地理学科的根本特性，经济地理学也不例外。地域是经济地理研究的客体，离开了地域也就不存在经济地理学。因为任何一个经济布局都要具体落实到一定的地域空间上，并受该地区各种具体条件的制约和影响。地理环境空间的差异，使得各地发展经济的自然、社会和技术条件都不尽相同，从而表现出经济布局的区域性特点。因此，地域性是经济地理学区别于技术学科和其他经济学科的主要标志。

（2）综合性。经济布局涉及社会生产和生活的各个方面，制约因素有很多。首先，经济布局本身包括总体布局、区域布局、部门布局、企业布局等多个层次；其次，影响经济布局的条件涉及自然、社会、经济、技术等方面；最后，分析研究经济布局的成因需要运用多种手段和多学科的研究成果。因而，只有坚持综合的观点和方法，全面科学地研究各种复杂关系和影响条件，才能实现经济布局的科学化和合理化。

（3）社会性。任何经济布局的实体，都是社会及社会经济总体的一个有机组成部分，社会的性质和社会各个时期的发展特点决定其存在和发展的方向。我国是以生产资料公有制为基础的社会主义国家，其经济布局的目的是为了发展生产、满足人民日益增长的物质文化需要，并从人民的根本利益出发，着眼于全国各地区各民族的均衡发展，服务于国家的整体利益和长远利益。我国的经济布局是根据社会发展的要求，在国家宏观政策的统一指导下，遵循因地制宜、合理分工、扬长避短、优势互补、共同发展的原则而形成和发展起来的，国家的方针政策及法令对经济布局的内容和趋势具有决定性影响。因此，社会性是经济地理学又一个鲜明的特点。

此外，预测性也是经济地理学的一个主要特点。只有用经济地理学的原理、用发展的眼光科学地预测一个国家或地区经济布局条件的发展变化、未来趋势，对地区经济建设作出规划、论证，从而为经济布局提供科学依据，经济地理学科才有活力，才能在经济大潮中为国家现代化建设作出贡献。

0.3 学习经济地理学的目的和方法

通过学习，要掌握经济地理学的基本理论和基础知识，客观地分析、评价影响我国经济布局的条件和我国经济布局的形成。在实际工作中，自觉按经济规律和自然规律办事，要明确经济布局是国家经济建设中的一个关键问题，只有合理、科学布局，才能促进国民经济的协调发展。

经济地理学是一门综合性和实践性都很强的学科，内容多，牵涉面广。要学好经济地理学，在刻苦学习的同时，还要讲究学习方法。第一，必须运用辩证唯物主义和历史唯物主义的观点，应用理论联系实际和循序渐进的方法，从多学科的角度综合研究和分析归纳经济布局现状的形成原因及发展趋势，正确认识各经济部门的发展和地区分布的特点和规律，将所学到的理论、知识、技能运用于实践，为当地经济建设服务。第二，要充分利用地图。地图与地理学的关系十分密切，甚至可以说，没有地图就没有地理学。此外，要重视图表、数字的学习，要善于收集资料，并对大量的新资料进行综合论证，提高自己的综合分析能力，同时不断充实这门学科的内容。第三，要发扬锲而不舍、滴水穿石的精神。勤奋是学好各门功课的钥匙，当然也是学好经济地理学的钥匙。

本章小结

※ 地理学是研究地表（包括大气圈、水圈、岩石圈、生物圈等）空间分布和变化规律的科学。经济地理学是人文地理学的一个重要分支，是研究各国、各地区经济（产业）布局的形成、发展条件和变化规律的科学，具有地域性、综合性、社会性等特点。

※ 经济布局深受自然、社会经济、科技因素的制约和影响，并随着这三大因素的改变而发生相应的变化。

中国经济地理

主要概念

地理学　经济地理学　经济布局

知识练习

❋ **简答题**

（1）经济地理学的研究对象是什么？试举例说明。

（2）经济地理学的学科特点有哪些？试举例说明。

❋ **填空题**

（1）经济地理学是研究_____的学科，具有_____、_____和_____等特点。

（2）经济布局的条件是指_____、_____和_____等。

❋ **选择题**

（1）以下属于自然地理要素的是（　　）。

A.山川地貌

B.交通运输

C.农业

D.人口

（2）以下属于人文地理要素的是（　　）。

A.山川地貌　　　　　　　　B.交通运输

C.植被　　　　　　　　　　D.河流

（3）探讨中国发展旅游业的地理条件属于（　　）的研究对象；制定我国经济发展规划属于（　　）的范畴。

A.地理学　　　　　　　　　B.经济地理学

C.旅游地理学　　　　　　　D.部门经济地理学

技能训练

根据中国地形图或中国政区图的图例，分别找出图中的自然地理要素和人文地理要素。

观念应用

※ **案例题**

推动区域协调发展。推动西部大开发形成新格局，推动东北振兴取得新突破，促进中部地区加快崛起，鼓励东部地区加快推进现代化。支持革命老区、民族地区加快发展，加强边疆地区建设，推进兴边富民、稳边固边。推进京津冀协同发展、长江经济带发展、粤港澳大湾区建设、长三角一体化发展，打造创新平台和新增长极。推动黄河流域生态保护和高质量发展。高标准、高质量建设雄安新区。坚持陆海统筹，发展海洋经济，建设海洋强国。

资料来源　根据《中共中央关于制定国民经济和社会发展第十四个五年规划的建议》的有关内容整理得来。

问题：（1）用学过的知识，初步分析以上资料涉及经济地理学的哪些分支学科。

（2）上网查询长江经济带、粤港澳大湾区、黄河流域、雄安新区等所含的区域范围，你的家乡在以上哪个区域？

※ **实训题**

试用经济地理学的原理分析当地的宏观经济布局。

第1章

经济布局的条件

学习目标

　　知识目标：了解影响我国经济布局的三大因素的基本特征，掌握我国自然条件、科技条件、社会经济条件的特殊性及其对我国宏观经济布局和微观经济布局的影响。

　　技能目标：选择和搜集将能影响经济布局的条件量化、形象和具体化的资料；选用比例合适的中国政区图与中国地形图，熟悉我国34个省级行政区；对照图评价和分析我国资源及人口的分布大势。

　　能力目标：研究经济布局的规律，最大限度地认清各类经济布局的条件，合理评价其对经济的作用，把经济活动的场所设置在条件最适宜的地域，充分调动和利用一切有利因素，以求取得最佳经济效益和社会效益。

引例　　　　　推动绿色发展，促进人与自然和谐共生

　　坚持"绿水青山就是金山银山"的理念，坚持尊重自然、顺应自然、保护自然，坚持节约优先、保护优先、自然恢复为主，守住自然生态安全边界。深入实施可持续发展战略，完善生态文明领域统筹协调机制，构建生态文明体系，促进经济社会发展全面转型，建设人与自然和谐共生的现代化社会。

　　资料来源　根据第十四个五年规划的相关资料整理得来。

　　研究经济布局的规律，核心问题在于寻求经济合理布局的途径。经济发展和布局的目的归根结底是对相关资源和条件加以改造、利用，以求人类的生存与发展。这些相关资源和条件，统称为影响经济布局的条件，虽纷繁复杂，但概括起来可分为自然条件、科学技术条件和社会经济条件三个方面。它们的数量、质量或时空分布状况，与经济本身的要求总是存在一定的差距。我们的任务就在于最大限度地认清各类经济布局的条件，合理评价其对经济布局可能产生的影响与作用，把经济活动的场所设置在条件最适宜的地域，充分调动和利用一切有利因素，以求最佳经济和社会效益。

　　本章旨在对我国经济布局的条件作系统、全面的介绍及科学、合理的分析、评价。

1.1　自然条件

　　自然条件包括自然环境和自然资源两个方面。前者主要指地理位置、地形、气候等要素，后者主要指土地、矿产、能源、水资源、生物资源等。

　　自然条件是经济布局不可缺少的因素，是社会生产的必要条件。在一定的社会经济和科学技术条件下，经济布局无论是宏观上的经济地域分异、特色，还是微观上的企业布点、规模、整体效益，都要受到自然条件的制约和影响。但是，自然条件对经济布局的作用不是绝对的、一成不变的。随着经济发展、科技进步，人类对自然的利用程度不断加深，范围不断扩大，则自然条件对经济发展和经济布局的制约作用也会

中国经济地理

逐渐减小。

我国自然条件复杂多样，既为经济布局提供了极为有利的条件，也存在许多不利因素。只有充分认识我国自然条件的特殊性，才能为经济合理布局提供可行依据。

1.1.1 中国自然环境及其经济评价

1）地理位置

我国位于东半球赤道以北，背靠世界最大的陆地——亚欧大陆，濒临世界最大海洋——太平洋，海陆兼备，幅员辽阔，位置优越。

从疆域看，我国最北抵达漠河以北黑龙江主航道中心线，最南达赤道附近的曾母暗沙，南北跨纬度逾49°，相距5 500千米；西起帕米尔高原，东至黑龙江与乌苏里江主航道汇合处，东西跨经度逾61°，延伸5 200千米。国土面积约960万平方千米，分别占亚洲和世界大陆面积的21.6%和6.4%，仅次于俄罗斯和加拿大，居世界第三位。

我国的疆土大部分位于中纬度，水质条件良好，自然资源众多，和其他国土面积较大的国家相比，既不像俄罗斯、加拿大那样严寒、冻土广布，也不像巴西和印度尼西亚那样炎热过湿。

我国也是一个重要的海洋国家，海域广阔。大陆海岸线北起鸭绿江口，南抵北仑河口，长18 000千米。领海中面积500平方米以上的岛屿达6 500多个，总面积近80 000平方千米，海岸线长14 000千米。水深在200米以内的大陆架面积达146.6万平方千米，沿海滩涂21 000平方千米，开发前景广阔。

我国既可以利用海洋同世界各国交往，也可以通过陆路与众多邻国联络，更可以以航空方式快速地与世界各地人民友好往来。

辽阔的疆域、特殊的海陆位置对我国自然环境的分异，特别是气候基本特征的形成，起着决定性的作用，同时也对我国经济发展、经济布局的方方面面产生着广泛、深刻的影响。

【小知识1-1】

祖国四至点经纬度

最北：北纬54°左右；最南：北纬4°左右；最东：东经135°左右；最西：东经74°左右。

2）地形

我国地形总的特点是地势西高东低、呈阶梯状分布，地形种类多样，山区面积广大。

我国基本地势受地质构造影响，西高东低，呈阶梯状分布（如图1-1所示）。以昆仑山和祁连山为北界、喜马拉雅山为南界、喀喇昆仑山为西界、横断山为东界，构成了第一级阶梯——平均海拔约4 500米的青藏高原。昆仑山—祁连山—横断山一线与大兴安岭—太行山—巫山—雪峰山一线之间为第二级阶梯，海拔大致在1 000～2 000米。余下的东部为第三级阶梯，海拔在500米以下。这种西高东低的地势，有利于来自东南方向的海洋暖湿气流深入内陆，对我国东南半壁的气候、植物、土壤以及农业生产都会产生有利影响，同时使发源于青藏高原向东、向南奔流的河流具有巨大落差，蕴藏着丰富的水能。

我国地形种类复杂多样，高原、山地、盆地、平原和丘陵五种地形齐备，在三级阶梯中分布有致。第一级阶梯青藏高原上有一系列高大的山脉，北部有著名的柴达木盆地。在第二级阶梯上，依次分布有内蒙古高原、黄土高原、云贵高原、准噶尔盆地、塔里木盆地、四川盆地。此外，尚有众多山脉点缀其间。第三级阶梯自北往南有三大平原、三大丘陵相间分布。在五种地形中，山地最多，占33%，高原占26%，盆地占19%，平原占12%，丘陵占10%。山地、地形起伏较大的高原和丘陵统称山区，山区约占全国陆地总面积的2/3。

复杂多山的地形、独具一格的地势，使我国各地自然环境千差万别，自然资源多样，我国经济布局中东西发展水平的差异、农业生产的地域分异、山区与平原经济发展方向上的差别等无不与之相关。

3）气候

在纬度位置、海陆分布、地势地形等因素的综合作用下，形成我国气候的基本特征：大陆性季风气候显著，气候类型复杂多样。

以大兴安岭—唐古拉山—冈底斯山一线为界，可将我国分为季风区和非季风区。该线以东、以南为季风区，气候特色表现为冬夏风向有规律更替。冬季盛行偏北风，气候寒冷干燥；夏季盛行偏南风，气候暖热湿润。线西、线北为非季风区，区内又因青藏高原的崛起有所分异。青藏高原为特殊的高寒气候区，其余地区既深处内陆，又受青藏高原的屏

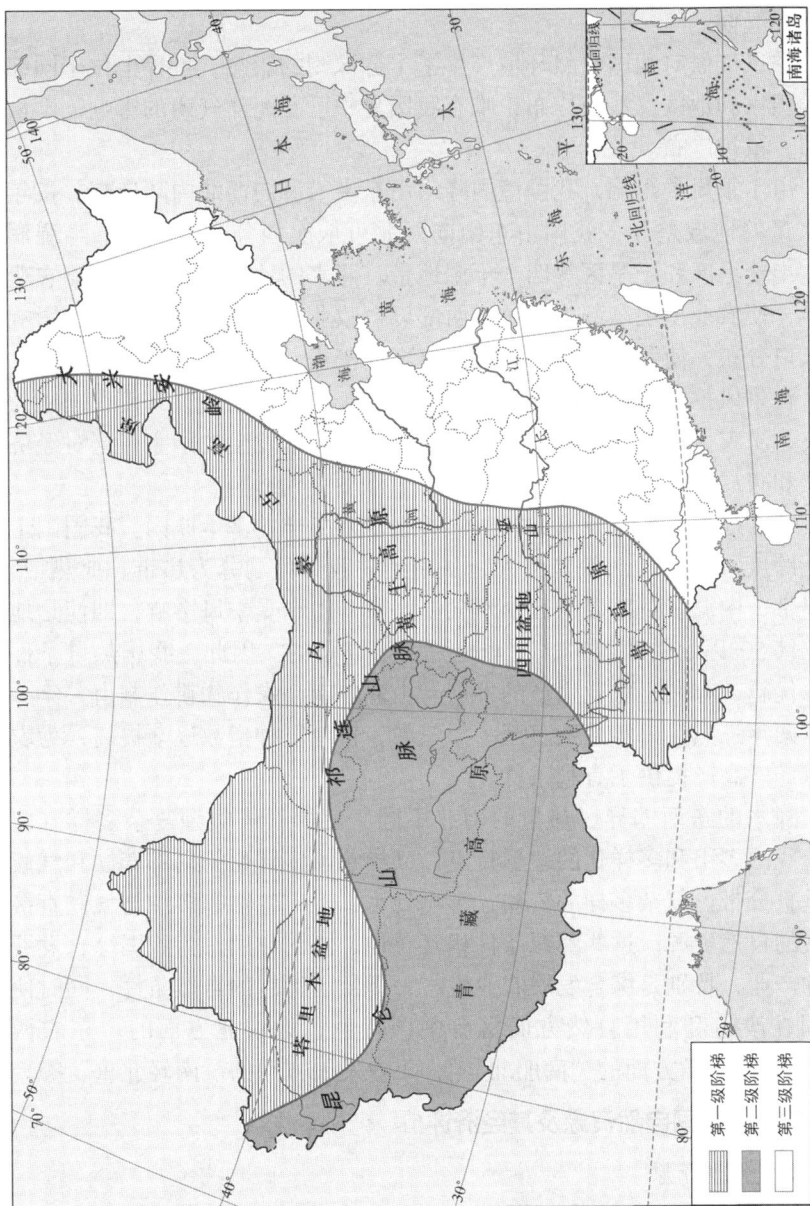

图 1-1 中国地势示意图

第一级阶梯
第二级阶梯
第三级阶梯

障作用，夏季受海洋气流影响小，因此，气候干燥，降雨稀少，属温带大陆性气候。

季风气候对我国自然环境产生了十分深刻的影响。世界上位于同纬度的国家和地区，沙漠广布，唯有我国夏季可受海洋气团的影响，雨量丰沛，植被广布。

由于季风的影响，我国境内降水由东南沿海向西北内陆递减。按年降水量的地域差异，我国由东南向西北可依次划分为湿润区、半湿润区、半干旱区和干旱区等四个干湿地带。降水的地域差异，既影响农业生产，使农业出现东部为农耕、西部以畜牧业为主的地域分异，也影响到人口分布，使我国东部农耕区人口高度密集。

在季风控制下的降水季节分配不均，年际变化大，这又使我国成为旱灾、涝灾、风灾、寒潮、台风等气象灾害频繁发生的国家。这对经济发展和布局，尤其是对农业生产产生了许多不利影响。

纬度地带性，是导致我国气候类型复杂多样的基本原因。我国国土南北跨度大，各地热量差异大，从南到北我国可划分为热带、亚热带、暖温带、中温带及寒温带五个不同温度带。由于受季风影响，即使是地处北纬50°以北的寒温带，夏季也是普遍高温的。因此，我国热量条件十分优越，有利于农业生产的发展。由北向南，农作物耕作制由一年一熟、两年三熟、一年两熟直至一年三熟，耕地复种指数逐渐提高，为农业单产、高产提供了有利条件。

降水的东西差异、热量的南北不同，使得气候类型复杂多样。此外，我国多山和多样化的地形特点，又导致了多样化的局部气候和气候的垂直分带。复杂多样的气候，影响到水、土、生物等多种与气候直接相关的自然资源。这些资源条件相互叠加，协同作用，为我国综合发展各种产业，特别是综合发展农业生产，提供了优越的自然条件，同时使我国在改造和利用自然方面富有中国特色，如农业方面的"东农西牧"，交通运输方面的"南船北马"，工业发展方面的"南轻北重"等。

1.1.2 中国自然资源及其经济评价

1）土地资源

土地是地球表面的组成部分，是人类活动的主要场所，更是农业生产的基础。土地资源具有数量的有限性和空间位置的固定性等特点。人类不可任意增加它的绝对数量和改变它的空间位置。但土地资源属可再生资源，若使用得当，可永续利用。

我国土地资源绝对数量大，面积居世界第三。由于气候、地形等因素的影响，加上开发历史长短不一、利用方式各具特色，我国土地类型丰富多样。这为农业生产发展的多样性奠定了良好的基础，但存在的问题也不少：山地多、开发利用的难度大。沙漠、戈壁、高寒荒漠、石山、冰川及永久积雪区等难以利用的土地类型面积广，占国土总面积的19.1%。在可利用土地中，产出水平低的草地几近一半，而林地、耕地少，耕地只占土地总面积的12.67%，且2/3为中、低产田，高产田也退化严重。人口增长快，非农用地比重逐年上升，使人均耕地面积日益减少。人均耕地面积居世界第127位，不到世界平均水平的一半。我国土地在分布上呈现如下规律：耕地90%分布在东部季风区的平原、盆地、丘陵地区。天然林集中分布在东北、西南和南方山区；人工林主要分布于城乡居民点附近，铁路、公路等交通沿线，以及北方旱地防护林网区、"三北"及沿海防护林营林区；灌木林主要分布于东部各山丘地带。天然草场分布于半干旱区。沙漠戈壁主要分布在西北干旱区。高寒荒漠集中在藏西北地区。沼泽地多分布于东北及滨海地区。盐碱地主要分布于内陆灌溉农业区及黄淮海平原区。

2）水资源

水是人类生存的必需条件，又是生产活动的重要基础。自然界中储藏的水资源通常指陆地上各种可以被人们利用的淡水资源。陆地上的淡水资源按其空间分布的不同，可以分为地表水和地下水等。全球淡水资源基本上是个常数，而人类对淡水的需求却与日俱增。水资源的短缺，是人类在21世纪面临的最严峻的问题之一。

我国有众多的江河湖泊、人工水库以及普遍存在的地下水，这为经济布局和人民生活提供了可靠水源。我国河流多年平均径流总量达27 000亿立方米，地下水径流总量达8 000亿立方米。扣除重复部分，全国多年平均水资源总量为28 000亿立方米，次于巴西、俄罗斯、加拿大、美国和印度尼西亚，居世界第6位。人均淡水资源居世界第103位，不到世界平均水平的1/3。

受季风气候和地势等因素的影响，我国水资源时空分布差异较大。

首先是水资源地区分布不平衡，由东南向西北逐渐减少。长江和珠江流域、浙闽台地区及西南地区诸河流域水资源最丰富；黄河、淮河、辽河、海河、滦河等流域水资源缺乏；内陆河流域更少。水资源的地区分布与人口、耕地分布不相适应，目前，我国严重缺水的地区早已不限于西北干旱区，在东部、北部各地，水荒严重，各项经济事业的发展均受水资源短缺的限制，有些城市多次发生饮用水供应不足事件。历史上，黄河下游逢枯水季节常常断流。

其次是水资源时间分布不均。降水量年际、年内变化大，导致河川径流有较大波动、起伏，这不仅给开发利用带来困难，也是水旱灾害频繁发生的根本原因。20世纪90年代以来，仅长江流域就发生过数起历史罕见的洪涝灾害，如1998年的特大洪涝灾害，给国家和人民造成了难以估量的经济损失。因季风气候的特殊性，往往造成旱灾、涝灾在不同地区同时发生，在相同地区交替发生。1998年夏季，当长江、嫩江流域深受洪涝之苦时，华北地区却久旱无雨；长江流域在刚经受洪水浩劫数月之后，其干流在上中游地区首次因水量不足导致大型客、货轮停运。进入21世纪后，特别是2004年、2007年和2020年，南方及长江流域再次遭遇大范围洪涝灾害，其中2004年、2020年的洪涝灾害范围大且分散，局部地区损失严重，全流域共有782个县（市）、7630万人受灾，因灾死亡645人，直接经济损失约300亿元。

最后是水资源质量下降。我国水体污染严重，已在威胁着我们的生存环境。早些年有关部门对523条河流的监测调查表明，有436条已受到不同程度的污染。奔腾不息、自净及修复能力较强的河流尚且如此，湖泊则更难幸免，在已被污染的湖泊中，以太湖、巢湖、滇池最为严重。污染最严重的还是地下水，其污染主要发生在城市及其附近地区。

针对水资源的上述特点，进入21世纪，国家采取一系列对策与措施进行治理，水利建设投入持续加大，完善江河流域防洪体系、优化水资源配置格局，兴修水利、调蓄水源、加大防洪抗旱力度，防治污染、节约用水、充分合理地利用有限水资源。

中国经济地理

南水北调工程

"南水北调工程"是中华人民共和国的战略性工程，主要解决我国北方地区，尤其是黄淮海流域的水资源短缺问题，规划区人口4.38亿人。共有东线、中线和西线三条调水线路，调水规模448亿立方米。工程规划的东、中、西线干线总长度达4 350千米。东、中线一期工程干线总长为2 899千米，沿线六省市一级配套支渠约2 700千米。

通过三条调水线路与长江、黄河、淮河和海河四大江河的联系，构成以"四横三纵"为主体的总体布局，实现中国水资源南北调配、东西互济的合理配置格局。

东线起点位于江苏扬州江都水利枢纽，途经江苏、山东、河北三省，向华北地区输送生产生活用水的国家级跨省界区域工程。

中线起点位于汉江中上游的丹江口水库，供水区域为河南、河北、北京、天津四个省（市）。

西线工程指从四川长江上游支流雅砻江、大渡河等长江水系调水，至黄河上游青、甘、宁、蒙、陕、晋等地的长距离调水工程，是补充黄河上游水资源不足，解决我国西北干旱缺水，促进黄河治理开发的战略工程。（项目处于前期论证阶段，为未建项目）

南水北调中线、东线工程（一期）已经完工并向北方地区调水。截至2020年6月3日，南水北调中线一期工程已经安全输水2 000天，累计向北输水300亿立方米，已使沿线6 000万人口受益。其中，北京中心城区供水安全系数由1提升至1.2，河北省浅层地下水水位由治理前的每年上升0.48米增加到0.74米。

资料来源　根据《光明日报》2016年8月27日相关内容整理得来。

3）能源资源

能源既是国民经济发展的必要物质条件，也是一项重要的生活资料。我国能源资源绝对数量多、种类齐全，煤炭保有储量世界第一；水能资源理论蕴藏量6.8亿千瓦，世界第一，发展前景最为乐观；石油和天然气资源总量也居世界前列。各种新能源如核能、风能、地热能、潮汐能、太阳能等也都具很可观的开采价值，目前已纷纷进入规模开采利用阶段。

我国能源资源在分布上存在既广泛又相对集中的特点。煤炭资源分布面广，但90%以上储量集中在秦淮以北；油气资源集中程度更高于煤炭，探明储量的86%集中在东北、华北和西北；水能资源集中在西部和中南部，尤其是西南。不同地区的能源种类存在一定的互补性，如华北少水能但多煤和油；中南缺煤和油，但水能丰富。这与地区工业构成和地区经济特色有密切关联，也从客观上要求不同地区协作。

我国能源资源在总量分布与结构上也存在明显弱点。由于经济持续高速增长，能耗高居不下，我国石油对外依赖性逐年加大。目前，在能源消费中占绝对优势的煤、油气集中分布于北部和西部，而经济发达、能源需求量大的地区分布在东部和南部，从而造成了资源与消费的脱节，能源由北向南、由西到东的大量调运不可避免。

【观念应用1-1】

第七个五年计划以来，从修建大秦铁路开始，祖国版图上构筑起了一条条东西走向的钢铁长龙：神（木）黄（骅）线、集（宁）通（辽）线、南（宁）昆（明）线、邯（郸）济（南）线、西（安）宁（南京）线等等。总之，新修的东西走向铁路线数量大大超过同期修建的南北向铁路线数量。

问题：请分析其原因。

分析提示：①能源、矿产等资源集中在中西部，而资源消费集中于东部；②加强东西联络，促进中西部经济发展。

4）矿产资源

矿藏是地下埋藏的各种矿物的总称，其中符合工业生产要求、能为人类经济发展提供各种金属或非金属原料的矿藏，我们称为矿产资源。各种矿物原料是工业生产布局的物质基础。因此，矿产资源的特点对工业布局及工业生产发展会产生深刻影响。我国矿产资源总量可观、种类齐全，是世界上矿种配套条件好、能极大限度地满足工业发展需要的少数国家之一。我国已发现矿产168种，探明储量的有151种，其中40多种矿产的探明储量居世界前列。如钨、锡、汞、锑、钛、钒、稀土矿、硫铁矿等居世界第一位；铅占世界第二位；铁、铜、银、石棉居世界第三位；金、锰、铂、磷居世界第四位。这些丰富的矿产资源为我国自力更生、建立独立完整的工业体系提供了极为有利的条件。但我国的矿产资源在种类构成、地区分布、埋藏条件等方面也存在明显不足，造成开采、利用困难，从而使工业布局出现了明显的地区差异。为此，我们必须加强资源、原材料应用上的科学研究，以克服矿种结构上的缺陷；加强采矿、选矿、冶炼技术和方法的研究，以弥补矿产储量、质量方面的不足；加强交通运输业的建设，使分布不平衡的资源尽量在全国范围内有效合理地调配使用。

5）生物资源

我国生物资源非常丰富，其品种、数量仅次于巴西和印度尼西亚，居世界第三位。我国还是世界少有的生物品种大国，我国栽培的作物约有600多种，其中起源于我国的作物包括大豆、水稻、大麦、荞麦、桑、茶、甘蔗等200多种。

我国也是野生和栽培果树的起源和分布中心。"七五"期间，国家曾组织专门力量进行农作物品种资源研究，已将33万份品种资源保存入库，其中85%来自国内采集，种类之丰，在世界仅次于美国和苏联，居第三位。

我国有大量野生动物资源，大熊猫、金丝猴等为我国所特有。在长期实践中，各地培育出了难以计数的优良畜禽品种，如藏绵羊、伊犁马、金华猪等，以及像四大家鱼、骡子、犏牛等品性优良的特殊水产、牲畜。这些优良物种资源是子孙后代能持久受益的宝贵财富。

然而，我国利用生物资源的总体水平和效率并不高。由于人口增长和经济发展迅速，我国对生物资源需求增长较快，而在开发利用过程中又不加以保护，以致生态环境恶化，动植物资源随之减少甚至消失，灭绝、濒危物种不断增加，野生物种范围日益减少。为了生物资源的持续发展，我们应采取多种措施，加强自然生态环境的保护工作。

此外，我国还拥有丰富的海洋资源。四大边缘海总面积相当于陆地总面积的一半，拥有海水化学资源、滨海海砂资源、海底矿产资源、大陆架的油气资源、多种多样的海洋生物资源以及沿海的滩涂和海浪潮汐资源等。21世纪是人类全面向海洋进军的时代，我国应加强海洋科技的研究及相关产业的开发、创办，进行一场名副其实的"蓝色革命"。

【小思考1-1】

有人说，对我国自然资源进行评价时，我们要树立起客观的"人均概念"，而非固守"地大物博"的传统看法。

答：赞成。再多的资源让13.4亿人口来均分，也显得相对贫乏了。"人均概念"是一种有益的忧患意识。

1.2 科学技术条件

人类历史，是一部认识自然、利用自然和改造自然的历史。人类以不断发展的科学技术为手段，获取物质财富，建立精神文明，推动社会进步和发展。科学技术是第一生产力，如今已成为人们的共识。

1.2.1 科学技术的含义

科学与技术是两个不同的概念。科学是人类认识世界的知识结晶，是反映自然、社会、思维等的客观规律的分科知识体系；技术是人类解决生产与生活问题的手段与方法的总和，包括劳动手段、工艺过程、操作方法、劳动者使用劳动手段的技能以及管理方式与方法。两者是密不可分的，科学成果能转化为生产技术、劳动技能、劳动成果，促进经济增长，从而推动社会进步与发展。

当今时代，世界各国更注重科学技术的研究和发展，注重科技成果在经济中的应用。在经济发达国家，科学技术对经济的贡献率已达到70%~80%。各发展中国家也不示弱，纷纷创造条件，发展教育，促进科技进步，积极将新的科技成果转化为经济优势。

中国历届政府都十分重视科教兴国。1995年，《中共中央国务院关于加速科学技术进步的决定》指出，当前紧迫而重要的任务是经济、社会发展向依靠科技进步和提高劳动者素质的轨道上转移，加速科技成果向现实生产力的转化。1998年，国务院成立了国家科技领导小组，加强对科技教育事业的指导。2001年，在十届人大政府工作报告中，提出要"坚持教育优先发展"。"十八大"报告仍然提出要"坚持教育优先发展"，国家在"十四五规划"中再次明确"建设高质量教育体系，总

20   中国经济地理

的目标是到2035年建成教育强国、实现教育现代化"。这都为未来的教育之路指明了方向。正确的方针政策必将大大加快我国科学技术的发展，科学技术的现代化必将带来经济发展水平的现代化。

1.2.2 科学技术对经济布局的影响

在科学技术中，对经济布局产生直接影响作用的是技术条件。在同样的自然和社会经济条件下，经济布局受制于技术条件。纵观古今人类历史的发展，任何一次技术革命，都必将带来经济的巨大增长甚至一场经济革命。而经济增长及革命，必将伴随经济结构及空间分布的变动。19世纪的产业革命，导致工业生产方式由零打碎敲的手工作坊转变为以机器生产为主的现代化工厂，生产规模由小型、分散，走向大型、集中。20世纪以来，人类在能源及原材料利用上的多次技术变革以及交通运输方式的进步，促使工业布局类型由起初的煤-铁复合等类型，发展为临海型、临空型。经济活动的空间日益广阔，经济布局更进一步地摆脱自然资源条件的约束。信息技术的兴起，又使人类步入知识经济时代。在这个全新的时期内，传统经济布局中至关重要的"区位因素"，其地位，其对经济活动空间分布及其组合形式的制约作用，发生了新的变化。例如，在现代农业中，各种新技术特别是生物工程技术的应用，使农业生产的地域分异及行业、品种出现打破常规的新布局、新组合；以高科技开发为主体的新兴工业产业，由于摆脱了能源、矿产等物质资源地区分布的约束，迎来无比广阔的发展空间；加上国际互联网的出现，缩短了生产场所与市场之间的距离，使经济布局有条件由先前的大型、集中，再次趋向小型、分散。

在知识经济时代，产业内部结构不断重新组合与调整。传统生产部门与行业在高科技推动下加速更新换代，并与高科技产业在空间组合上相得益彰。

1.2.3 中华人民共和国成立以来科学技术迅猛发展

中华人民共和国成立以来，我国科技事业迅猛发展，在重视基础理论研究的前提下，不断促进科研成果的转化，以科技进步带动了国民经济的发展。

从工业方面看，在科学技术推动之下，70多年来，我国已建立起以机械、石油化工、汽车制造、新兴电子工业等技术密集型产业为支柱的庞大的工业体系，工业内部结构渐趋合理。在相关科技成果的推动之下，伴随工业总体水平的提高，地区分布向合理化方向发展。由于"陆相成油"理论的指导，我国在短时间内甩掉了"中国贫油"的帽子，在东北、华北、西北大地，涌现出了大庆、任丘、克拉玛依等油气开采基地，有效地改变了能源供应不足及能源结构不合理的状况。由于采矿和冶金技术的进步，许多矿藏得到开发利用，在人烟罕见的西部和北部荒山、荒漠地区，建立起诸如攀枝花、金昌、白云鄂博这样一批现代化工业生产中心，改变了沿海与内地现代工业发展极不平衡的状况。改革开放以来，高科技产业的兴起和发展，使我国在尖端科技方面与发达国家的差距进一步缩小，东、西、南、北、中陆续出现各具特色的高新技术开发区，成为各地新的经济增长点。这对我国工业生产实现增效转型起到了积极的推动作用。高新技术的发展，给经济发展水平悬殊的各地区带来均等的发展机遇。经济欠发达地区可抓住机遇、挖掘潜力、脱颖而出；经济发达地区可发挥优势、全面发展。倘若不同地区的高新技术产业能相互补充，将对全国范围内的经济协调发展、资源合理配置等产生深远影响。

科技进步也有效地支持了农业生产的发展。60多年来，农业科技工作者在农业科技研究方面，紧密结合实际，硕果累累，农业科技贡献率已达48%。

就贡献最突出的"种子革命"方面看，中华人民共和国成立以来特别是改革开放40多年来，我国培育并推广农作物新品种、新组合6 000多个，粮、棉、油等主要作物品种在全国范围内更换了5~6次，仅品种更换对农业生产的贡献率就高达30%左右。在20世纪80年代，我国还将"杂交水稻"专利技术输向美国。此外，还有大量耐寒、耐瘠、抗病、抗逆新品种的推广，其一方面使以粮食为首的主要农产品产量不断增长，另一方面使我国农作物适宜种植区域不断扩展。

在水产养殖方面，高新技术含量不断增加，随着鱼虾工厂化育苗和繁殖技术的广泛应用，以及"海洋放牧"等技术的成熟，水产养殖业成为农业内部发展速度最快的行业之一。

在区域综合治理和开发方面，黄淮海平原、三江平原、南方红黄壤地区、黄土高原、北方干旱农区共建立起数十个农业综合示范区，取得了几百项在相应地区具有推广价值的农业综合发展和治理成果。除区域综合治理外，各种类型的现代农业示范区、科技园在全国各省市如雨后春笋般涌现。

科技进步对交通通信事业的支撑作用也很突出。电气化铁路、高速铁路、高速公路等的高速发展，带动和促进了经济的高速发展。20世纪90年代以来，我国铁路六次大规模提速以及高铁的迅速发展，大大提高了以铁路为骨干的综合运网的运输能力。近年来数字化、网络化、智能化大大促进了通信行业技术不断更新换代，我国已形成一呼百应、基本适应经济和社会发展需要的现代通信网络。

总之，科学技术的进步推动了整个经济的发展，增强了综合国力。当然，我国应正视与发达国家之间存在的差距，还应看到当前在我国科技与经济相脱节的现象还存在。因此，我们应多方采取有效措施，加大力度实施"科教兴国"战略。

1.2.4　知识经济对经济布局的冲击

1998年初，国际经济合作与发展组织在题为《以知识为基础的经济》的报告中提出"知识经济"的概念，指明所谓知识经济是指"建立在知识和信息生产、分配和使用上的经济"。这里所说的知识，泛指人类迄今为止所创造的一切知识，其中科学技术知识、管理和行为科学知识是最重要的部分。

知识经济是与农业经济、工业经济有着本质区别的经济发展形态。传统的农业经济社会以广大的耕地和众多的劳动力资源为基础；工业经济时代以大量自然资源和矿物原料的冶炼、加工和制造为基础。而知识经济是一种全新的基于最新技术和人类知识精华的经济形态，是一种知识密集型、智慧型的新经济形态。知识经济的到来，使人类社会生活诸方面发生了从未有过的巨大变化；知识经济将给传统的经济布局理论和经济布局本身带来巨大冲击。它既给我们带来机遇，又使人们面临挑战。一方面，知识经济赖以发展的科学技术这种可再生资源的特殊性，使我们可能拥有与发达国家均等的发展机遇；另一方面，以往支持我们在国际市场上参与竞争并获取成功的劳动、自然资源等经济布局的条件已逐渐丧失优势，多年来形成的产业结构也严重落后于形势发展。

我们面临的挑战，首先是在知识经济时代劳动生产率已不能创造更多的价值，关键在于"知识生产率"，即把知识转化为技术，以及把技术转化为产品效率。当一个企业没有新的技术、新的产品时，劳动生产率越高，产品积压越多，亏损越严重。目前，在国际市场竞争中，以数量取胜、靠劳力和原料的投入来抢市场的增长模式，已无实际意义。出路在于提高科技水平，增加产品的科技含量，提高企业、产业中高科技的比重，促使经济由数量增长型转向质量、效益增长型。其次是知识经济时代的到来，将引起全世界产业的大调整。这使我们的经济布局特别是经济构成受到巨大冲击。第二次世界大战之后，原子能、航天技术、计算机、集成电路、光纤通讯、生物工程、智能自动技术、新材料等高科技产业如潮似涌，尤其是20世纪80年代以来，信息产业已成为世界的龙头产业，高新技术已成为跨世纪竞争的制高点和未来经济增长、社会发展与文明进步的主要推动力。在这样的世界性大趋势下，我们必须花大力气、下大工夫改变产业的薄弱之处，创新发展。一方面用先进的科学技术改造现有产业，另一方面要积极发展高新技术，培植新的经济增长点，力争在未来的国际竞争中取胜。最后是知识经济对劳动者及其技能、管理者及其管理方式都将提出新的要求。以计算机为主体的管理信息系统，使生产过程的主要活动逐步变成以经济信号的加工处理为主导的工作，使生产活动的组织与管理模式也发生根本性变化。在知识经济时代，我国丰富的劳力资源已明显无优势可言。未来的竞争，是科技的竞争，是人才的竞争。因此，必须坚持科教兴国的战略，把发展教育事业、提高全民族的素质放在重要的位置。

【小知识1-3】

H5席卷移动互联网

HTML5（以下简称"H5"）是针对超文本语言HTML的第五次修订，从而使网络标准达到当今的网络需求。通俗地说，H5是一种创建网页的方式。H5会改变你的生活，它让手机网页看上去更炫酷，功能也更丰富多彩。H5支持视频、音频等多媒体功能，减少了网页对播放和读取插件的依赖。同时，H5还开放了地理位置接口，对用户的定位服务因此变得更加方便快捷。

中国经济地理

强大的H5网页使许多本来仅能在App中实现的功能可以直接在网页中得以实现，这些基于网页的应用就是轻应用。与原生应用相比，轻应用的优势显而易见。用户使用起来更便捷，手机内存也不会不够用了。

H5席卷移动互联网，带来的不仅仅是"点赞"和"分享"。H5轻应用也正悄悄挤占原生应用市场，成为业内津津乐道的"未来应用"。构建轻应用的统一入口，形成轻应用开放平台，成为互联网巨头们竞相发展的方向。相关网络公司介绍，微信正通过公众号构建一个强大的轻应用平台。通过接入微信开放接口集，用户不仅能够使用微信本身的拍照、选图、语音、进行位置定位等基本功能，还可以直接使用微信的分享、扫一扫、移动支付等功能。

资料来源 根据《人民日报》2015年3月26日相关内容整理得来。

1.3 社会经济条件

影响经济布局的社会经济条件涉及面广，包括生产关系、人口状况、历史基础、国际国内政治气候和经济动态等，其中最基本的条件是人口状况，其突出影响作用的是历史形成的产业基础。

1.3.1 中国人口基本状况及其经济评价

1）人口数量及增长率

我国人口增长速度快，总数世界第一。2019年末，我国大陆人口约14亿人。我国不同时期的人口增长情况总结起来呈现以下特点：中华人民共和国成立以前是高出生、高死亡、低增长；20世纪五六十年代为高出生、低死亡、高增长；70年代以来呈低出生、低死亡、低增长趋势。

中华人民共和国成立后，我国先后经历过3次人口增长高峰，分别是20世纪50年代初和三年自然灾害之后的60年代初以及改革开放后的80年代。国家从20世纪70年代起推行计划生育基本国策，人口自然增长率已由26‰下降至2015年的4.96‰，但近几年人口增长率成断崖式下降，2018年和2019年人口自然增长率分别为3.81‰、3.34‰。国家已重视这个问题，在"十四五"规划中提出，"制定人口长期发展战略，优化生育政策，增强生育政策包容性，提高优生优育服务水平，发展普惠托育服务体系，降低生育、养育、教育成本，促进人口长期均衡发展，提高人口素质。"

【小知识1-4】

世界人口日

世界人口日的由来：1987年7月11日，世界人口达到50亿。为纪念这个特殊的日子，1990年联合国根据其开发计划署理事会第36届会议的建议，决定将7月11日定为"世界人口日"，以唤起人们对人口问题的关注。据此，1990年7月11日成为第一个"世界人口日"。

世界60亿人口日：1999年10月12日，世界人口达60亿，这一天为"世界60亿人口日"。

世界70亿人口日：2011年10月31日凌晨，全球第70亿名成员之一的婴儿在菲律宾降生，这一天成为"世界70亿人口日"。

2）人口构成

人口构成是指人口内部各种属性的数量与比例关系，主要包括性别构成、年龄构成、城乡构成、素质构成和民族构成等。

（1）性别构成

人口的性别构成是指一个国家或地区男性与女性人口数量的比例关系。它既可以用男、女人口分别占总人口的比例来表示，也可以用"性别比例"（每100个女性对应的男性人数）指标来表示。性别构成是人口最基本、最明显、最重要的特征之一，它对一国或一地区的人口状况始终起着举足轻重的影响作用。其不仅涉及婚姻、生育和家庭状况，而且与人口分布与迁移以及包括职业构成在内的其他人口构成也有密切关系。性别比过高或过低都可能导致一系列的社会问题或经济问题，一般认为性别比在95～106之间属正常范围。从20世纪80年代开始，我国出生人口性别比持续偏高，1981年为109，略高于正常范围（103~107）；2000年提高到117，到2008年则高达121左右，严重偏离正常范围。出生人口性别比长时间超出正常范围，势必对今后人口的性别结构

中国经济地理

和婚姻、家庭关系产生一定的影响，进而影响到社会的稳定。但随着国家政策的正确导向，2019年性别比已降至104.46。

（2）年龄构成

年龄构成是指总人口中不同年龄人口的数量对比关系。年龄构成不仅制约着人口本身的变化趋势，而且对社会经济的许多领域都有深刻影响，如人口再生产、劳动适龄人口数与被抚养人口数的对比关系、各不同年龄段的社会人口对环境、社会物质消费结构、各类文化教育和社会福利设施的配置等都有不同的要求。所以，社会、经济发展必须充分考虑人口年龄构成的特点。

2019年中国15~64岁劳动人口为98 910万人，占总人口的比重70.6%，总抚养比41.5%；65岁及以上人口占总人口的比重为12.6%随着多年来生育水平的下降和人们健康水平的提高，未来中国人口年龄结构类型将急速从轻度老龄化转变成重度老龄化。预计到2026年，我国将进入深度老龄化时代。发达国家的老龄化进程是与经济发展同步进行的，而中国的老龄化与经济发展有较大的时间差。庞大的老年人口将对中国的经济发展造成极大的压力。妥善解决老年人口的社会保障和健康服务，任务相当艰巨。

（3）城乡构成

城乡构成在一定程度上反映了一个国家和地区的经济发展水平。我国由于工业化起步晚，城市化进程缓慢。但改革开放以来，城市化进程不断加快。一方面，顺应经济发展的需要，原有城市规模有计划地扩大，新设城镇不断出现；另一方面，农村实行经济体制改革之后，劳动生产率水平不断提高，大量富余劳动力走向城市寻求发展，使城镇人口激增。2019年，城镇人口为84 843万人，比上年末增加1706万人；乡村人口55 162万人，减少1 239万人；城镇人口占总人口比重为60.6%。同2000年人口普查相比，城镇人口比重上升近12个百分点。这表明，2000年以来，我国经济社会的快速发展极大地促进了城镇化水平的提高。尤其在"十三五"期间，脱贫攻坚成果举世瞩目，5 575万农村贫困人口实现脱贫。"十四五规划"提出，要实现巩固拓展脱贫攻坚成果，同乡村振兴有效衔接。

（4）素质构成

人口素质是指在一定生产力水平及社会制度下人的思想道德水平、科技文化水平、劳动技能及健康状况等。它与经济发展有着密切的关系，其中，文化程度是人口素质方面一个很重要的指标。根据联合国教科文组织的研究，一个国家文盲率的高低与人均国内生产总值成反比。中华人民共和国成立之前，我国文化教育事业非常落后，致使中华人民共和国成立初期文盲半文盲占总人口的比重高达80%。此后，除去"文化大革命"10年外，我国的文化教育事业有了长足发展，尤其是改革开放以来，更是快速、稳步发展。"十三五"时期，我国教育普及水平实现历史性跨越，学前三年毛入园率达到85.2%，九年义务教育巩固率95.2%，高中阶段教育毛入学率达91.2%，高等教育毛入学率提升到54.4%，新增劳动力接受过高等教育的比例超过一半，平均受教育年限达到13.8年，相当于大学一年级水平，全民终身学习的现代教育体系初步建成。教育总体发展水平进入世界中上行列，各级教育普及程度都达到或超过中高收入国家平均水平。

历经多年努力，我国的科技人才不断增加，科技部首次出版的《中国科技人才发展报告（2018）》显示，我国已成为第一科技人力资源大国。2017年，我国科技人力资源达到8 705万人，全社会研究与试验发展（R&D）人员全时当量达到403.4万人/年，均居世界首位。统筹国际国内两种人才资源，聚天下英才而用之，形成新中国成立以来最大规模留学人才"归国潮"，吸引了超过95万人的外国人才来华工作。

【小思考1-2】

有人说：人口素质高低就是指人受教育程度的高低。

答：不对。人口素质要通过多个指标来反映。人口素质是指在一定生产力水平及社会制度下人的思想道德水平、科技文化水平、劳动技能及健康状况等。

（5）民族构成

我国是个多民族国家，全国有56个民族，汉族人口占绝对多数，超过90%，故将汉族以外的55个民族统称为少数民族。少数民族人口数量也很悬殊，最多的壮族人口超过1 600万，最少的珞巴族人口不足3 000人。少数民族人数虽然占总人口数的比重不大，但地理分布范围

中国经济地理

较广，以我国实行民族自治的地方计，其面积占全国的60%以上。多年来，各民族同胞和睦相处，共建家园，形成了大杂居、小聚居的局面。汉族遍布全国各地，但主要集中在东部地区；少数民族与汉族交错分布，主要分布于西南、西北、东北等地的山区、牧区和边疆地区等。

中华人民共和国成立以来，各少数民族地区均发生了翻天覆地的变化，特别是人口百万以上的各少数民族地区，生活质量普遍提高，文化教育、医疗卫生、经济建设等社会经济环境大大改善。目前，在全国经济布局的新格局中，以往贫困落后的少数民族地区出现了许多新的经济增长势头和新的经济增长点，如边疆各处红红火火的边界贸易，内陆以新疆为代表的快速发展的高科技农业，内蒙古大草原上的牧工贸一体化集团公司，西南地区兴盛发达的民族民俗旅游业等。

3）人口分布

我国人口分布总的规律是东多西少；平原盆地多，山地高原少。人口地理研究习惯上视云南腾冲至黑龙江黑河的连线为人口地理分界线，此线以东总面积占全国的42.9%，人口占94.3%，人口密度为304人/平方千米；此线以西相应的统计数分别为57.1%、5.7%和13.8人/平方千米。这种差距现在还有继续增大的趋势。

2019年，东部地区人口占中国大陆常住人口的42.14%，中部地区占28.51%，西部地区占21.91%，东北地区占7.71%。与第六次人口普查相比，东部和中部地区的人口比重分别上升了4.24、1.75个百分点；西部、东北地区的比重都下降，下降幅度分别是5.13、0.51个百分点。按常住人口分，排在前五位的是广东省、山东省、河南省、四川省和江苏省。2000年人口普查排在前五位的是河南省、山东省、广东省、四川省、江苏省。人口密度的地区差异是自然、经济与社会多种因素共同作用的结果。我国人口分布的总规律与经济的总格局基本适应。自然条件好、经济水平高、粮食或食物承载能力强的地区人口稠密，相反则人口稀疏。中华人民共和国成立之后，我国曾几度进行政府引导或干预下的大规模的人口自东向西迁移，逐步改变了人口分布不均和经济不平衡的状况。然而，就现实情况看，承受人口压力的地区并非只是东部人口稠密区，西部等经济欠发达地区虽地广人稀，但由于粮食及食物承载力低下，同样承受着人口过量的压力。

1.3.2 中国历史条件及其经济评价

1）中华人民共和国成立之前的经济及其布局

在漫长的奴隶社会和封建社会，中国是一个封闭的国家，尽管经济发展较早，在相当长的时间内曾是世界上最繁荣的国家，但由于缺乏与外界的交流，具有自给自足的自然经济特点，使得经济发展缓慢。

1840年鸦片战争后，国门被打开，中国沦为半殖民地半封建社会。中国的经济虽然出现了较现代化的工业、交通运输业及商品性农业，但在帝国主义、封建主义和官僚资本主义多重压迫之下，发展是畸形的。其突出表现在发展速度迟缓、对外依赖严重、经济结构不健全和经济布局不平衡四个方面。

（1）经济发展的迟缓性

中华人民共和国成立之前，中国的工业发展了将近一个世纪，但是到1949年，主要工业品产量除原煤占世界1.98%外，其余产品均在1%以下，即使是产量最高的1936年，钢、生铁、电力和原煤在世界所占位次也是很低的（见表1-1）。

表1-1　　　　1936年中国主要工业品产量居世界位次

产品	占世界总量百分比（%）	居世界上的位次
钢	0.32	18
生铁	0.89	12
电力	0.85	14
原煤	3.01	7

人均工业品产量与当时工业发达的英国相比，生铁、钢和原煤分别是1.7千克、0.9千克和83千克，只有英国的1/9、1/28和1/58。产量较大的棉布，也只有英国的1/10，人均7.34米。中华人民共和国成立之前，中国的农业生产也处在极端落后的境地。1936年，全国粮食产量只有1 136.9亿千克，大豆113亿千克，皮棉8.4亿千克。这样的经济发展水平，与占世界总人口1/4的大国地位是很不相称的。

（2）经济的对外依赖性

经济的对外依赖性突出表现在两个方面：一是帝国主义和资本主义

对我国经济命脉的控制；二是帝国主义、资本主义各国把我国当成其工农业产品的倾销场所及掠夺廉价农产品的市场。当时，我国绝大多数经济部门为外资所控制。1936年，英、法、德、日、美等国在华投资总额占全国工业投资总额的70%以上。至1944年，外资几乎垄断了我国所有的现代化工业部门，而交通运输业一直在外资控制下。农业在外资的控制和影响下畸形发展，一方面，形成一些商品率高、单一发展的农业原料基地，成为帝国主义、资本主义掠夺廉价原料的场所；另一方面，由于国外过剩农产品的大量倾销，使本来就缺乏竞争力的农业经济奄奄一息。当时，"以农立国"的中国每年需进口大量粮食，甚至多种农业原料产品也依靠进口。如在抗日战争前10年（1927—1937年）中，平均每年进口粮食额占其进口总值的1/5左右，资金大量外流，日益加重对帝国主义的依赖性。

（3）经济结构的片面性

中华人民共和国成立以前，我国工农业之间、农轻重之间以及国民经济各部门内部的比例严重失调。以1937年为例，在当年的工农业总产值中，农业占90%，工业仅占10%。工业部门的经济结构非常不合理。据1937年的统计，作为扩大再生产物质基础的生产资料的产值，仅占全部工业总产值的25%，而且主要是为帝国主义提供原料和半成品的生产，冶炼、机械、化学等加工业很不发达，各工业部门内部结构也非常不合理。如钢铁工业中采矿、炼铁能力大于炼钢、轧钢能力；棉纺织工业中纺大于织，织大于染。农业内部结构也极不协调，在1949年的农业总产值中，种植业占82.5%，其他各业合起来才占17.5%，而且种植业只以粮食生产为主、林业以采伐为主、水产业以天然捕捞为主。

（4）经济分布的不平衡性

经济分布的不平衡性首先表现为工业分布极不平衡，畸形集中在东部沿海地区。据1949年统计，东部八省三市的土地面积只占国土总面积的13%左右，却集中了全国工业总产值的75%以上。同时，农业和交通运输业的分布也很不平衡。我国东南半壁土地垦殖较充分，农业集约化程度较高，农业商品性生产程度也较高；广大西北地区土地垦殖很不充分，基本停留在原始的自然生产阶段。现代化交通设施也同样集中在城镇及城镇人口集中分布的东部地区，西部不仅铁路极少，公路也难以成网。

2）中华人民共和国成立之后的经济发展与布局

（1）经济实力明显增强

中华人民共和国成立以来，尤其是改革开放、推行经济体制改革以来，我国经济保持了持续、快速、健康发展的势头，取得了巨大成就，国内生产总值从1978年的3 678.7亿元增加到2015年的68.89万亿元。

"十三五"时期，中国经济总量又不断跃上新台阶，国内生产总值从不到70万亿元增加到超过100万亿元。年均经济增长率达到6.7%，高于世界经济平均水平3.9个百分点。与此同时，中国经济占世界经济的比重也在持续上升。2019年，中国经济对世界经济的贡献率超过了32%，人均GDP超过1万美元。与此同时，我国强大的国内市场加快形成，供需结构更加合理，创新能力不断提升，中国经济已经进入了高质量发展的阶段。

（2）经济结构发生根本性变化

中华人民共和国成立以来，经过半个多世纪的发展，在极端薄弱的基础上，建立起大规模的工业生产体系，基本上保证了我国国民经济的发展和国防现代化的需要，彻底改变了中华人民共和国成立以前农业占绝对主导地位的产业结构。在工农业总产值中，工业产值逐年上升，直至1989年超过农业产值；工业中轻重工业的比例基本平衡；在农业内部，农林牧副渔五业协调、综合发展，结构渐趋合理；第三产业迅速发展，国民经济走上了良性循环的轨道。"十二五"期间结构调整取得标志性进展。服务业成为第一大产业，工业化与信息化融合加深，农业综合生产能力明显增强。

"十三五"之初，中央出台供给侧结构性改革方案，提出去产能、去库存、去杠杆、降成本、补短板。从生产领域加强优质供给，扩大有效供给，提高全要素生产率，使供给体系更好适应需求结构变化。"十三五"期间，我国经济以供给侧结构性改革为主线，着力构建现代化经济体系，推动经济发展质量变革、效率变革、动力变革，成效显著。从"十二五"末的2015年到2019年，第三产业增加值占国内生产总值的比重从50.8%增加到了53.9%，与此同时，第二产业增加值的比重下降到

39%，第一产业增加值的比重下降到7.1%。我国经济结构日益优化，发展方式从规模速度型转向质量效率型，发展动力从主要依靠资源和劳动力等要素的投入，转向创新驱动，产业融合速度不断加快。产业结构持续优化，制造业增加值多年位居世界首位，2019年规模以上高技术产业增加值占比为14.4%，服务业增加值占国内生产总值比重达53.9%，比2015年提高3.4个百分点，信息传输、软件和信息技术服务业等新兴服务业近4年年均增速高达19.4%，成为助推服务业持续增长的新动能。5年来，我国创新型国家建设成果丰硕。2019年，全社会研发支出达到2.17万亿元，占GDP的比重达到了2.19%。如今，研发经费投入总量居世界第2位，创新指数位居世界第14位。通过优化产业结构，加快培育发展战略性新兴产业等，大数据、云计算等技术加快推广应用，工业机器人、智能制造加速崛起，中国制造向中高端进军。一些企业启用"5G+AI"技术后，检测一个零件的耗时从2分钟缩短到4秒。

"十三五"以来，我国互联网蓬勃发展，取得举世瞩目的成就。5G、云计算、大数据、人工智能等新技术加速与各行各业融合发展，"互联网+"催生出一个个新业态、新模式，成为激活我国经济高质量发展的新引擎。

（3）经济布局渐趋合理

在中华人民共和国成立后的不同历史时期，国家均将解决地区经济发展不平衡的问题作为经济发展的重大战略问题来考虑，并为此作出了巨大努力。在相当长的一段时期内，我国将经济建设的重点放在了中西部地区，并取得了显著成就。内陆工业得到了很大发展，相继建立起了陇海—兰新工业带、中南和西南的沿江工业带、湘中工业区、赣东北工业区等新兴工业基地。农业也得到了很大发展，相继建立起一大批商品农业基地，提高了农业生产整体水平与农产品商品率。为配合工农业建设，我国修建了包兰、兰新、成渝、宝成、成昆、南昆、南疆、青藏等铁路线，极大地改进了内陆的交通环境。中华人民共和国成立以前经济偏集于沿海地区的状况得到了一定程度的改变。

经济布局具有历史继承性，我国东中西地区经济发展水平的差异有其复杂的历史渊源，既有自然原因，也有人文影响。东中西地区之间经济布局的不平衡是客观存在，如果一味强调缩小东中西的经济差距，而忽视造成这种差距的客观缘由，甚至用遏制东部地区发展的手段来求得地区经济的平衡发展，是违背客观规律的，得到的只能是低水平上的平衡。如何正确处理东中西不同地区之间的发展关系，是新形势下要重新认识的问题。"六五"以后，特别是改革开放以来，国家在东中西地区的发展战略上有了重大转变，积极利用沿海地区的经济基础和区位优势，即给予其政策优惠，又加大资金投入，以点带面，以特区、开放城市的优先发展带动沿海地区的率先、全面发展，如加强并扩大了辽中南、沪宁杭、京津唐三大工业基地的建设，并在东南沿海形成了以闽南三角区、珠江三角洲为主体的月牙形面向太平洋、辐射国内外的"黄金海岸"，从而形成了东部沿海地区巨大的经济优势。这对增强我国综合国力、提高我国在国际上的地位、推动改革开放全局的发展，起到了巨大的推动作用。然而，在区域发展战略中，如果一味强调部分地区先发展，无视另一些地区发展上的困难，也不去支持它们，就会使地区之间的差距越来越大。贫富过于悬殊会增加社会稳定发展的难度，势必影响到国家经济的可持续发展。1992年党的"十四大"就提出了20世纪90年代中国经济布局的基本原则，即不同经济发展水平的地区应统筹规划、合理分工、优势互补、协调发展，利益兼顾、共同富裕，逐步缩小东中西部地区的发展差距。这种思想在《中共中央关于制定国民经济和社会发展"九五"计划和2010年远景目标的建议》、党的"十八大""十九大"报告和"十四五规划"中得到充分体现。从21世纪初开始，我国经济重心和战略重心逐渐西移，由此带动了全国范围内经济布局的合理化和区域经济协调发展。

本章小结

※ 经济的发展和布局，归根结底是对相关资源、条件加以改造利用。经济布局的条件概括起来有自然条件、科学技术条件和社会经济条件。

※ 自然条件是经济布局的必要条件，是经济布局的物质基础。我国自然条件复杂多样，地理位置优越，辽阔的疆域、宽广的纬度范围、特殊的海陆位置，对我国自然环境的分异及经济布局基本特征的形成有着深远的影响。

※ 我国西高东低的地势、多山地形的基本特征对经济布局

中国经济地理

产生了深刻影响。气候条件直接影响农业生产，气候的纬度地带性、经度地带性及非地带性分异规律，使我国农业生产呈现出复杂的区域分异现象。气候条件也会间接影响工业、交通运输业。我国季风气候雨热同期，有利于农业生产的发展，但多气象灾害；受季风影响，我国国土半数以上为干旱、半干旱地区，严重缺水，东南部为湿润半湿润地区。

※ 我国土地资源类型多，绝对数量大，但人均占有量少，耕地、高产田比重小。各类土地在分布上特点纷呈，最具代表性的分布规律是东西差异大。受季风气候的影响，水资源时空变率大，水量不足，水质污染限制了经济发展。矿产与能源种类齐全，总量丰富，为建立独立完整的工业体系、发展经济提供了可靠物质条件，但在品种构成与地区分布等方面存在弱点。我国生物和海洋资源极其丰富。

※ 总之，我国自然条件相当优越，但资源相对量不足及生态环境不同程度的退化等问题应引起充分重视。

※ 科学技术是第一生产力。在自然条件和社会经济条件不变的情况下，经济布局受科学技术条件的支配。中华人民共和国成立以来，我国科学技术迅猛发展，对经济发展的贡献率已超过50%。但科研与经济相脱节现象一直存在，我国与发达国家的差距很大。当前，全球已进入知识经济时代。知识经济与传统的农业、工业经济有本质区别。知识经济时代的到来给我们带来了机遇，知识资源可共享、重复使用的特殊性，让我国有可能克服人多、资源相对不足的弱点，发展科技含量高的高新技术产业，在短时间内赶上科技发达的国家；知识经济也使我国正在经受和将要经受来自各方面的冲击，在传统经济中给我们带来效益和成功的发展要素正逐渐丧失其优势，为此，我们应加大力度发展科技和教育，提高全民文化素质。

※ 社会经济条件包括的内容较多，但主要是人口状况和历史基础。我国人口基数大，人口文化素质在不断提升；城市化进程不断加快。我国人口分布的总特点是东多西少，平原、盆地多，山地、高原少。人口密度地区差异的形成与自然条件、

经济发展水平有关，也与各地粮食、食物的承载力有关。我国是一个多民族国家，各民族地区协调发展应视为现代化的一个重要方面。我国人口性别比偏高，并已步入老龄化社会。

❈ 中华人民共和国成立以后的短短70余年中，我国的工业化已进入中期发展阶段，农业、交通运输业全面发展，综合国力已列世界前茅，地区布局在不断进行合理调整。

主要概念
自然条件　人口构成　人口素质

知识练习

❈ **简答题**

（1）试评价我国季风气候显著这一基本特征对农业生产的影响。

（2）简述我国能源及矿产资源的特点。

（3）导致我国经济布局多样性的直接原因是什么？

（4）简述我国人口分布规律。

（5）如何评价人口素质？

❈ **填空题**

（1）自然资源一般指_____、矿产、_____和_____、生物等多种资源。

（2）土地是_____的主要场所，_____的基础。土地资源具有有限性和_____固定性等特点。

（3）科学与技术是两个_____的概念。科学是人类认识世界的_____，是反映自然、社会、思维等方面和领域的_____的分科知识体系；技术是人类解决生产与生活问题的总和，包括劳动手段、_____、操作方法、劳动者运用劳动手段的技能以及_____。

（4）_____是指一个国家或地区男性与女性的数量对比关系，它是反映人口_____的基本指标。

中国经济地理

※ 选择题

（1）研究经济布局的规律，核心问题在于寻求（　　　）。

A.经济合理布局的途径　　　　B.工农业协调发展途径

C.第三产业发展前景　　　　　D.解决农、轻、重比例问题

（2）我国矿产资源（　　　）。

A.总量可观，种类齐全，但分布不均

B.总量可观，种类齐全，分布合理

C.总量可观，种类齐全，易于开发

D.总量可观，种类齐全且集中于东部

（3）自然条件包括（　　　）。

A.矿产和土地两个方面

B.土地和水源两个方面

C.动物和植物两个方面

D.自然环境和自然资源两个方面

（4）对人口素质的全面评价（　　　）。

A.应含健康状况指标

B.不含健康状况指标

C.仅考查人口受教育程度

D.要考查健康和教育两方面内容

（5）知识经济（　　　）。

A.是与农业经济、工业经济有着本质区别的经济发展形态

B.是一种全新的基于最新技术和人类知识精华的经济形态

C.是一种知识密集型、智慧型的新经济形态

D.对发展中国家来说，是双刃剑

（6）季风气候对我国自然环境产生了十分深刻的影响。世界上位于同纬度的国家和地区，沙漠广布，唯有我国夏季可受海洋气团的影响，（　　　）。

A.雨量丰沛　　　　　　　　B.植被广布

C.冬雨夏干　　　　　　　　D.气候干燥

（7）我国老龄化社会的特征（　　　）。

A.已很明显　　　　　　　　B.不明显

C.不容忽视　　　　　　　　D.不容乐观

（8）我国东中西地区经济发展水平的差异（　　）。

A.既有自然原因，也有人文影响

B.纯粹是人为造成的

C.纯粹是自然产物

D.是客观存在

技能训练

（1）在中国地理填充图上填注：①地形：四大高原、四大盆地、三大平原；②行政区划：各省、自治区、直辖市的简称及省会（首府）名称。

（2）对照中国地形图，分析我国山川地形分布大势，并分析、评价我国各地资源及人口的分布大势。

观念应用

❋ *案例题*

党的十八届五中全会提出

创新、协调、绿色、开放、共享五大发展理念

创新是引领发展的第一动力。必须把创新摆在国家发展全局的核心位置，不断推进理论创新、制度创新、科技创新、文化创新等各方面创新，让创新贯穿党和国家的一切工作，让创新在全社会蔚然成风。

协调是持续健康发展的内在要求。必须牢牢把握中国特色社会主义事业总体布局，正确处理发展中的重大关系，重点促进城乡区域协调发展，促进经济社会协调发展，促进新型工业化、信息化、城镇化、农业现代化同步发展。在增强国家硬实力的同时，注重提升国家软实力，不断增强发展整体性。

绿色是永续发展的必要条件和人民对美好生活追求的重要体现。必须坚持节约资源和保护环境的基本国策，坚持可持续发展，坚定走生产发展、生活富裕、生态良好的文明发展道路，加快建设资源节约型、环境友好型社会，形成人与自然和谐发展的现代化建设新格局，推进美丽中国建设，为全球生态安全作出新贡献。

中国经济地理

开放是国家繁荣发展的必由之路。必须顺应我国经济深度融入世界经济的趋势，奉行互利共赢的开放战略，坚持内外需协调、进出口平衡、引进来和走出去并重、引资和引技引智并举，发展更高层次的开放型经济，积极参与全球经济治理和公共产品供给，提高我国在全球经济治理中的制度性话语权，构建广泛的利益共同体。

共享是中国特色社会主义的本质要求。必须坚持发展为了人民、发展依靠人民、发展成果由人民共享，作出更有效的制度安排，使全体人民在共建共享发展中有更多的获得感，增强发展动力，增进人民团结，朝着共同富裕的方向稳步前进。

坚持创新发展、协调发展、绿色发展、开放发展、共享发展，是关系到我国发展全局的一场深刻变革。全党同志要充分认识这场变革的重大现实意义和深远历史意义，统一思想，协调行动，深化改革，开拓前进，推动我国发展迈上新台阶。

资料来源　根据《中共中央关于制定国民经济和社会发展第十三个五年规划的建议》的有关内容整理得来。

问题：以小组为单位，应用本章学习的知识，调研你学校所在地域经济布局，有哪些是按照五大发展理念布局的、哪些是违背五大发展理念布局的？同时，提出你们的建议。

✳ 实训题

踏勘城乡接合部，查访城市排污导致的富营养化、沼泽化水域，并寻找污染源，向有关部门提交调查报告和整改建议。

第2章

农业地理

学习目标

　　知识目标：了解我国农业生产发展概况，明确农业在国民经济中的基础地位；掌握我国粮食和经济作物的地理分布及主要的基地；掌握重要林区和畜牧业区、水产业区的地理分布及基本特征。

　　技能目标：运用地图，牢固掌握相关知识。

　　能力目标：评价我国农业生产的发展条件；认识新的经济形式下农业生产在国民经济全局中所处的地位、农业与工业的关系；能以可持续发展观分析、点评我国农业发展现状。

强化绿色导向、标准引领和质量安全监管，建设农业现代化示范区。推动农业供给侧结构性改革，优化农业生产结构和区域布局，加强粮食生产功能区、重要农产品生产保护区和特色农产品优势区建设，推进优质粮食工程。完善粮食主产区利益补偿机制。保障粮、棉、油、糖、肉等重要农产品供给安全，提升收储调控能力。开展粮食节约行动。发展县域经济，推动农村第一、第二、第三产业融合发展，丰富乡村经济业态，拓展农民增收空间。

资料来源　根据《中共中央关于制定国民经济和社会发展第十四个五年规划的建议》整理得来。

在第1章对我国经济布局的条件作了全面介绍和评价的基础上，本章重点介绍我国农业生产布局。在分析其成因时，与上一章知识的关联性较大，而且本章就新形势下农业发展方面的问题提出了一些看法。

2.1　农业生产简述

2.1.1　农业在国民经济中的地位

农业是以有生命的动植物为主要劳动对象，以土地为基本生产资料，依靠生物的生长发育来取得物质产品的社会生产部门。农业与生态环境的关系十分密切。农业有狭义和广义之分，狭义的农业仅指种植业，故称小农业；广义的农业泛指种植业、林业、畜牧业、渔业、副业等，所以又叫大农业。

农业是社会物质资料的重要生产部门，是人类社会的衣食之源、生存之本。对于我国这个人口大国来说，发展农业生产更为重要。"十三五"期间，党中央确立了农业农村优先发展的总方针，作出实施乡村振兴战略的重大决策部署，农业农村发展取得历史性成就、发生历史性变革。

实践已证明，在实行经济体制改革后，农业的全面发展和稳定增长使我国顺利完成了现代化战略部署的第一步，并迈开了第二步，进入"小康"社会。

农业生产为其他经济部门的发展提供了物质基础，尤其是轻工业的发展，离不开农业的支持。目前，我国轻纺工业所需原料的70%以上来自农业。农业生产的产业结构、产品供应能力及市场化程度，影响和制约着轻纺工业的行业构成、生产规模及生产水平。

随着社会的发展，社会分工越来越细，形成各自独立发展又相互依存和关联的国民经济各部门。人类社会分工的每一步都是以农业生产的进一步发展和农业生产率的不断提高为前提的。农业生产发展的快慢、农业劳动生产率的高低，决定了农业为其他经济部门提供生活资料及劳动力能力的大小。因此，农业生产的发展水平和速度，制约着国民经济其他部门的发展水平和速度。

我国是个农村人口占绝对多数的国家。没有农村的繁荣，就不可能有整个社会的繁荣。

综上所述，农业是国民经济的基础，是社会稳定的基础，重视农业的发展是我国国民经济发展中的一条基本方针。

目前，中国农业和农村经济进入了一个新的发展阶段。

（1）农业发展由过去的资源约束型转变为资源与市场双重约束型。

（2）主要农产品已由长期短缺转变为相对过剩，使农业经营由卖方市场转入买方市场。

（3）社会对农产品的需求由数量扩张转向质量提高。

（4）农业增长越来越依赖于农业外部的资本和技术投入。

在新形势下，"三农"（农村、农业、农民）问题受到了党和国家前所未有的高度重视。

【小思考2-1】

什么是三农问题？如何解决？

答：三农问题是农民问题、农村问题和农业问题。

我国加入世贸组织后，参与国际竞争，使得三农的矛盾更为突出。解决三农问题的方法有很多，如加快结构调整、改革传统的农业经营方式、加大中央和省级政府的转移支付力度等。但所有这些方法都无法回避由于农业人口过多而导致的生产能力过剩、商品化需求不

中国经济地理

足、人均占有资源过少限制收入增长，以及转移支付由于人口基数太大形成的财政压力等。因此，解决三农问题的关键在于减少农业从业人员，加快农业劳动力向非农产业转移，促使农村人口向城镇集中，以此带动农产品的商品需求，促进结构调整，从增加非农就业和农村人均资源占有量两个方面提高农民收入，降低中国加入世贸后给农业带来的风险。

2.1.2 农业生产的特点

农业生产过程是自然再生产和经济再生产密切结合的物质生产过程。作为自然再生产，农业要受光、热、水、土等自然要素的制约；作为经济再生产，农业包括与自然再生产密切结合的种（养）、管、收、藏、售等社会经济过程和环节。这就使农业生产具有不同于其他物质生产部门的一系列特点。

1）季节性和周期性

我国大部分地区位于温带，四季交替，周而复始。"适者生存"，作为农业生产的对象——各种动植物为适应环境变化，其生命过程也必然呈季节性和周期性变化。在不同季节，农业生产的内容、强度也随之有规律地变化，形成农忙（春耕、夏耘、秋收）与农闲的季节。因此，"不违农时"是农业生产要遵循的原则之一。

【小知识2-1】

农谚三则

（1）人误地一时，地误人一年。

（2）春树打伞，棉花下土眼。

（3）立夏三日连枷响，小满十月遍地黄。

2）地域性

农业是与生态环境关系十分密切的部门，农业生产对土地有很强的依赖性。生态环境中的光、热、水等因子在地域分布与组合上的明显差异，是导致农业生产地域性的基本原因。各地不同的社会经济条件，加剧了农业的地域分异。因此，"因地制宜"是农业生产必须遵循的又一原则。

3）综合性

农业生产的综合性是提高其经济效益的客观要求，也是维护农业生态系统平衡、促使农业持续、稳定发展的客观要求。农业内部农、林、牧、副、渔各业之间存在相辅相成、相互促进和制约的关系。这主要是在自然条件的利用上，它们因对光、热、水、土等环境因子和自然资源的要求既存在差异性，又存在互补性和依存性，使它们既可以在不同空间各有侧重同时发展，也可在相同空间综合发展，从而使农业生产设置在条件最适宜的地区，有利于资源的综合利用，达到用地与养地相结合的目的，保持农业生态平衡，最大限度地提高经济效益。如今，"大农业"观点已被全社会尤其是被农民所接受，成为农业生产持续发展和合理布局的重要指导思想。

4）不稳定性

与其他经济部门相比，农业对自然环境的依赖性较强。目前，人类改造、利用自然的能力还有限，所以自然环境中诸多不稳定因素直接影响农业生产的丰与歉。我国是个幅员辽阔、各类自然灾害频繁发生的国家，因此，提高农业科技水平、发展农业生产力、增强其抗拒自然灾害的能力，是我们一贯的努力方向。

【小思考2-2】

在影响农业生产的因素中，哪些是不稳定的、不可控制的？

答：主要是自然环境中的气候因素以及各种类型的自然灾害。

2.1.3 影响农业生产布局的主要因素

1）自然因素

自然因素是农业生产布局的基础，主要通过地形、气候、土壤、水文、生物等因子及其相互间的内在联系，综合影响农业生产布局。

（1）地形

地形对农业生产布局的影响主要表现在海拔高度、地势起伏和坡度、坡向等方面。如海拔升高引起气候的垂直变化，会导致农业生产的垂直分布；坡向不一、光照不同，会造成农业产量和农产品质量的差异；地势、坡度陡，易发生水土流失；地势低洼，排水不畅，会诱发盐碱化等。

（2）气候

在环境诸因子中，气候条件对农业地域特色的形成影响最大、作用最明显。一个地区气温的高低、光照的强弱、降水的多少及季节分配状况，会直接影响该地农业生产发展方向及部门结构。

（3）陆地水

水是经济的命脉，更是农业生产的命根子。农业生产的布局与水资源的关系极为密切。在寸草不生的戈壁荒滩，只要解决好灌溉水源问题，就能长草、植树、种庄稼，形成生机勃勃的绿洲农业区。我国陆地水资源绝对量大、相对量小、时空差异大，是导致我国农业生产地域分异的又一重要原因。充分合理地利用和开发陆地水资源，迅速实现农业水利化，是我国农业生产进一步发展和合理布局的先决条件之一。

（4）土壤

土壤是农作物生长的基础，是农业生产的最基本条件，其结构、肥力、酸碱度等，对农作物的生长和布局都有一定的影响。我国土壤类型多，地区差异大，应该根据各地的土壤类型，充分利用土地资源，合理进行农业生产的布局。

2）科学技术因素

科学技术因素在农业中占有重要地位，在现代农业发展中更是如此。随着农业科学技术水平的不断提高，农业生产对自然条件的依赖性及农业生产的不稳定性将减低，农业生产布局空间将不断扩大，农业内部经济结构将不断合理化。从"绿色革命"到"白色革命""蓝色革命"，所有的一切早已证实了科技的威力。我国人多地少，资源有限，必须依靠科学技术提高农业生产力，优化产业结构，促进农业现代化，走出一条具有中国特色的高产、高效、优质、低耗的农业发展道路，确保农业持续、稳定发展。

3）社会经济因素

社会经济因素对农业的影响主要表现在以下方面：

（1）市场因素及国民经济发展的需要

国民经济对农产品的需求决定了农业生产的基本特征；农业生产布局，必须以各方面需要为前提。社会对农产品的需求是多方面的：人口增长与消费水平的提高对农副产品的需求，发展工业生产对各种农产品原料的需求，各种土特产还是重要的出口创汇物资。而这些需求在不同时期、不同地区有所不同，这就决定了农业生产布局在不同时期和不同地区具有不同特征。

新形势下，市场因素成了影响我国农业发展的重要因素。回顾历史，中华人民共和国成立以后，我国农业从计划经济、计划经济与商品经济相结合再到社会主义市场经济阶段，一路走来风风雨雨。当前，我国农业的发展受国内和国际两个方面的市场因素影响。

（2）劳动力资源

劳动力资源是发展农业生产的重要条件。劳动力的数量、密度、利用状况、部门分配、季节平衡以及劳动力素质等均影响农业的生产率和生产的专业化程度、发展方向，以及农产品产量。在市场经济条件下，对农业劳动力的文化素质提出了更高、更新的要求。目前，我国的农业经营方式大多是家庭联产承包责任制下的单个农户分散、独立经营，农民如果没有较高的文化素养，就很难完成从市场预测到计划落实、生产管理直至将产品有效推向市场这样一个完整的劳动过程和管理程序。

【观念应用2-1】

关于农业劳动力的素质

当前，农民要致富，必须勤奋、有胆量、有科技、有市场意识，而过去只要有前两项就可以了。

问题：这是为什么？

分析提示：市场经济条件下，一个普通农户相当于一个经营单位，需完成从市场预测到计划落实、生产管理直至产品销售等整个生产过程的经营管理，因此，农民素质必须相应提高。

（3）历史条件

农业生产的发展和布局有一定的历史继承性。在现行农业生产的发展和布局中，要合理地利用历史基础上对农业生产有利的因素，使农业生产布局更趋合理。

此外，工业及城市布局、交通运输条件、市场发达程度等，对农业生产及布局都有重大影响。

中国经济地理

2.1.4 我国农业生产发展概况

我国农业生产历史悠久。曾几何时，我国以富饶的土地、丰富的物产、发达的农业经济支撑起世人瞩目的东方文明大国，但是由于封建社会的小农经济封闭、停滞过久，再加上近代又沦为半殖民地半封建社会，使农业长期处于落后状态，至中华人民共和国成立前夕，全国农业生产已陷入严重衰败的境地。

中华人民共和国成立后，农业生产不断发展，特别是改革开放40多年来，农业生产经历了脱胎换骨式的变化，在农业内部，我国积极推行经济体制改革，大力发展农业应用科技，推行以"生态农业"为代表的发展模式，进行分类型、大规模的生态环境整治等。同时，我国还在摸索一条具有中国特色的持续发展农业的路子。

1）农业生产条件显著改善，综合实力增强，基础部门作用充分发挥

中华人民共和国成立后，迅速地完成了土地改革，对农业实行社会主义改造，激发了农民建设社会主义新农村的热情。同时，国家采取一系列发展农业的措施，改善农业的生产环境和条件。如大规模开展农田水利建设，对国土逐步进行整治；改良土壤，加强对土地的合理利用；改进耕作制度，推广良种；发展农用生产资料生产，并在农业发展中不断推行、应用新的科技成果等。到1966年，经过17年的努力，农业发展卓有成就，既保证了社会主义建设第一个五年计划的成功，也使我国在极其严峻的国际国内环境下，渡过了三年自然灾害及其他难关。

党的十一届三中全会以后，农村率先实行改革，打破了大锅饭，实行家庭联产承包责任制，调整了不合理的分配关系，充分调动了广大农民的积极性，使农业进入一个前所未有的高速发展时期，主要农产品产量成倍增长，其中粮食生产的成就最为突出（见表2-1）。近年来，我国谷物、肉类、籽棉、花生、茶叶、水果等农产品产量稳居世界第一位。农业的长足进步与发展为我国现代化建设三步走战略部署的前期目标的实现提供了坚实的物质基础和保证。

2）农业生产结构渐趋合理，生产模式向现代农业方向转换

改革开放以来，农业的发展真正顺应了农业生产本身的特点，农林牧副渔五业综合、协调、全面发展，结构渐趋合理（见表2-2）。

表2-1 我国主要农产品产量增长情况 　　　　　　单位：万吨

年度	粮食	油料	棉花	甘蔗	甜菜	肉类	奶类
2019	66 384.3	3 493.0	588.9	10 938.8	1 227.3	7 758.8	3 297.6
2018	65 789.2	3 433.4	610.3	10 809.7	1 127.7	8 624.6	3 176.8
2015	66 060.3	3 390.5	590.7	10 706.4	508.8	8 749.6	3 295.5
2014	63 964.8	3 371.9	629.9	11 578.8	509.9	8 817.9	3 276.5
2010	55 911.3	3 156.8	577.0	10 598.2	705.1	7 993.6	3 211.3

资料来源　根据《中国统计年鉴2020》有关内容整理得来。

表2-2　　　　　　　　　我国农业总产值增长情况　　　　　　　单位：亿元

年度	农林牧渔		农业		林业		牧业		渔业	
	总产值	指数（上年=100）	总产值	指数（上年=100）	总产值	指数（上年=100）	总产值	指数（上年=100）	总产值	指数（上年=100）
2019	123 967.9	102.8	66 066.5	104.6	5 775.7	105.2	33 064.3	97.9	12 572.4	102.5
2018	113 579.5	103.5	61 452.6	103.9	5 432.6	106.5	28 697.4	101.7	12 131.5	102.7
2015	101 893.5	104.0	54 205.3	105.4	4 358.4	106.1	28 649.3	100.5	10 339.1	104.3
2014	97 822.5	104.3	51 851.1	104.9	4 190.0	106.4	27 963.4	102.6	9 877.5	104.0
2010	67 763.1	104.4	35 909.1	104.4	2 575.0	103.5	20 461.1	104.2	6 263.4	105.4

资料来源　根据《中国统计年鉴2020》有关内容整理得来。

中华人民共和国成立后相当长一段时间内，在农业发展上片面强调粮食生产而忽视了多种经营，造成内部五业比例失调，甚至导致农业生态环境恶化。党的十一届三中全会后，一方面，国家加强了宏观指导；另一方面，有了自主经营权的农民受自身利益驱动及市场因素的调节，农业内部的产业结构有了可喜的改变，种植业单打一的情况也有了根本性改变，农业内部各业基本进入良性循环和综合发展阶段。

为实现大农业生产的持续稳定发展，我国积极推行生态农业建设，试图寻求一条既发展农业生产、不断获取丰富的物质产品、促进农民收入稳定增长，又能使农业生态环境得到维护和改善、保证农业持续发展的路子，并已取得显著成就。如在全国范围内开展大规模的水土保持、小流域综合治理工作；组织实施"三北"防护林体系、长江中上游防护林体系及沿海防护林体系等重大生态建设工程；在广大牧区采取退耕还牧、建设人工草场、植草防风固沙等措施；减轻传统的取能、耗能方式对农业生态环境的压力，在各地积极推行能源利用新技术等。"十五"期间，我国实施了林业六大工程，累计人工造林保存面积近8亿亩，全国森林覆盖率显著上升；"三北"和长江流域等防护林体系建设工程取得一定成效。通过封育保护、预防监督和综合治理，全国综合防治水土流失54万平方千米，其中综合治理24万多平方千米；25个省区市的950个县实施了封山禁牧，其中京、冀、陕、宁实行了封山禁牧、退耕还林与退牧还草工程，共完成退耕还林1.3亿亩、退牧还草1.9亿亩。

沿着"十五"的建设航道，"十一五""十二五"期间退耕还林、天然林资源保护、京津风沙源治理等六大林业重点工程持续开展，沿海防护林体系工程、全国野生动植物保护及自然保护区建设工程、湿地保护与恢复工程、南方岩溶地区石漠化综合治理工程等相继实施，重点水源区林业生态建设、森林公园建设先后启动。重点地区的有效治理带动和促进了我国生态状况的全面好转，各地逐步形成以国家生态建设工程为主，地方工程相互配合，共同推进生态建设的新格局。至2020年，三北防护林体系通过五期的建设工程，累计完成造林保存面积3 014万公顷，工程区森林覆盖率由5.05%提高到13.57%。总体上实现了由"沙逼人退"向"人进沙退"的历史转变。全国生物多样性得到有效保护，80%以上国家重点保护野生动物野外种群处于稳定或稳中有升的状况。全国湿地保护体系初步建立，49.6%的自然湿地受到有效保护。

"十三五"以来，农业农村发展取得历史性成就。2019年，全国粮食总产量达13 277亿斤，创历史新高；人均粮食占有量稳定在470千克以上，远高于国际公认的400千克粮食安全线。中央坚持"藏粮于地、藏粮于技"的战略，完成8亿亩旱涝保收、高产稳产的高标准农田建设任务，划定10.88亿亩粮食生产功能区和重要农产品生产保护区。水稻、小麦自给率保持在100%以上，玉米自给率超过95%，肉蛋奶、果菜茶品种丰富、供应充裕。农业现代化建设迈上新台阶，农业科技进步贡献率突破60%。农业机械化全程全面发展，已建成453个主要农作物生产全程机械化示范县，农作物耕种收机械化率超过70%。农民人均可支配收入2019年突破1.6万元，提前一年实现翻番目标，增速连续10年高于城镇居民。脱贫攻坚取得决定性成就，产业扶贫政策覆盖了98%的贫困户。

3）农业生产地区分布变化显著

中华人民共和国成立70多年里，特别是改革开放以来，我国农业生产地区分布发生了多方面变化。第一，巩固和加强了原有农牧业基地的建设。如将原有一定基础的长江三角洲、珠江三角洲、华北平原等地建成了稳定的商品粮及其他农产品原料供应基地；改善和加强了内蒙古东部等牧业基地的生产环境与生产能力等。第二，为适应新工业基地建设需要，建立了新的农产品供应基地。它们是黑、蒙、甘、青、新等省区牧业基地的建设；三江平原、松辽平原、内蒙古河套地区、河西走廊等商品粮基地的建设；新疆天山南北商品棉生产基地的建设；西双版纳和海南岛热带经济作物生产基地及冬季反季节农产品生产基地的建设；广大内陆淡水养殖和沿海各类水产养殖基地及商品鱼生产基地的建设等。这些农产品供应基地的建设有力地推动了国家经济建设，促进了轻工业的发展，改善了人民生活。第三，作物种植范围扩大。随着农业科技水平的提高，大量抗病、耐旱、耐寒、耐瘠、生产期短的优良品种问世，使我国农作物种植不断突破原有区域向高纬、高寒和土地贫瘠地区扩展，在充分、有效利用土地资源方面取得了可喜进展。第四，加入WTO后，我国农业进入全新的阶段，农产品供求关系发生了重大变化。新形势下，我国政府积极制定政策，引导和促进农业适应市场需求，调整生产结构，优化生产力布局。形成科学合理的农业生产力布局，提高农业的整体素质和效益，加快优势产区农业现代化的步伐。

4）强化先进技术示范推广

2020年以来，建设了110个国家现代农业科技示范展示基地。在全国2 300多个农业县建设了5 000个农业科技示范展示基地，选择40万农业科技示范主体，点对面示范辐射带动小农户生产水平。开展多层级先进适用技术集成示范，遴选发布水稻侧深施肥等10项引领性技术。实施重大技术协同推广计划，组织吉林、内蒙古等8个省、自治区构建"省市县三级"上下协同和"政产学研推用六方主体"左右协同机制，覆盖43个产业，聚集2 100多名科技人才，示范推广130多项重大技术。组织全国2 300多个农业县构建"专家+农技人员+示范基地+示范主体+小农户"的链式推广服务模式，加快主推技术进村入户到企。深入推进实施农技推广特聘计划，规范严格遴选4 200多名业务水平高、服务能力强的特聘农技员服务脱贫攻坚一线。

2.2 粮食作物

2.2.1 粮食生产发展概况

我国粮食生产的发展概况大致包括以下几个方面：

1）粮食产量大幅度提高

半殖民地半封建社会下的中国农业生产水平低下，有80%的人口长期处于饥饿状态。中华人民共和国成立后，国家采取多种措施发展粮食生产，使粮食总产量不断上升，特别是改革开放以来，通过实行以家庭联产承包责任制为主的责任制度和统分结合的双层经营体制，充分调动了农民种粮的积极性。

中华人民共和国成立初期，我国粮食总产量只有1.5亿吨（1952年），此后，粮食生产发展的速度越来越快，每增加0.5亿吨所需的时间由14年逐渐缩短到3年。到改革开放第六个年头1984年，我国粮食总产量突破4亿吨大关，人均粮食产量达到400千克，接近世界平均水平。当年，我国向全世界宣布：中国已解决温饱问题，中国以占世界7%的土地，养活了占世界22%的人口，创造出了举世惊叹的奇迹。

1984年之后，由于农业内部调整结构，加上自然灾害等因素的影响，我国粮食总产量曾发生过波动。1994年和1996年，我国先后两次提高粮食收购价格，再次调动了农民的积极性。1996年，我国粮食总产量创历史最高水平，突破5亿吨。1998年，在南北方均遭遇特大洪涝灾害的严峻形势下，我国粮食总产量达5.12亿吨，比改革开放之初的1978年增长了2.1亿吨，比中华人民共和国成立之初的1952年增长了约3.4亿吨，自2005年以来粮食总产量连年递增。然而，我们也应看到，我国粮食供求偏紧的状况将长期存在。这是因为，一方面，我国是个人口大国，每年新出生的人口约1 000万，人口总数已逾14亿，需求在不断升级。预计到21世纪中叶，当人口达16亿之际，年需消耗粮食达7.2亿吨，任务艰巨。另一方面，我国粮食生产不稳定的因素依然存在，耕地不断减少，自然灾害频发，粮食总产每上一个台阶，都要付出巨大的努力。为此，在粮食生产方面，我国的长期指导思想是：绝不放松粮食生产，一靠政策，二靠科技，三靠加大投入，逐步解决粮食问题。

为了进一步调动广大农民种粮的积极性，提高粮食综合生产能力，保证粮食安全，"十一五"期间，为确保粮食综合生产能力增强行动顺利、扎实、有效开展，农业部突出抓好五项重点工作：一是主攻优质高产，以实施良种补贴和科技入户工程为手段，促进水稻、小麦、玉米、大豆和杂粮创高产，重点推广水稻免耕、抛秧等10项增产增效技术；二是推广测土配方施肥，推进科学施肥、增施有机肥，优化肥料结构，使测土配方施肥面积达到6.8亿亩，力争项目区每亩节本增效25元以上；三是推进耕地质量建设，通过优质粮食产业工程和新一轮沃土工程建设，推广"增、提、改、防"技术，开展保护性耕作，加强土地平整和小型农田水利建设，建设高标准粮田；四是加强生物灾害防控，以植保工程和优粮工程病虫害防控项目为带动，推广病虫害综合防治技术和新型药械，加强主要病虫害的预测、预报和防控，完善灾害应急预案；五是促进粮食生产经营产业化，进一步扶持农业产业化龙头企业和农民经济合作组织的发展，提高粮食加工转化水平，促进粮食产销衔接，发展粮食产业化经营，加快提高粮食综合生产能力。不懈的努力带来连年增产，2015年全国粮食总产量66 384.34万吨，比上年增长0.9%。粮食产量创历史新高。

2）粮食生产的专业化程度大大提高

中华人民共和国成立初期，我国绝大多数地区农业生产仍处于个体小农经济状态，粮食生产的专业化水平较低。党的十一届三中全会之后，我国实行了农业经营方式的改革，在农村涌现出成千上万的粮食生产专业户和种粮大户。在全国各地，尤其是在东北、西北建立起为数众多的粮食生产专业化农场。在条件适宜的地区，有计划地建立起不同规模和级别的商品粮基地。粮食生产专业化程度不断提高，保证了我国粮

中国经济地理

食总产能在农业内部各业上升、结构调整、粮食播种面积下调的情况下，长时间地稳定发展。几个五年计划以来，我国斥巨资建立了众多优质小麦、水稻、大豆和专用玉米等大型商品粮生产基地。这些基地的粮食播种面积占全国的1/5，商品粮产量占全国的1/3。

3）粮食生产地区分布发生了重大变化

过去，我国的粮食生产主要集中在黄河中游、长江中下游、珠江流域及东北平原部分地区，其他地区所占比例很低。中华人民共和国成立以后，随着我国大规模经济建设的开展，西北、东北、西南的边疆地区、少数民族地区、山区迅速垦殖荒山荒地，发展粮食生产。这对减少全国性的粮食调运、支援国家经济建设起到了不可估量的作用。

上述变化，大多是在国家或地方政府宏观指导、控制下逐步形成的。在全面实行社会主义市场经济的新形势下，粮食生产的地区分布也受到了市场因素的影响。最突出的例子是长江三角洲和珠江三角洲两个传统的产粮区，过去是国家重要的商品粮基地，20世纪80年代以来，这些沿海省份的粮食播种面积大量减少，由粮食盈余或基本自给的状态逐渐变为粮食大量调入的地区；长江中下游地区虽然仍是中国粮食的主产区之一，但除去当地消费，其盈余量也在逐年减少；而另有一些地区，原来粮食生产落后，如今已成为引人注目的余粮区。粮食生产出现了北上西进的局势，传统的南粮北运已转换为北粮南调。

市场机制在促进经济合理布局方面开始显示出它的作用。珠江三角洲和长江三角洲作为粮食生产排头兵的作用在减弱，但作为沿海、沿江开放的前沿阵地，它们在市场经济大潮中的其他产业领域显现出了全新的优势；粮食生产中心的地域转移，又促进了不发达地区的经济发展。

目前，在我国13个粮食主产省份中，能够实现粮食净调出的省份只有7个。黄淮海地区长期保持着商品小麦的主体供给地位，东北地区则成了重要的粳稻、玉米等商品粮的供应地。在黑龙江省的松嫩平原和吉林省的松辽平原，粮食商品率分别达到了75%和85%。

【观念应用2-2】

珠江三角洲、长江三角洲从余粮区变为缺粮区，淮河平原从缺粮区变为余粮区这种粮食生产"北上西进"的局面说明了什么？

分析提示：从上述地区粮食生产的演变，我们可以看到市场机制在促进经济合理布局方面开始显示出它的作用。珠江三角洲和长江三角洲作为粮食生产排头兵的作用在减弱，但作为沿海、沿江开放的前沿阵地，它们在市场经济大潮中的其他新的产业领域显现出了全新的优势。而粮食生产中心的地域转移，又促进了不发达地区的经济增长。

4）粮食品种结构不断优化

多年来，为解决粮食供应不足问题，追求粮食高产、稳产成为粮食生产的主要甚至是唯一目标。进入小康社会以来，随着粮食生产与供求大形势的改变，粮食品种改善、品质提高、结构优化成了新的发展方向。早在1999年，《国务院关于进一步完善粮食流通体制改革政策措施的通知》（国发〔1999〕11号）就明确规定："黑龙江、吉林、辽宁省以及内蒙古自治区东部、河北省北部、山西省北部的春小麦和南方早籼稻、江南小麦，从2000年新粮上市起退出保护价收购范围。"这是国务院针对粮食生产和流通中出现的新情况做出的重要决策，对于调整、优化农业和粮食生产结构、保护农民的长远利益，具有十分重要的意义。这项政策宣布后，各级地方政府加大了农业和粮食生产结构调整的力度，农民开始根据市场需求扩大优质粮食品种的生产，粮食品种优化成效显著。

2.2.2 粮食生产的地区分布

1）稻谷

稻谷按其对土壤、水分的适应性，可分为水稻和旱稻。我国以种植水稻为主。水稻因品种不同又分为籼稻、粳稻、糯稻；按其成熟期不同可分为早稻、中稻和晚稻。水稻是喜温、喜湿的作物，因此通常分布于热量充足、降水丰沛或灌溉便利的地方，以中性土壤为宜。水稻以亚洲种植最为普遍，尤其集中在各季风气候区，故有人称水稻为"亚洲的粮食"。我国是亚洲最大同时也是世界第一的水稻产地，水稻在我国粮食生产和人民生活中均占重要地位。2011年稻谷总产量突破2亿吨大关，2019年达20 961.4万吨。

水稻在我国分布甚广，除少数高寒地区和水源缺乏的干旱地区外，都有种植，播种面积一直稳定在4亿亩左右。但水稻在我国分布广而不均，南方多而集中，北方少且分散，大致分为两大产区（如图2-1所示）。

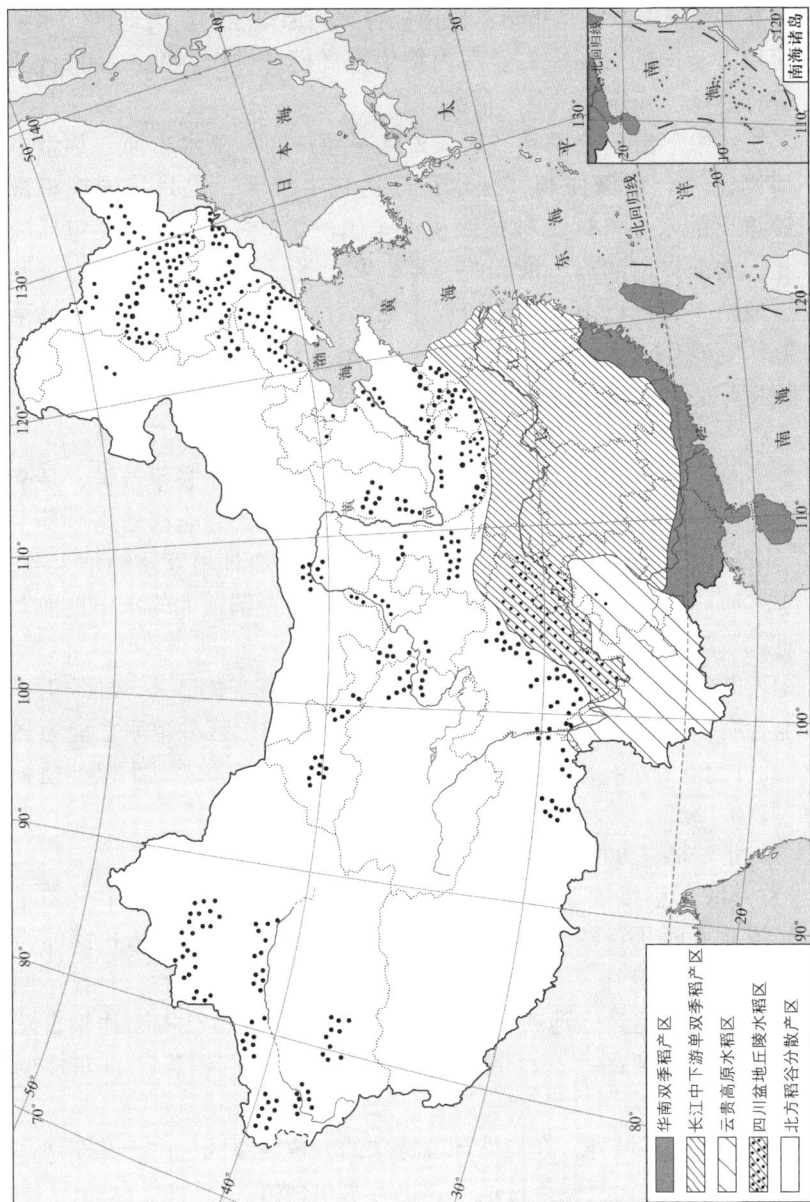

图 2-1　中国稻谷生产分布图

图例:
- 华南双季稻产区
- 长江中下游单双季稻产区
- 云贵高原水稻区
- 四川盆地丘陵水稻区
- 北方稻谷分散产区

（1）南方水稻集中产区

南方水稻集中产区是指秦淮以南、青藏高原以东的广大地区，水稻种植面积占全国的95%左右。区内按生产规模、耕作制度、品种构成等方面的差异，可分为三个产稻区。

①长江中下游单双季稻产区。该区平原广布、降水丰沛、热量丰富、河网密布、灌溉便利，是水稻最适宜生产区，也是我国规模最大、最重要的水稻产区，种植面积占全国的2/3左右。其主要包括南岭以北、秦淮以南的苏、浙、皖、赣、鄂、湘、川、渝、沪等省市及陕南、豫南。长江以南大多种植双季稻，江北地区大多与小麦、油菜等旱地作物轮作。区内水稻品种丰富，籼稻、粳稻都广泛种植。近年来，该区广泛推广两系杂交水稻种植，使水稻生产向两高一优方向发展。

②华南双季稻产区。该区纬度低，热量最充足，生长季节长，是全国耕地复种指数最高的地区，因此，水稻单位面积产量全国最高。其主要包括南岭以南的粤、桂、琼及闽、台等省区，以种植双季籼稻为主，少数地区种三季。由于条件适宜，在海南省建有全国最大的水稻良种繁育基地。

③云贵高原稻产区。该区地形复杂，气候垂直变化显著，导致稻谷种植也有明显垂直分异现象。海拔2 000米左右的山区种植耐寒能力强的粳稻；1 500米左右地区粳稻、籼稻交错分布；1 200米以下以种植籼稻为主。

（2）北方稻谷分散产区

"大分散、小集中"是本区稻谷分布的总特征。水稻集中分布于东北、华北、西北一些地势平坦、水源可靠的地区，以种植抗寒能力强的粳稻为主，其中东北地区水稻生产发展很快。早在"十五"期间，种植面积已超过当地耕地总面积的15%，总产量已占当地粮食总产量的30%，且商品率高。现在全国多数地方都有销售产自东北的大米。

除上述两大区域外，在自然环境特殊的青藏高原区，由于其东南部属亚热带河谷地区，气候条件适宜，也有水稻种植。

2）小麦

小麦在我国是仅次于稻谷的粮食作物，其播种面积基本维持在 4.6 亿亩，约占粮食总播种面积的 1/4。自 1990 年起，我国小麦总产一直雄踞世界第一位。2019 年小麦总产量 13 359.6 万吨。

小麦属温带旱地作物，耐旱、耐寒，适应性强。小麦按播种期不同可分为春小麦和冬小麦，我国以种植冬小麦为主。其大致以长城为界，以南为冬小麦分布区，以北为春小麦分布区。按耕作制度、生产水平及品种构成上的差异，可将我国分为以下三个产麦区（如图 2-2 所示）。

（1）北方冬小麦区

北方冬小麦区是指长城以南、六盘山以东、秦淮以北地区，主要包括鲁、豫、冀、晋、陕、京、津五省二市。本区是全国最大的小麦产区，也是全国最大的小麦消费区。其总产量约占全国的 70%，但商品率有待提高。区内小麦与其他农作物实行轮作倒茬的两年三熟制，其中豫、鲁是全国最著名的冬小麦生产省。

（2）南方冬小麦区

南方冬小麦区指秦淮以南、横断山脉以东的广大地区，主要集中在皖、苏、川、鄂等省。由于本区居民以大米为主食，故小麦商品率高。本区大多实行稻、麦两熟制或麦、棉两熟制，纬度低、热量足的地方也可实行麦、稻、杂粮三熟制或麦、双季稻三熟制。

（3）春小麦区

春小麦区指长城以北，六盘山、横断山以西的地区，其中黑、蒙、甘、新为主产区。本区冬季寒冷漫长，一年只能种一季庄稼。

我国小麦总产量基本能够满足国内消费需求，但小麦品质结构不合理，中间类型偏多，适宜加工面包用的强筋小麦和加工饼干、糕点用的弱筋小麦品种较少，不能满足国内食品加工业的需求。随着我国城镇居民生活水平的提高，对优质加工专用小麦的需求将逐步增长。近年来，我国专用小麦的品种开发和生产有了显著进步，已有一些与美国、加拿大的小麦品质相当的品种。我国还重点建设了黄淮海、长江下游和大兴安岭沿麓等 3 个专用小麦带，其播种的优质强筋和弱筋小麦面积占全国专用小麦面积的比例达到 40% 以上，基本满足了国内需求。

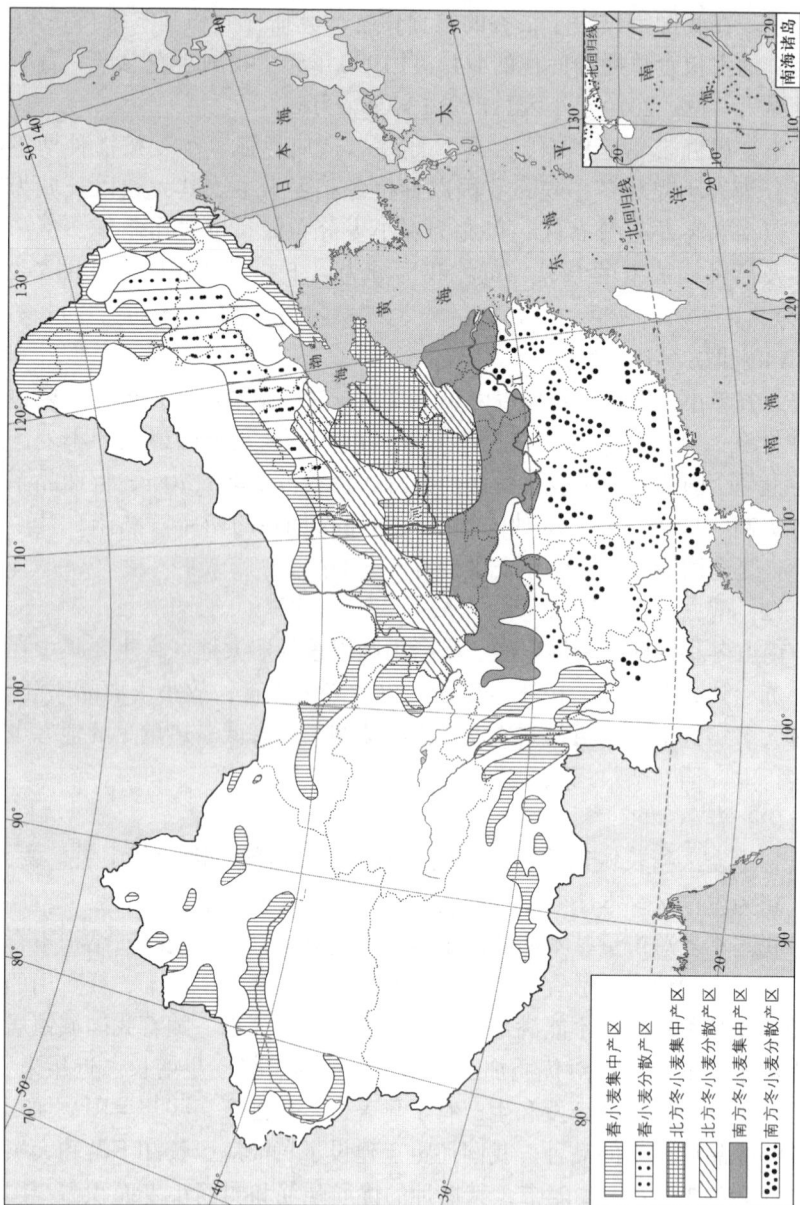

图 2-2 中国小麦生产分布图

图例:
- 春小麦集中产区
- 春小麦分散产区
- 北方冬小麦集中产区
- 北方冬小麦分散产区
- 南方冬小麦集中产区
- 南方冬小麦分散产区

3）玉米

在我国，玉米习惯被视为杂粮，而实际上，无论是从用途看，还是从播种面积和经济效益看，我们都应重新认识和评价它。在世界上，玉米已和小麦、稻谷并列为三大主粮之一。

玉米喜暖湿气候，生长期短，耐瘠薄，适应性强，可在我国广大季风区内种植。但其主要集中在自东北到西南的一个弧形地带内（海拔500米以下的低山、丘陵地区），具体是指黑龙江大兴安岭地区、辽南、冀北、晋东南、陕南、鄂北、豫西、四川盆地周围以及黔、桂西部和滇西南地区。由于该地带大多数地区农牧交错经营，发展玉米生产对该地带的畜牧业及产业多样化将起到很大的促进作用，同时对解决该地带内一些贫困地区的粮食问题有现实意义。今后的发展方向是促使该地带玉米生产走向专业化、集约化。

随着农业内部结构的调整，畜牧业比重在逐年上升，而且以发达的城郊（型）工厂化畜禽养殖业发展最快，这就带动了饲料加工业的发展。玉米是饲料大王，又是一种高产、高效作物，因此，近几年我国的玉米种植区域逐渐扩大。国家统计局年鉴显示，1978年全国玉米种植面积只有2.99亿亩，只相当于小麦、稻谷种植面积的68%和57%。2002年玉米种植面积达到3.69亿亩，首次超过小麦；2007年扩大到4.4亿亩，首次超过稻谷。直至2019年玉米播种面积和产量均超过稻谷和小麦，2019年玉米产量约2.61亿吨。

虽然我国是世界玉米的产销大国，总产量仅次于美国居世界第二位，但是与其他玉米主产国相比，我国专用玉米品种少，专用性能不强，产品生产成本较高。目前和今后的主攻方向是：以提高玉米的商品质量和专用性能为突破口，大力发展饲用玉米和加工专用玉米，优化玉米品种结构。

4）其他粮食作物

我国粮食作物品种众多，有许多作物适应性强、品性优良、生态特征各异、食用价值高。它们生长季短、耐瘠薄或耐盐碱，耐旱或抗涝，产量高。这些农作物千百年来在广大农耕区或与水稻、小麦、棉花、油菜等主要农作物轮作换茬，或"见缝插针"分布在一些光、热、水、土条件差、主要农作物无法生长的地区。这些粮食作物，我们习惯上称为杂粮。杂粮是我国农作物基因库中的一笔宝贵财富。在生活水平低下的过去，它们补充了口粮的不足，而在温饱问题解决后的今天，它们又以独特的风味、全面丰富的营养要素，调剂着人们的生活。杂粮主要包括高粱、谷子、薯类、各种豆类等，其中播种面积和产量较大的有以下几种：

（1）高粱

高粱最突出的优点是耐涝、耐盐碱、适应性强，所以多种植在我国北方涝、洼、盐碱地区。其主要分布在东北、黄河中下游地区以及淮河平原的北部。在木材奇缺的华北地区，高粱秸秆还可作造纸原料，也可替代竹木作一些日常用具的材料和制作工艺品的原料。此外，高粱对酿酒也有特殊意义。

（2）谷子

谷子是我国北方传统粮食作物，抗旱能力强，生长期短，对土壤要求不高。谷子主要分布在缺水的黄土高原及西北各干旱地区，其次为东北、黄淮海平原区。谷子营养价值高，特别耐储藏，而且是制作多种传统食品的好原料。

（3）薯类

薯类品种多，对我国粮食供求影响较突出的是甘薯和马铃薯。甘薯是喜暖湿的作物，对土壤要求不高，有一定的抗旱能力，主要分布在北纬42°以南的黄河、淮河、长江、珠江等大河中下游以及四川盆地的岗地、坡地的沙土、沙壤土地区，以川、鲁产量最大。甘薯是食品工业的重要原料。马铃薯是喜温凉的作物，生长期短，成熟快，是热量不足的高纬地带和山区的重要粮食作物。其主要分布于东北北部、内蒙古西部、晋北、冀北、川西北高原以及南方的一些高山地区。马铃薯也是一种营养平衡的粮食作物，有"地下苹果"之美誉，也是食品工业的重要原料。2019年，我国薯类产量达2 882.7万吨。

2.2.3 商品粮基地

1）建立商品粮基地的必要性和选建商品粮基地的条件

鉴于我国人口、粮食、耕地的对比关系及严峻的粮食供应形势，在商品农业还不发达、农业现代化水平还不高的现实情况下，集中力量选

中国经济地理

择条件适宜的地区作为粮食集中生产基地，以提高粮食商品率、保障粮食供给，是促进粮食稳定增长的得力措施。这样的粮食生产基地称为**商品粮基地**。商品粮基地是地区生产专业化的代表形式，是实现农业现代化的一个重要方面。

选建商品粮基地，应依照以下条件：

（1）选择有充足余粮、粮食生产水平高的地区。

（2）选择人均耕地面积多、人均粮食产量高、增产潜力大、投资省、见效快的地区。

（3）既要考虑到自然条件和生产条件的类似性，也要照顾到行政区划上的集中连片，以统一规划、统一管理。一般以县为单位，集中力量，短期见效。

（4）与粮食生产争地矛盾突出的林、牧业基地或经济作物生产基地等，一般不宜建立商品粮基地。

2）主要商品粮基地

从1982年至20世纪末，我国已建成商品粮基地（县）900个左右。基于各地生产条件的差异性，商品粮基地大致包括以下四种类型：

（1）南方高产商品粮基地

南方高产商品粮基地包括江淮平原、江汉平原、洞庭湖平原、鄱阳湖平原、成都平原等五片自然区域。这些地区的自然条件和社会经济条件优越，大多属我国传统的产粮区，人均耕地虽不多，但精耕细作，复种指数高，粮食商品率高，每年为国家提供的商品粮占全国的60%。本区原来还包括粮食生产集约化水平较高的长江三角洲和珠江三角洲地区，但近年来受市场因素影响，已成为粮食调入区。

（2）东北高纬地带商品粮区

东北高纬地带商品粮区包括三江平原、松嫩平原两片自然区。本区土地辽阔，土质肥沃，地多人少，粮食生产发展速度快，增产潜力大且多产优质粮。该区现在每年向国家提供占总量20%的商品粮。东北新粮仓的崛起，改变了我国传统的"南粮北运"的格局。

（3）西北干旱区商品粮基地

西北干旱区商品粮基地包括河西走廊、河套平原、银川平原和新疆的部分地区。这几片产粮区过去的粮食生产仅具地方意义，如今已有数量可观的粮食调往区外。我国干旱区大多热量充足，如果有可靠水源，就会使粮食稳产、高产。开发新的水源、发展节水型农业，将给本区粮食生产带来美好前景。

（4）黄淮海平原商品粮基地

黄淮海平原商品粮基地跨冀、鲁、豫、苏、皖各省。虽然粮食生产水平不高，但区内分布广而多的中低产田，近些年通过改造，粮食增长迅速，为国家提供的商品粮接近全国总量的20%。实施治水改土工程、提高集约化程度是本区的发展方向。

【小知识2-2】

大型商品粮生产基地建设

为改善粮食供求状况，提高粮食综合生产能力，1995年《中共中央关于制定国民经济和社会发展"九五"计划和2010年远景目标的建议》明确提出，国家"要有重点地选择若干片增产潜力大的地区，集中投入，建成稳定的商品粮生产基地"。1996年初，中央农村工作会议又对这项工作提出了要求，随即国务院进行了部署，明确由国家计委牵头负责组织实施。同年，我委向国务院上报了大型基地建设规划方案。经国务院同意，我委会同有关部门下发了《关于建设国家大型商品粮生产基地的通知》。大型商品粮生产基地项目以地市为单位，通过国家专项投资，在粮食主产区集中连片建设高产稳产的商品粮生产基地。建设内容是小型农田水利、良种繁育等基础设施的建设，改善项目区粮食生产条件，并适当完善病虫害防治等农技服务设施。"九五"以来，国家已累计安排中央投资33亿元，先后在19个省区的53个地市、300多个县和黑龙江垦区，建成了56个大型商品粮生产基地。

资料来源　根据国家发展与改革委员会《大型商品粮生产基地建设》的有关报道整理得来。

2.3 经济作物

2.3.1 经济作物的生产特点

经济作物在我国种植业中的地位仅次于粮食作物，它包括除粮食、饲料、绿肥作物以外的多种农作物。经济作物的生产关系到人民的吃、穿、用，关系到国家工业建设、国防建设以及对外贸易等方面。在农业现代化过程中，经济作物的地位越来越重要；在市场经济体制下，经济作物的生产越来越显现出独特的活力。

经济作物，又称技术作物、原料作物、商品作物。几乎每一种称呼，都是对经济作物某一方面生产特点的概括。

1）对技术条件要求高，占用资金多

种植经济作物一般需要专门而精湛的生产技术，既需要精耕细作，进行集约化经营，又需要较多的资金投入。总之，其对经济和技术条件要求均较高。

2）产品的商品化程度高，生产与市场联系紧密

经济作物是轻纺工业的原料和重要的出口物资。它与市场的联系比粮食生产更直接、更紧密。其播种面积和生产水平随市场行情而变动；其品种构成和生产规模因轻纺工业的发展而发展。

3）对自然环境适应性差、选择性强

不同经济作物对自然环境的要求有明显差异；与多种粮食作物相比，经济作物对自然环境的选择性强、适应性差。因此，在全国范围内，经济作物很少像稻谷、小麦、玉米一样集中连片、大面积分布，往往是在大片自然区域内集中分散于一系列自然条件很适应的区域。尽管如此，在适宜分布区内，气候等方面一些突发性的季节或年际间的变动，立即就会造成经济作物大面积的减产或产品质量的大幅度下降。因此，"因地制宜"原则，在经济作物布局中起着更突出的指导作用。

2.3.2 主要经济作物的生产分布

种类繁多的经济作物，按其用途可分为纤维作物、油料作物和糖料

作物等。

1）纤维作物

纤维作物是纺织工业的原料。在我国主要有棉花、蚕茧和麻类等。

（1）棉花

我国是世界主要产棉国之一。中华人民共和国成立后，为提高人民生活水平，保证最起码的物质资料供给，以及为棉纺织工业的发展创造条件，国家在长时期内把棉花和粮食生产放在同等重要的地位，采取了一系列方针和措施，促进其发展，终于在改革开放之后的20世纪80年代初，解决了棉花长期供不应求的问题，转为供大于求。此后，受国内与国际双重因素影响，棉花生产起伏不定，一度由1984年的总产626万吨跌至1999年的383万吨，2003年攀升至486万吨，2004年又陡增至632万吨。2015年棉花产量561万吨，2019年增至588.9万吨。

棉花原产于亚热带，是喜温好光、生长期长、对土壤条件要求高的深耕作物。在我国，棉花种植虽广，但最适宜的种植区域主要是以下三个：

①西北内陆棉区。本区包括甘、新两省区，棉花生产集中于天山南北和河西走廊，重点是新疆的天山地区。该区光照足，温差大，气候干燥，病虫害少，属灌溉农区。区内荒地资源多，只要灌溉水源有保证，扩大棉花生产潜力很大。该区也是我国唯一的长绒棉产区。改革开放以来，在国家重点扶持下，新疆已成为我国重要的棉花生产、供应基地。新疆棉花以纤维长、色泽洁白、拉力强而著称，是我国最具有发展潜力的新辟棉。新疆水土、光热资源丰富，干旱少雨，种植棉花的条件得天独厚，近几年棉花种植面积增加很快。从种植区域看，新疆已初步形成了3个产棉区，即南疆棉区、北疆棉区和东疆棉区。南疆棉区是新疆棉花的主产区，其棉花产量约占新疆棉区总产量的80%，是我国最适宜植棉的地区，也是长绒棉的生产基地；其次是北疆棉区；再次是东疆棉区。新疆棉花目前在总产、单产、人均占有量、外调量等方面均居全国首位，是全国最大的产棉省（区），所产优质棉调往全国各纺织工业基地；科技含量高的优质棉品种纷纷在此安家落户，就连世界罕见的彩色棉花，也已在此地推广种植。近年来，我国彩棉的种植面积已跃居世界第一位。

中国经济地理

②黄河流域棉区。本区主要包括鲁、豫、冀、晋、陕、京、津等省市，也就是通常所指的黄河中下游五省二市。这里植棉历史悠久，水土、光热条件有利于棉花的生长，是较理想的植棉区，也曾是我国最重要的产棉区，至今在我国的棉花生产与供应中仍发挥重要作用。但本区粮棉争地矛盾突出，频繁发生的春旱和秋季时有发生的早霜，均影响棉花的产量和质量。

③长江流域棉区。本区包括苏、鄂、皖、湘、川、渝、浙、赣、沪七省二市，是我国老棉区之一。这里地处亚热带，热量条件好，无霜期长，降水充沛，诸方面条件都对棉花生产有利。但该区秋雨多、湿度大、光照弱、病虫害严重，偶有伏旱发生，使本区总体植棉自然条件不如黄河流域棉区，所产棉花质量欠佳。但区内棉花播种面积稳定，纺织工业发达，劳动力文化素质较高，发展棉花生产的社会经济条件比黄河流域好。中华人民共和国成立后，这一地区的棉花生产曾几度超过黄河流域棉区。

我国棉纺织工业发展所需原料主要依靠上述三大棉区。新时期，我国依然优先建设这三个棉花生产基地，将把长江流域棉区建设成为以适纺50支纱以上和20支纱以下为主的原料生产基地，将黄河流域棉区建设成为以适纺40支纱为主的原料生产基地，将西北内陆棉区建设成为以适纺32支纱为主的原料生产基地。为满足我国纺织工业发展的需要，近几年，我国在提高棉花质量方面作出了巨大的努力，主要集中在长绒棉、中绒棉和短绒棉的产量结构方面。随着棉花种类、品质的再次提高，长绒棉、中绒棉和短绒棉的比例将从目前的1∶95∶4变为7∶83∶10。

至于分散于国内南北其他小范围的棉花生产，只具地区意义。

（2）蚕茧

我国是世界上最早植桑养蚕的国家，已有4 000余年的历史，素有"东方丝国"之誉。蚕丝素称"纤维皇后"，是我国传统出口产品。我国所产蚕茧有桑蚕茧和柞蚕茧两种，以桑蚕茧生产规模最大、集约化水平最高。2019年我国蚕茧产量83.3万吨，其中桑蚕茧77.2万吨。

①桑蚕茧。桑蚕发展离不开桑树。桑树喜温湿，对土壤适应性较强，在我国分布较广，但最适宜的种植区域是亚热带地区，集中分布于

太湖流域、四川盆地和珠江三角洲。太湖流域是我国最大的桑蚕基地，产量大，质量全国第一，以杭嘉湖平原及苏州、无锡等地生产最具规模。四川盆地为我国第二大桑蚕茧产地，中华人民共和国成立以后，经过近70年的长足发展，其产量已跃居全国第一，但质量欠佳。本区桑蚕茧生产主要集中于嘉陵江中下游地区，以南充、武胜等地最为集中。珠江三角洲本来是与太湖流域齐名的著名桑蚕茧生产基地，改革开放以来，受市场因素影响，桑蚕饲养业开始西移，即向粤西及广西境内发展，目前，本区桑蚕茧生产在全国地位已不突出。

②柞蚕茧。柞蚕又称野蚕，以野生的柞树、青冈栎等杂木的嫩叶为食物源，是我国以野外放养形式经营的特种蚕。由于经营粗放，柞蚕茧产量不大，辽东半岛、山东半岛和河南伏牛山地区是我国三大柞蚕产地，以辽东半岛生产规模最大。

（3）麻类

麻是人类开发利用较早的纤维作物，种类很多。我国是世界主要产麻国，主要生产黄麻、红麻、苎麻、亚麻。2019年，我国麻类产量23.4万吨，其中黄红麻2.9万吨。

①黄麻。黄麻原产于亚热带，喜高温、湿润气候和深厚、肥沃的土壤，集中分布于华南沿海和长江流域，如浙、苏、粤、桂、湘、皖等省区，以浙江产量最大。

②红麻。红麻是我国20世纪70年代自国外引进的，故又称洋麻。红麻适应性强，分布范围十分广泛，南自广东，北到辽宁，东自浙江，西达新疆，但各地生产规模均不大。

③苎麻。苎麻是中国特产，在国际上有"中国草"之称，是一种多年生宿根植物。苎麻性喜潮湿，植株较高大，故怕风，集中分布于长江以南的湘、赣、川等地，以湖南最多。

④亚麻。亚麻是一种喜深厚、肥沃土壤的长日照作物，在我国集中分布于高纬度的黑、吉两省交界地带，以黑龙江最多。

2）油料作物

在计划经济时期，油料与粮棉同属国家一类物资，统购统销，由此可见其生产的重要性。我国栽培的油料作物种类繁多，其中花生、油菜、芝麻、大豆、棉子等生产规模大，商品率高，统称五大油料作物，

中国经济地理

是我国主要食用油源。此外，生产意义较大的还有胡麻、向日葵、油茶等。2019年，油料产量为3 492.98万吨。

（1）花生

花生原产于热带地区，是喜温、耐瘠作物，对土壤要求不高，但以排水良好的沙质土最好。花生是我国播种面积、总产量仅次于大豆的油料作物。2019年国内花生总产量为3 492.98万吨。花生在全国种植很普遍，但高度集中在两片地区，即北方环渤海地区的丘陵及沿河沙地区；南方闽、粤、桂、琼、台等省区的丘陵及滨海沙地区。前一地区是我国最大的花生生产基地和出口基地，以山东花生最为著名。

（2）油菜

油菜是我国播种面积较大的油料作物，产量次于花生居全国第三位，2019年油菜籽总产量约为1 348.5万吨。油菜喜温凉、稍耐旱，土壤适应性较强，种植油菜对后茬作物有明显的增产效果，是我国南北方农民喜种的油料作物。根据播种期的不同，我国油菜分为冬油菜（9月底种植，次年5月底收获）和春油菜（4月底种植，9月底收获）两大产区。冬油菜的种植面积和产量均占全国的90%以上，主要集中于长江流域；春油菜集中于东北和西北地区，以内蒙古海拉尔地区最为集中。湖北油菜种植面积和产量均居全国第一位。

我国油菜籽含油率低，芥酸和硫甙含量偏高，混种、混收、混加工的状况比较严重。随着我国人口不断增加、人民生活水平不断提高以及养殖业的迅速发展，国内植物油和饼粕的消费量将大幅度增加。今后的主攻方向已确定为以提高"双低"油菜的含油率和单产水平、降低芥酸和硫甙含量为重点，加快新品种选育和促进种子产业化发展，大力推进专品种集中连片种植，搞好专收、专储、专加工，提高加工技术水平和产品档次，重点建设长江上游区、中游区和下游区3个"双低"油菜优势区。

（3）芝麻

芝麻是一种优质的油料作物，生长期短、耐旱、耐瘠薄，但单产不高。我国芝麻种植规模不大，相当分散，著名产地有豫、鲁、鄂、皖等省，其中以河南省最有名。2019年产量为46.7万吨。

（4）大豆

我国是大豆的故乡，有数千年的栽培历史，是世界著名的大豆生产国，总产量次于美国、巴西和阿根廷，居世界第四位；同时，我国也是大豆加工大国、贸易大国和消费大国。

大豆含有丰富的蛋白质，既是油料作物，也是制作多种辅食的重要原料，在农作物中地位特殊。我国大豆种植地域广泛，最集中的产区是东北的松辽平原和华北的黄淮平原，以松辽平原大豆生产历史最久，质优个大。东北的大豆生产集中于辽河两岸和哈大铁路沿线。哈尔滨、辽源、长春被称为三大"大豆仓库"。

新时期我国大豆生产的发展目标是，重点建设东北高油大豆带，主要抓好松嫩平原、三江平原、吉林中部、辽河平原、内蒙古东部四盟市等5个优势产区，把东北地区建设成为世界上最大的非转基因高油大豆生产区。

（5）其他油料作物

其他油料作物主要包括胡麻和向日葵。胡麻，即油用亚麻，分布于西北和华北北部；向日葵分布于三北地区各处。向日葵是一种新兴的高产油料作物，近年来发展很快，以内蒙古地区产量最高。

3）糖料作物

我国糖料作物的生产特点是"南蔗北菜"，即南方种植甘蔗，北方种植甜菜，其中，以甘蔗生产规模最大。2019年我国糖料产量约1.22亿吨。

（1）甘蔗

甘蔗是热带和亚热带经济作物，具喜温、喜湿、喜肥等特点，生长期长。我国甘蔗主要分布于北纬24°以南的台、桂、粤、闽、滇、琼等省区，四川生产规模也较大。过去，广东省一直是我国甘蔗产量最大的省，珠江三角洲则是我国最著名的甘蔗产地。但改革开放以后，甘蔗生产逐渐西移和南下，西向广西发展，南向雷州半岛转移。其结果是广西甘蔗产量已取代广东，稳居全国第一。

我国南方甘蔗已经形成了比较集中的优势产区，近年来引进、培育了一批高产、高糖品种，涌现出了一批高产典型。随着国有糖厂经营机制的转变，企业竞争力逐步增强，产业化格局初步形成，具备了加快发展的条件。今后的主攻方向是：以引进、培育和推广高产、高糖甘蔗良种为重点，大力提高甘蔗单产和含糖率；因地制宜地推广甘蔗机械化播种、收割技术，加快国有糖厂技术改造步伐，降低生产成本；推广多种形式的产业化经营模式，提高产业的整体效益，重点建设桂中南、滇西南、粤西3个"双高"甘蔗优势产区。

（2）甜菜

甜菜喜温凉气候，具耐寒、耐旱、耐碱等品性，主要分布于北纬40°以北的黑、吉、蒙、新等省区，黑龙江省产量最大。

2.3.3　其他经济作物

1）烟草

烟草原产于南美洲，喜温、喜光、好肥，怕旱涝，易染病虫害，较难侍弄，生产期间对热量、水分等条件要求较高。从光热资源看，我国适合烟草生产的区域范围较广。2019年我国烟叶产量215.3万吨。

烟草按其品种及初制加工方法不同可分为烤烟、晒烟、晾烟，我国以产烤烟为主，2019年产量为202.1万吨。滇、豫、鲁、贵、湘五省为我国烤烟集中产地。云南省烤烟产量最大、质量最好，分布于曲靖、玉溪、昭通等地；河南一直是烤烟生产第一大省，近年来已让位于云、贵两省，居第三位，省内以许昌、南阳、周口三地生产最为集中；山东是我国烤烟种植历史最久的地区，以青州、临朐生产最为集中；贵州烤烟生产条件与云南接近，所产烤烟质量亦属上乘，集中分布于遵义、贵定等地。湖南烤烟生产主要集中在常德、郴州等地。

2）茶叶

茶为风靡世界的饮料，茶叶原产于我国，明清时代，其已成为我国重要的出口物资，曾长期独占世界市场，后逐渐衰落。中华人民共和国成立后，茶叶生产迅速发展，从2005年开始产量已居世界第一。2019年产量为277.7万吨。

茶树属热带、亚热带常绿树种，性喜高温多雨，相对湿度大，日光散射、漫射并多云雾的环境，适宜南方酸性土壤。我国茶区辽阔，广泛分布于秦淮以南的低山、丘陵地带。浙、湘、皖、川、闽为我国五大产茶省，其次是云、粤、鄂等省。

3）水果

我国地理环境复杂多样，果树种类多达300多种，居世界首位。水果生产相对集中于三个区域——暖温带、亚热带和热带地区。改革开放以来，水果生产以前所未有的速度发展，从1993年开始，我国果品总产量和果树栽培总面积超过印度、巴西和美国，位居世界第一，出口量也随之激增。2019年我国水果产量达27 400.8万吨。更值得关注的是，近年来，在国内外两个市场的拉动下，水果生产发展中品种更新换代和质量全面提升渐渐成为"主旋律"。我国主要水果的生产及布局如下：

（1）苹果

苹果是我国主要的水果品种，产量和消费量均名列第一，2019年总产量4 242.5万吨，占世界总产量的50%。我国拥有世界上最大、最好的苹果适宜产区，尤其在渤海湾、西北黄土高原、黄河故道和西南冷凉高地等区域。这些地区生态条件好、苹果品种资源多、生产成本低，国内消费和扩大出口的潜力巨大。

山东是我国最大的苹果产地，主要集中于山东半岛，烟台苹果有口皆碑。改革开放以来，陕西省苹果生产快速发展，产量仅次于山东，居全国第二位，但质量和人均产量全国第一，近年来栽种面积又跃居全国第一位。我国苹果种类很多，老品种主要有国光、青蕉、红蕉、金帅等。近年来，苹果品种大规模更新换代，新优品种有红富士、乔纳金、新红星、嘎啦、绯霞、美国八号等，数不胜数。

新时期，苹果生产发展的重点是扶持和发展渤海湾、西北黄土高原2个苹果优势区。渤海湾苹果优势区主要布局在鲁、辽、冀等3个省的12个地市28个县市；西北黄土高原苹果优势区主要布局在陕、晋、豫、甘等4个省的11个地市27个县市。

（2）梨

梨的品种仅少于苹果，也是我国的大宗水果，总产量世界第一，2019年总产量1 419.5万吨。梨的产地与苹果相近，只是其适应性更强，比苹果更耐瘠薄，种植更广，以冀、鲁、辽产量最多，其次有晋、皖、苏、新、京、津等省市。其著名品种有河北、天津的鸭梨，山东的莱阳梨，北京的京白梨，安徽的砀山酥梨和新疆库尔勒的香梨等。

（3）葡萄

葡萄能在各种类型的土壤中生长，世界种植广泛。葡萄适于庭院栽培，是发展生态农业、立体农业的首选作物之一。改革开放以来，葡萄种植业在我国发展很快。近年来，我国对葡萄酒的消费量骤升，也促进了葡萄种植业的发展。据农业部资料统计，进入21世纪以来，我国葡萄种植面积居世界第六位，产量居世界第五位，已在世界葡萄产业中占有一席之地。葡萄的分布区与苹果、梨大致相同，近年来有南延趋势。其集中产区有新、鲁、冀、陕、吉、辽、豫、京等省市区。新疆吐鲁番为我国最著名的葡萄产地，其次还有山东烟台，河北张家口、沙城、怀来，北京昌平，吉林通化以及河南民权等地。吐鲁番无核葡萄在国内外市场久负盛名，而且还制成葡萄干，远销海内外。2014年我国葡萄产量达1 254.6万吨。

（4）桃

桃一向为我国普遍栽培的水果，南北皆有。其主产省区包括鲁、苏、浙、冀、豫、鄂、陕、甘、新等，优质品种有浙江奉化、江苏无锡等地的水蜜桃，山东肥城的大佛桃，河北深州的蜜桃和湖北的黄桃等。

（5）柑橘

柑橘是世界第一大水果，中国是世界上许多柑橘种类的原产地。随着我国加入WTO和农业产业结构战略性调整的深入推进，我国柑橘种植在面积上趋于稳定的同时，品种和品质结构的调整步伐也在加快，产业链条不断延伸，产业整体竞争力显著提升。柑橘也是我国发展速度最快的大宗水果，2008年总产量超过了巴西和美国，居世界第一位，2019年产量为4 584.5万吨。柑橘在我国栽培历史悠久，主要分为柑、橘、橙、柚四大类，广布于亚热带各地。其集中产地有川、渝、粤、桂、闽、浙、赣、湘、鄂、云、贵、台等省区市。广东蕉柑、芦柑、雪柑和新会橙，四川红橘、广柑，浙江黄岩蜜橘，江西南丰贡橘等久负盛名。属于柑橘类的著名柚子品种有广西容县沙田柚、四川垫江黄沙柚、福建漳州文旦柚等。

（6）枇杷

枇杷成熟于初夏季节，在我国产量不大，主要集中分布于亚热带的浙、苏、皖、闽等省。

（7）荔枝

荔枝为岭南特产名果。其栽培技术较简单，四角地边、房前屋后都可种植。其主产于粤、闽、桂、台等省区，气候条件适宜的四川也大量种植，以珠江三角洲地区最多。

（8）龙眼

龙眼与荔枝齐名，都属名贵果品，分布范围与荔枝大体相同，但以福建产量最多、质量最好。其干果桂圆远销东南亚等地。

（9）香蕉

香蕉是热带、亚热带最有经济价值的水果，但由于极难储运，我国目前对其进行再加工的能力较低下，妨碍了生产规模的进一步扩大。其分布区与龙眼、荔枝大致相同，但相对集中在高温多雨的区域。2019年产量达1 165.6万吨。

（10）菠萝和椰子

菠萝喜终年温暖的气候，忌多雨多湿，以我国台湾省产量最大、质量最好，其次为粤、桂、闽、云、琼等省区。

椰子是典型的热带水果，集中分布于海南、南沙群岛、云南、台湾南部等地。

4）干果

干果易储存、运输，富有营养价值，是生活中极受人欢迎的食品。干果主要包括以下几类：

（1）枣

枣树适应性强，在我国分布很广，南北均有，北方居多。枣主产于黄河流域的鲁、晋、冀、豫、陕等省，尤以前三省最出名，产量和销量最大的是红枣，山东乐陵金丝小枣有"枣王"之称。枣用不同方法可制成红枣、黑枣、蜜枣、枣泥等多种特色产品。

（2）核桃

核桃又名胡桃，富含脂肪、蛋白质，营养价值很高，是风靡一时的黑色食品之一。核桃在我国大部分地区都能栽培，主产于冀、晋、陕、新、鲁、豫等省区，南方一些山地也有栽培。新疆所产"纸皮核桃"，皮薄肉厚，最具特色。

（3）板栗

板栗是我国特产果品之一，也是我国重要的出口创汇产品，产量居世界首位。板栗可加工制成糕点，口味、营养均好，因富含淀粉等糖类，故又有"木本粮食"之称。板栗在我国也是南北皆有，但以北方居多，冀、鲁、豫、鄂、贵为主产省。河北昌黎、迁西及北京房山等地出产的"良乡板栗"质量最佳，常由天津出口。

此外，我国生产范围较大、经济价值较高的干果还有柿饼、白果等。山东菏泽的柿饼、江苏泰兴的白果，均名扬国内外。

5）热带经济作物

热带经济作物主要包括橡胶、剑麻、油棕、咖啡、胡椒等。这些作物集中分布于我国的海南、台湾、云南的西双版纳及广东和广西的局部地区。目前，在海南、云南等省均建有大规模的天然橡胶和胡椒生产基地。云南和海南咖啡的生产也有发展，但规模不大。

2.4 林 业

林业是以森林植物为主要劳动对象的生产部门，是大农业的重要组成部分。其内部可分为护林、造林、育林、采伐、运输、加工、制造等一系列环节。此外，狩猎、各种野生动物的驯养等，也是林业的重要组成部分。森林不仅为人类提供各种特有的物质产品，而且对人类生存环境有不可替代的保护作用，因此被称为地球的呼吸系统。针对历史上存在采育失衡，天然林保护生态的功能急剧下降的情况。自1999年起，国家痛下决心，禁止对一切天然林的采伐。

全国第九次（2014—2018年）森林资源清查结果显示，全国森林覆盖率22.96%，比第八次森林资源清查提高了1.33%，其净增森林面积则超过了一个福建省的面积。全国现有森林面积2.2亿公顷，森林蓄积量175.6亿立方米，实现了30年来连续保持面积、蓄积量的"双增长"。我国已成为全球森林资源增长最多、最快的国家，生态状况得到了明显改善，森林资源保护和发展步入了良性发展的轨道。

森林生态服务功能调查显示，我国森林年涵养水源量 6 289.5 亿立方米、年固土量 87.48 亿吨、年保肥量 4.62 亿吨、年吸收大气污染物量 4 000 万吨、年滞尘量 61.58 亿吨、年释氧量 10.29 亿吨、年固碳量 4.34 亿吨。服务功能价值超 10 万亿元。

2019 年，全国共完成造林 706.7 万公顷、森林抚育 773.3 万公顷。国家重点林业生态工程扎实推进。天然林保护工程全年完成公益林建设 24.4 万公顷、中幼林抚育 175.3 万公顷、后备森林资源培育 7.8 万公顷，完成森林管护任务 1.15 亿公顷。

2.4.1 森林资源的特点

1）树种丰富，资源构成独特

基于复杂独特的自然地理环境，我国成为世界上树种最多的国家之一，仅乔木就有 2 800 多种，其中木质优良、经济价值高的有 1 000 多种。水杉、桫椤、银杉、珙桐、金花茶、秃杉、望天树等树木，或是我国特有，或是世界罕见，其与草本植物人参齐属国家一级保护的八大国宝植物。而经长期培育、改良作为经济树种的油茶、油桐、漆树和名目繁多的果树，以及形态各异的观赏树种更是应有尽有。

为保护珍稀濒危野生植物，我国颁布了《国家重点保护野生植物名录》，将 246 种和 8 类野生植物确定为国家一、二级保护对象，予以重点保护。我国现有古树名木 285.3 万株，其中国家一级古树 5.1 万株（树龄 500 年以上），国家二级古树 104.3 万株（树龄 300~499 年），国家三级古树 175.3 万株（树龄 100~299 年），国家级名木 5 700 多株。

2）森林资源总量不足、质量不高

我国依然是一个缺林少绿的国家，森林覆盖率低于全球 30.7% 的平均水平，特别是人均森林面积不足世界人均的 1/3，人均森林蓄积量仅为世界人均的 1/6。森林生态系统功能脆弱的状况尚未得到根本改变，生态产品短缺依然是制约中国可持续发展的突出问题。这就不得不要求我们加大资源保护和生态修复力度。

由于受自然条件的限制，我国适合乔木林生长的面积只占国土面积的 50% 左右。在适宜乔木林生长的地区已经基本绿化了，但大多数森林质量偏低，应加强森林经营，精准提高森林质量，以增强森林生态效益。灌木林资源对我国生态保育和经济建设也具有重要意义，在干旱和半干旱地区生态保护和修复工作中，要进行科学布局，不断优化乔灌草的结构比例。

3）森林资源分布不平衡，林地保护管理和营造难度大

从地域分布上看，我国森林东北、西南地区多，其他地区少，黑、吉、内蒙古、川、云、藏六省区的森林面积、蓄积量分别占全国的51.4%和70%，而华北、西北地区的森林资源较少，尤其是新疆、青海两省区的森林覆盖率不足6%，其中新疆只有4.87%。我国现有宜林地质量好的仅占13%，质量差的占52%；全国宜林地60%分布在内蒙古和西北地区。今后全国森林覆盖率每提高1个百分点，需要付出更大的代价。

2.4.2　林业生产布局

我国现有林区以东北、西南两个以天然林为主的地区最为重要。此外，南方林区、各防护林区也是我国重要林区。

1）东北林区

东北林区为我国最大的天然林区，在行政区划上涉及内蒙古自治区东部和东北三省。这里森林集中连片，绵延不断，主要分布在大、小兴安岭和长白山，以中温带针叶-落叶阔叶混交林为主。据2019年统计资料显示，全区共有森林面积8.94亿亩，占全国森林总面积的40.56%；木材蓄积量占全国木材总蓄积量的26.44%。

东北林区按地理位置的不同，大体可以分为三块：首先是以落叶松为主的大兴安岭林区。它位于黑龙江省西北部和内蒙古东北部，北接黑龙江，西接呼伦贝尔草原，东邻小兴安岭，南依松嫩平原，面积比浙江省还大。这里夏日漫天皆绿，树海苍翠蔽天；冬时大地银装素裹，茫茫一片林海雪原，被人们誉为"绿色金子的宝库"。林区木材蓄积量占全国总蓄积量的1/6，主要树种有兴安落叶松、樟子松、红松、白桦、椴树、胡桃楸、水曲柳、柞树等，其中兴安落叶松的面积占林区总面积的86.1%，树种总量占大兴安岭所有树种总量的72%，是全区面积最大、数量最多的一种特产用材林，故大兴安岭又称"兴安落叶松"的故乡。

其次是小兴安岭林区。它位于黑龙江北部，西北接大兴安岭，东南隔松花江谷地与三江平原相衔接，树种大部分与大兴安岭林区相同，但红松所占比重较大，是本区具有代表性的优质用材林，故小兴安岭又被称为"红松的故乡"。最后是长白山林区。它位于吉林省东部，已围绕天池建立了长白山自然保护区，这里是世界上原始生态系统最完备、保存得最为完整的一个地区。据调查，这里共有高等植物1 500余种，其中经济价值较大的植物有800多种。主要植被类型为温带针阔叶混交林，著名的地带性树种有红松、落叶松、云杉、冷杉、赤松等。此外，还有第三纪残留下来的稀有树种。

东北林区交通便利，铁路运输发达，林业生产基础好，机械化水平高。长期以来，这里既是全国建筑用材、坑木、枕木、造纸用木材的重要供应地，也是全国森林工业最发达的地区。由于交通发达，开采便利，过量采伐问题也就最为突出。1998年实施天然林保护工程以后，国家对东北林区实施了限额采伐，木材产量已由实施"天保工程"前（1997年）的1 853.2万立方米调减到2003年的1 101.7万立方米。今后，本区应坚持营林、育林、护林为主，综合发展经营，开发多种多样的林区经济，走出新形势下林业发展的新路子，继续发挥排头兵的作用。

2）西南林区

西南林区是我国第二大天然林区。森林主要集中在藏南山地、横断山脉、滇南、川西及云贵高原地区，行政区涉及云、贵、川、渝、藏五省区。该区纬度低，山高谷深，植物垂直分布明显，植被类型齐全，是我国树种最丰富的林区。主要树种既有耐寒的针叶林冷杉、云杉、铁杉，也有亚热带的马尾松及热带、亚热带阔叶名贵林木樟、楠等。此外，本区还有多种多样的热带、亚热带特有经济林木和人工林木，如杜仲、天然橡胶、油棕、金鸡纳等。

西南林区林木利用及资源状况分异明显，因此各地区发展方向不尽相同。藏南及横断山脉地处边远地区且地形高差大，交通阻塞，开发较晚，成熟林、过熟林比重大，因此，发展交通是促进此地林业发展的当务之急。云、贵、川、渝大部分地区由于邻近木材消费区，资源利用出现了与东北林区相同的采育失衡问题。这些地区的林木多集中分布于大江、大河源头，山高坡陡，过量采伐已经造成该地区及河流中下游地区生态环境的严重恶化，山崩滑坡、泥石流、洪水等灾害不断给人民的生命财产带来损失。1998年，四川省在全国各省区中率先明令禁伐天然林。

3）南方林区

南方林区指秦淮以南、云贵高原以东的广大山地、丘陵区。这里林木分散，相对集中成小片林区，各地森林资源差别很大，既有覆盖率占全国各省区之首的福建，也有林木资源相当稀缺的江苏。本区林木以人工林和次生林为主；林种除用材林外，各种经济林木所占比重较大，是我国最重要的人工林和经济林区。

南方林区地处亚热带和热带，气候温暖湿润，植物种类多、生长快。本区开发早，交通便利，接近经济发达地区，是我国重要的木材及林副产品供应地。由于纬度与西南林区相当，所以树种构成有很大的相似性，用材林木有松、杉、毛竹、樟、楠、檫等；经济林木有油茶、油桐、漆树、茶树、各类果树等。

4）防护林与林业生态建设

为了改善农业生产条件和生存环境，20世纪70年代末期以来，我国进行了大规模的国土整治。其重要内容之一，就是兴建十大林业生态工程。十大林业生态工程规划区总面积达705.6万平方千米，占国土总面积的73.5%，覆盖了我国的主要水土流失区、风沙侵蚀区和台风、盐碱危害区等生态环境最为脆弱的地区。

（1）"三北"防护林体系

"三北"防护林工程是一项被称为世界生态工程之最、规划期长达73年的浩大工程，于1978年启动，涉及西北、华北北部、东北西部等13个省（市、区）的500余个县（市、旗）。其计划从新疆乌孜别里山口至黑龙江宾县这个长7 000千米的地段营造一个宽400~1 700千米的绿化带，占国土总面积的42%。40多年来，经过几代人的艰苦不懈努力，"三北"防护林体系建设取得巨大成就，在祖国北疆筑起了一道抵御风沙、保持水土、护农促牧的绿色长城，取得巨大生态、经济、社会效益，成为全球生态治理的成功典范。但目前"三北"地区生态依然脆弱。要坚持绿色发展，统筹考虑实际需要和水资源承载力等因素，继续把"三北"工程建设好，并与推进乡村振兴、脱贫攻坚结合起来，努力实现增绿与增收相统一，为促进可持续发展构筑更加稳固的生态屏障。

（2）长江中上游防护林体系

自1989年起，我国开始在长江中上游地区营造防护林，计划用30~40年时间，在保护好现有森林植被的基础上，大力植树造林，增加森林面积3亿亩。该工程横跨青藏高原、四川盆地、江汉平原、湘赣丘陵及两湖平原，涉及沿途的青、甘、陕、云、川、渝、贵、湘、鄂、赣等10省市的140多个县。这一绵延于中华腹地的绿色林带将保护创全国工业产值40%的长江流域经济带。

（3）沿海防护林体系

1988年，我国决定在沿海11个省（区、市）的195个县（市、区）建设防护林体系，计划到2010年新造林0.5亿亩，使森林覆盖率由24.9%增加到39.1%，使1.2亿亩农田得到林网保护，水土流失量减少50%。沿海防护林体系建设工程北起辽宁省的鸭绿江口，南至广西壮族自治区北仑河口，全长18 000千米。20世纪末已完成一期工程，区内森林覆盖率已由24.9%提高到34.8%；二期工程计划也基本在2010年完成。

（4）太行山绿化工程

太行山绿化工程南起黄河，北接恒山、燕山山脉，绵亘于400多千米的太行山区，涉及晋、冀、豫、京等省市的100多个县（市、区）。建成后，它将从生态上屏障以北京为中心的华北平原，而且还能帮助山区群众脱贫致富。

（5）广袤的平原农区、农田防护林体系

平原农区、农田防护林体系建设是中华人民共和国成立后在陆续营造的防护林基础上进行的。

此外，十大林业生态工程还包括1996年之后开始启动的珠江流域、黄河中游、辽河流域和淮河及太湖流域生态工程，天然林资源保护工程（即前述"天保工程"），退耕还林工程，野生动植物及自然保护区建设工程，重点地区速生丰产用材林基地建设工程。这些跨世纪的生态工程，构筑、完善了中华大地的绿色防护林网络。此外，遍及全国各地的"绿色通道"还在有计划地建设中。

中国经济地理

2.5　畜牧业

畜牧业又称饲养业，是利用动物的生活机能来获取各种物质产品的部门，是农业生产的重要组成部分。改革开放以来，我国畜牧业发展迅速。1985年以来，我国禽蛋产量一直居世界首位；2019年，肉类产量7 758.78万吨；其他畜产品如奶类、羊毛等也都快速增长，有效地保障了供给，为全国人民解决温饱问题、实现小康提供了物质保证。同时，畜牧业在农业中所占比重逐年上升，内部结构也向更合理的方向发展。其标志是猪的相对量在下降而其他食草、低耗粮型的畜禽种类在上升，但是与发达国家相比尚有差距。我国的畜牧业还存在一系列问题，如草原畜牧业经营方式粗放，自然经济色彩重，生态质量下降；农区畜禽良种化程度不高，现代化畜禽饲养业所占比重较低等。

2.5.1　畜牧业生产分布

北部与西部广大地区虽然历来为我国重要牧区，但拥有牲畜头数仅占全国的10%，而以种植业为主的东部广大农区却拥有全国86%的牲畜头数，所提供的肉食量约占全国的95%，奶、禽、蛋等畜产品也占绝对优势。根据畜牧业生产发展的条件和特点，以及各民族生活、生产习惯与历史发展的地区差异等，我国畜牧业在空间分布上由东南向西北有规律地分异为农区畜牧业、半农半牧区畜牧业和草原牧区畜牧业。此外，在各区域之内又有呈点状分布的现代化水平较高的城郊畜牧业。

1）牧区畜牧业

牧区畜牧业主要分布于北部的内蒙古高原、西部的新疆和西南部的青藏高原。区内地广人稀，草原、草场广布；耕地资源极少，散布于一些河谷、绿洲地带，故纯农户所占比例较小。畜牧业是人们的生活所依，其产值占全区农业总产值的70%以上。经营方式主要是靠天然草场放牧，过去多为逐水草而居的游牧方式。区内地域差异显著，其中内蒙古已出现在全国影响很大的贸、工、牧一体化现代企业。新疆地区的畜牧业生产水平也较高，但从区内自然条件来看，发展以种植业、园艺业为主的农业比发展畜牧业前景更广阔，因此，改革开放以来，该地区畜牧业比重逐年下降，种植业、园艺业比重有所上升。青藏高原牧区的发展相对落后，多数仍是游牧型、自给型的经营方式。

本区牲畜主要有食草的骆驼、羊、马、牛等，其中骆驼总头数占全国的87.1%，绵羊占76.1%，马占53.9%，牛占28%。本区众多的优良牲畜品种是未来畜牧业发展的宝贵资源，主要有新疆的细毛羊、伊犁马，内蒙古的三河牛以及西藏和青海的藏绵羊及牦牛等。本区所提供的畜牧产品量约占全国总产量的10%，与偌大的地域面积极不相称，而且从东向西呈明显的地带性变化。

（1）东部草甸草原地区

东部草甸草原地区牧草生长茂密，产草量高，质量好，适宜发展牛、马、羊等多种牲畜，所产三河牛、三河马全国著名。

（2）中部干草原（包括荒漠草原）地区

中部干草原（包括荒漠草原）地区牧草较稀疏、矮小，产草量较低，宜于牧羊，一向为我国重要的羊毛、羊皮与羊肉生产基地和耕役马的主产地。

（3）西部半荒漠–荒漠地区

西部半荒漠–荒漠地区水草条件较差，宜于羔皮羊、裘皮羊、山羊和骆驼等的放牧，山羊所占比重较大，骆驼的分布也相当集中，是中国骆驼的重要分布区。

（4）西部阿尔泰山、天山等地的山地区

西部阿尔泰山、天山等地的天然草场类型多样，垂直差异十分显著，宜于放牧绵羊、山羊、马、牛和骆驼等，其中尤以新疆细毛羊、阿勒泰肥臀羊、伊犁牛、伊犁马等最为有名。

（5）青藏高原区

青藏高原区天然草场类型繁多，牧草低矮，产量低，是以牦牛、藏系羊为主体的高寒牧区。世界上约有85%的牦牛分布在中国，而中国又以青藏高原牧区最为集中，是国内外牦牛的集中产区。

今后，本区应坚持以牧为主、草业先行、多种经营、全面发展的方针，加强草原管理、保护和建设，科学养畜，规定合理载畜量，实行定期轮牧和定期打草制，有计划地建设人工草场，以减轻天然草场压力，逐步改变靠天养畜的落后经营方式。

2）农区畜牧业

我国广大农耕区的面积虽不到国土总面积的1/2，但耕地和人口在全国占绝对多数；虽以耕作业为主，但畜牧业却在全国畜牧业中占重要地位。农区畜牧业的发展是建立在种植业发展的基础之上的，其特点是与种植业紧密结合、互相促进。畜牧业为种植业提供肥料和役畜，种植业为畜牧业提供饲料。大部分地区的饲料以农作物秸秆、各种农副产品及饲料作物为主，经营方式以舍饲为主，猪和家禽占重要地位，而黄牛、水牛、马、驴、骡等畜种主要供役用。农区以秦岭、淮河为界，大致分为北方农区和南方农区。

（1）北方农区

北方农区接近牧区和半农半牧区，区内有一定面积的天然草场，绵羊和山羊的比重大于南方农区，并有小群的放牧畜群和放牧经营的方式。此外，黄牛、马、骡等役畜是本区平原地带的主要耕役畜和运输动力，驴则是山地、丘陵地区的主要耕役畜和驮运工具。黄淮海平原、东北平原、关中平原、河西走廊等地养猪较多，具较高的商品性。禽类以鸡为主，水禽（鸭、鹅）较少。

（2）南方农区

南方农区饲料来源丰富，牲畜种类较多，以猪、水牛、黄牛、山羊等为主。全区猪的头数约占全国总数的2/3，以四川盆地、两湖平原、珠江三角洲、长江下游平原、浙江中部及西南部、闽东南沿海、桂东部、滇中和台湾西南部平原等种植业发达的地区最为集中，饲养量大，出栏率、商品率均较高。黄牛与水牛分别为南方农区旱地与水田的重要耕畜。全区水牛拥有头数约占全国的99%以上，多分布于平原稻作区；黄牛在全国也占重要地位，主要分布于台地和丘陵、山地区；马、驴、骡数量极少；山羊遍及区内，以丘陵山区居多；绵羊数量很少，以杭嘉湖平原和太湖地区的湖羊最为著名；禽类仍以鸡为主，但水禽数量和放养规模远远超过北方农区。

今后，农区畜牧业的发展方向应是以种植业为主，农牧结合、综合经营、全面发展；广辟饲料来源，调整畜禽结构，提高食草及粗饲类畜禽比重，加速畜禽品种的优化和改良，并有计划地建立大牲畜饲养和繁殖基地；逐步扩大现代化养殖及饲养业的规模，全面提高畜牧业生产水平，以牧促农，以农带牧。

3）半农半牧区

在我国，农区与草原牧区之间存在一个大致由东北向西南延伸，并逐渐加宽的半农半牧地带。这一地带在气候上处于季风区与非季风区交替、干旱区向半干旱区过渡的状态；南部也有小范围湿润地区，地形、地势上基本属第二级阶梯的中、南部分。从自然区划来看，包括北部的鄂尔多斯高原、黄土高原大部分，南部的云贵高原和四川盆地。这里农耕区与畜牧区交错分布，种植业与畜牧业相互交融，既有农耕发达、富甲一方的银川平原、河套平原、河西走廊及四川盆地，也有生态环境严重恶化的定西、河西、西海固、滇东南、贵西北、陕北高原等全国著名的贫困地区；既包括植被繁茂的藏南、滇南等西南林区，也包括植被稀疏，燃料、肥料、饲料"三料"俱缺，沟壑纵横的黄土高原区。鉴于区内大部分地区的自然和经济状况，今后发展的主要方向首先是要在生态严重恶化的地区植树种草、保持水土，整治生态环境，摆脱贫困；其次是改农牧业粗放经营为集约经营，宜林则林、宜牧则牧；最后是发展自给性种植业、保护性林业和商品性畜牧业。少数自然和经济状况良好、农牧业有机结合、良性发展的地区，如四川盆地等，发展方向应与东部农耕区基本一致。

区内科尔沁草原和坝上草原等天然草场以放牧牛、马、羊为主，是我国肉、乳、细毛的重要生产基地。此外，宁夏的盐池、同心及与内蒙古毗邻地区，历来以发展滩羊为主，所产二毛裘皮久负盛名。

4）城郊畜牧业

随着城市化进程的加速、城市规模的扩大，城市非农业人口对肉、奶、禽蛋等畜禽产品的需求量越来越大，在各中心城市周围逐渐形成一些集约化、现代化水平高的畜禽产品供应基地。这些基地虽占地不广，但在产值和产量上所占比重却直线上升，显示出勃勃生机。随着市场经济的发展，城郊畜牧业正在向集中、大型、专业化方向发展，并带动了所在地区畜牧业的发展。其发达、先进的生产方式，已被越来越多的个体农户所效仿和接受，在经济发达区域和交通干线沿线，已不断涌现出类似的畜牧业基地和企业，它们正悄悄地改变着我国传统的畜牧业生产方式。

2.5.2 主要畜牧业基地

经过长期发展，我国逐步形成了一些畜牧业生产优势区域，它们是新形势下我国畜牧业发展的依托。目前，重点建设的畜牧业基地有以下几处：

1）大兴安岭两侧肉、乳和皮毛生产基地

大兴安岭两侧肉、乳和皮毛生产基地包括黑龙江、吉林西部和内蒙古东部。这里为草甸草原区，大面积分布着天然草场，是我国重要的肉、乳、皮毛生产基地，着重发展乳、肉兼用牛、细毛羊与半细毛羊。

2）新疆北部细毛羊、肉用牛羊和马生产基地

新疆北部是我国荒漠草原发展畜牧业条件较好的地区。阿尔泰山与天山垂直分布的山地草场，饲草类型多，适宜细毛羊、肉用牛及马匹的发展；山间盆地和谷地具有生产饲草、饲料的良好条件，新疆细毛羊、阿尔泰肥臀羊、伊犁马等优良畜种都分布在这里。该基地冬季牧草不足，今后需加强天然草场的管理，并合理发展为牧业服务的种植业，生产优质饲草、饲料，以便充分发挥其生产潜力。

3）青藏高原东部牛羊肉、乳、毛生产基地

青藏高原东部的天然牧场是亚高山和高山草甸，牧场条件虽不如上述两个基地，但却是青藏高原上畜牧业发展条件最好的地区。目前，该基地着重发展绵羊、山羊、牦牛和马等牲畜，牦牛和藏绵羊是这里的特有畜种。该基地技术力量薄弱，今后应着手提高生产技术和管理水平，逐步提高商品率，并适当发展畜产品加工业。

4）华北和西北农牧交错区牛羊肉、毛生产基地

华北和西北农牧交错区牛羊肉、毛生产基地包括河北的承德、张家口地区及晋西北和陕甘的黄土高原。这里自然条件较牧区好，临近畜产品消费地，为发展畜牧业提供了一定条件，但目前生产水平很低。今后可实行草、粮轮作制，以牧为主，农、林、牧相结合，发展饲草、饲料生产，扩大肉用牛及细毛羊的饲养规模，加快建设具有地域特色的畜牧业基地。

5) 东部平原地区以养猪、禽为主的肉、蛋生产基地

东部平原地区是我国主要的产粮区, 也是猪、禽的集中产区。今后这一地区要提高生产专业化、集约化程度, 加强饲料工业建设, 改良畜禽品种, 进一步提高肉、禽产量和商品率。重点建设区域有东北平原牛、羊、猪饲养基地; 四川盆地肉猪供应基地; 长江三角洲、珠江三角洲商品畜禽生产基地; 黄淮海平原黄牛、猪生产基地。

2.6　水产业

水产业是利用水域为生产场所的农业部门。广义的水产业包括渔业（捕捞和养殖）及水生植物的培育和种植业; 狭义的水产业仅指渔业。本节所讨论的为狭义的水产业。

我国发展水产业的条件十分优越, 无论是淡水水产还是海洋水产, 资源条件均属世界一流。改革开放之前, 我国一直是轻养殖、重捕捞, 致使水产资源条件及生态环境严重衰退、受损, 水产业发展缓慢。改革开放以来, 我国本着"以养为主、养捕并举、因地制宜、各有侧重"的方针, 一方面使天然水产资源及生态环境得到应有的休歇、养生, 另一方面使水产养殖业以惊人的速度发展。1978年, 我国水产品总量只有466万吨, 此后, 一直以年递增100多万吨的速度增长, 1988年水产品总量突破1 000万吨大关, 1991年以来水产品总量一直稳居世界第一位。2019年我国水产品总量6 480.36万吨, 水产品人均占有量高于世界平均水平。我国水产业已发展成为一个由养殖、捕捞、加工、流通、服务以及科研、教育相互配套、融为一体的比较完整的产业体系。总体来看, 海洋水产规模胜过淡水水产规模, 全国水产品2/3的产量集中在鲁、粤、闽、浙、辽等5省, 它们全属沿海省份。

在水产业高速发展、多数水域生态环境得到治理的同时, 也有为数不少的水产生态环境在继续恶化——沿海各海域频受赤潮侵扰, 尤其是渤海海域; 内陆各大小湖泊均遭受不同程度的污染, 特别是巢湖、太湖等水产基地。

新时期我国水产业的主攻方向是重点抓好水产品质量安全、种苗繁

育和精深加工三个关键环节，加快建设出口水产品养殖区，改善水质生态环境，推广健康养殖方式，巩固和扩大国际市场份额。其优势发展区域有东南沿海、黄渤海出口水产品优势养殖带和长江中下游出口河蟹优势养殖区。东南沿海养殖带主要布局在浙、闽、粤、桂、琼等5个省区，重点发展鳗鱼、对虾、罗非鱼、大黄鱼；黄渤海养殖带主要布局在鲁、冀、辽等3个省，重点发展对虾、贝类；长江中下游养殖区主要布局在苏、皖、赣等3个省，重点发展河蟹。

2.6.1　海洋水产业

海洋水产业主要是指对海洋中的鱼、虾、蟹、贝等海产资源进行人工繁殖、合理捕捞和加工利用的生产活动。我国发展海洋水产业的条件十分优越，大陆海岸线长18 000千米，沿海分布着众多的港湾、岬角、岛屿和广阔的滩涂。沿海渔场总面积81.8万公顷，已利用的仅占1/5，开发潜力巨大。我国领海跨温带、亚热带和热带，沿岸有寒暖流交汇，有江河注入带来的丰富饵料，是多种鱼类觅食、产卵、巡游的好场所。我国海洋生物资源有20 000多种，其中，作为经济捕捞对象，在国内渔业统计和市场上列名的有200余种，获渔量超过10 000吨的有40多种。当前，我国海水养殖和海水捕捞分别居世界第一位和第三位，海水养殖比重已超过天然捕捞。为避免"竭泽而渔"，1999年农业部提出海洋捕捞要实行零增长，这是具长远意义的重大举措。

1）渤海海区

渤海位于我国北部，是三面环绕陆地的内海，总面积约77 000平方千米，平均水深18米，包括辽东湾、渤海湾和莱州湾三大海湾，有辽河、滦河、海河和黄河流入。沿海浮游生物丰富、天然饵料多，已成为鱼类天然的产卵场所和重要渔场。渤海海底比较平坦、泥沙层厚，有利于拖网作业，主要水产有鳓鱼、对虾、毛虾及海蟹等。渤海水浅坡缓、水域封闭，发展养殖业潜力很大，已成为我国海水水产养殖规模最大的海域。"海洋牧场"等养殖新技术，在此普遍可获高效益。近年来，因遭严重污染，渤海海区生态质量有所下降，有的海域已无鱼可捕，有的鱼种又濒临灭绝，还有的水产养殖场频受赤潮侵扰，急需加大力度治理。

2）黄海海区

黄海位于我国大陆和朝鲜半岛之间，为半封闭性浅海，总面积约38万平方千米。本海域北部水域较深，有一冷水团，是我国冷水鱼类（如鳕鱼等）分布的主要海域，南部则受台湾暖流的影响，形成外海高盐水体与沿海低盐水体的混合区，饵料为来自两种水域的生物群体，为各种鱼类的生存提供了有利条件。其主要经济鱼类有大小黄鱼、带鱼、乌贼、鳕鱼、鱿鱼、鲐鱼、鳓鱼等。黄海沿岸水产养殖业发展较快，自20世纪80年代起，山东省陆续在黄海近海海域实施对虾"人工放牧"等养殖技术，收效可观。对虾和鲍鱼是该海区海水养殖的主要对象。该海区水产资源近来也呈衰退趋势，现已普遍采取措施禁止滥捕，实行季节性休渔制，以保护资源。

3）东海海区

东海包括广东省南澳岛至台湾鹅銮鼻一线以北、黄海以南的大片水域，总面积约77万平方千米，其中大陆架面积近52万平方千米。入海河流有长江、钱塘江、甬江、瓯江、闽江等，这一海域饵料极为丰富，鱼种以暖水性鱼类为主。这里是沿海四大经济鱼类即大小黄鱼、带鱼、墨鱼的重点产区。近年来，还在大陆架外缘和大陆坡深海发现了一些新的渔业资源。东海海区的舟山渔场是全国最大的海洋渔业基地，但近年来由于受污染及酷渔滥捕的影响，经济鱼的作业季节已不复存在，渔场正在向更远的洋面上移动，捕鱼时日比以前缩短，众多鱼种濒临灭绝，四大经济鱼类总产量持续下降，以往上市量较大的大小黄鱼，尤其是大黄鱼已成为餐桌上的罕见之物。目前，这些现象已受到有关方面的充分重视，现已在该海区严格实行休渔制，以使海洋鱼类充分休歇、养生。此外，沿海相关城市和工矿区的治理工作也已全面展开，以还海洋鱼类理想的生存空间。

4）南海海区

南海海区是仅次于东海海区的我国第二大海洋水产区，总面积约350万平方千米，海面宽广，多大洋性水产品，主产蓝圆鲹、鲷鱼、沙丁鱼、鲨鱼、海蛇等，也产四大经济鱼类等近海鱼种。海龟、玳瑁、龙虾是南海特产。南海珍珠举世闻名，合浦、北海、东兴被称为"珍珠之乡"，所产"南珠"抢手国际市场。北部湾为我国重要渔场之一，雷州

中国经济地理

半岛、海南岛一带有发达的水产养殖业。

除上述边缘海区的水产业之外，我国还积极参与海洋渔业竞争，发展远洋捕捞。自1985年中国第一支远洋渔船队出征远航至今，远洋渔业生产经营活动已遍及世界三大洋20多个国家和地区，形成了一定的规模。

2.6.2 淡水水产业

我国淡水水产业主要集中在降水丰沛、地表水域宽广的东部季风区，按省区排序前四名依次为：鄂、粤、苏、湘。根据自然条件、资源状况和生产水平方面的差异，可分为四大淡水水产区。

1）长江、淮河流域淡水水产区

长江、淮河流域淡水水产区主要包括秦淮一线以南、南岭以北的长江中下游平原、盆地和丘陵区。本区位于亚热带，雨量充沛，水域宽广，面积占全国水域总面积的50%，水质肥沃，水产资源极为丰富。本区水产业发展历史悠久，基础良好，是我国最大的淡水水产基地，淡水水产品产量占全国的60%以上，淡水鱼苗占全国的70%以上。区内鱼种和特种水产品较多，有被称为"四大家鱼"的青鱼、草鱼、鲢鱼、鳙鱼；有鲤鱼、鲫鱼、鳊鱼、淡水虾、甲鱼、河蟹等家养、野生皆宜的水产品；有鳗鱼、江鲚等洄游鱼类；还有巢湖与太湖的特产银鱼。本区水产养殖和天然捕捞并举，养殖业发达，水产商品率较高。区内的太湖片、洪泽湖里下河片、江淮片、洞庭湖平原片及鄱阳湖平原片是国家"八五"以来重点发展的商品鱼基地。本区的淡水珍珠养殖全国闻名，20世纪70年代末"温咸水河蟹苗人工繁殖培育技术"问世以来，河蟹人工养殖在区内蓬勃发展起来。这里也是全国著名的"稻田养鱼"技术推广区和普及区。

【小知识2-3】

中华绒螯蟹与阳澄湖大闸蟹

中华绒螯蟹（Eriocheir Sinensis），也称上海毛蟹，俗名大闸蟹，是一种主要生长在朝鲜半岛至中国福建沿海河口地区的小型蟹种。绒螯蟹在淡水中生长，度过生命的大部分时间，但它们必须回到海中繁殖。在生命的第四或第五年，它们迁徙至下游，在有潮汐的江河口达到性成熟期。交配后，雌性继续游向海的方向，在更深的水中过冬。在春天，它们回到咸水中产卵，孵化出的幼蟹迁向上游，进入淡水中，至此完成一个生命循环。这一物种的特征是爪子上有密集的绒毛，蟹体大小大致和成人的手掌相当。绒螯蟹是著名的江南美食，它被中医认为是具凉性的食物，具有很高的经济价值和营养价值。近年来，由于过度的捕捞，已导致长江下游蟹种数量急剧下降，相应地，蟹的价格不断飙升。

现在，在适合蟹生长的地区，养殖业都非常兴盛。江苏苏州阳澄湖是最有名的中华绒螯蟹产地，此处出产的蟹以青背、白肚、黄毛、金爪而闻名，大部分蟹都以高利润率出口海外市场。此外，这里每年都有很多人慕名前来，以高价品尝该处出产的大闸蟹。近年来，在阳澄湖区，大闸蟹养殖业蓬勃发展，只只肥美的大闸蟹带着特制的金属防伪标志——"横行天下"畅销海内外。以阳澄湖镇为例，全镇已有46个阳澄湖大闸蟹注册商标，占苏州市阳澄湖大闸蟹行业协会商标总数的50%，其中"阳澄湖"牌和"阳澄之王"牌均为江苏省著名商标。

阳澄湖大闸蟹，历来被称为蟹中之冠，这与阳澄湖的特殊生态环境有关。阳澄湖水域方圆百里，碧波荡漾，水质清纯，水浅底硬，水草丰茂，延伸宽阔，气候适宜，正是螃蟹定居、生长最理想的"水晶宫"。所以，在螃蟹家族中，阳澄湖大闸蟹的形态和肉质都与众不同。其形态有四大特征：一是青背，蟹壳呈青泥色，平滑而有光泽；二是白肚，贴泥的脐腹甲壳，晶莹洁白，无墨色斑点；三是黄毛，蟹腿的毛长而呈黄色，根根挺拔；四是金爪，蟹爪金黄，坚实有力，放在玻璃板上，八足挺立，双螯腾空，脐背隆起，威风凛凛。其肉质肥嫩鲜美，食过后再食其他佳肴名菜，都会索然无味。阳澄湖大闸蟹营养丰富，味道鲜美，尤其是清水大闸蟹，可以说是世界上最为鲜美的食品之一。

【观念应用2-3】

安徽巢湖同样是大闸蟹的主产地，而且"温咸水河蟹苗人工繁殖培育技术"的发源地也是安徽，为何巢湖大闸蟹默默无闻，江苏阳澄湖大闸蟹却"横行天下"？

分析提示：①避开自然环境和条件，主要从人文环境方面找原因；

中国经济地理

②在互联网上查找相关资料。

2）闽江、珠江流域淡水水产区

闽江、珠江流域淡水水产区主要包括闽江流域和珠江三角洲、西江、东江、北江及农村池塘等水面。水域面积约占全国的18%，以珠江三角洲地区为重点。这里的鱼种虽不如长江流域丰富，但纬度低，热量足，生长期长，鱼类生长迅速，是全国淡水养殖单产最高的地区。本区水产养殖业历来居全国重要地位，西江为全国重要的鱼苗产地，珠江三角洲为全国重点商品鱼基地。珠江三角洲地区历史形成的"基塘渔业"技术，在新的科学技术条件下得到了发扬光大，1992年，桑基鱼塘被联合国教科文组织誉为"世间少有美景、良性循环典范"。改革开放以来，本区水产养殖品种除传统的四大家鱼外，还有鳗鱼、加州鲈鱼、罗非鱼、甲鱼等优质鱼。产品除充分满足本地消费外，还大量输往港澳和内地。近年来，渔业生产布局进一步优化，如广东省推行"一条鱼工程"，按照"一市一品""一县一品""一镇一品"的方针，促进优势水产品产业带建设，调整渔业生产布局。

3）黄河、海河流域淡水水产区

黄河、海河流域淡水水产区包括秦淮以北、长城以南、六盘山以东的大片地区，属暖温带半湿润半干旱地区。区内的黄土高原区严重缺水，水产业落后。黄河下游水系、海河水系、淮河及北部支流、白洋淀、微山湖等天然水域及众多的人工库塘和沿河洼地，为水产养殖及天然捕捞提供了一定基础。本区主要有鲤、鲫、鳊等水产，黄河鲤鱼天下闻名。由于受自然条件限制，本区水产业一向不受重视，轻养重捕，经营粗放。改革开放以来，随着农业内部产业结构的调整和市场经济的发展，库塘、洼地的淡水人工养殖业也发展较快。

4）黑龙江、辽河流域淡水水产区

黑龙江、辽河流域淡水水产区水域大多分布在北纬40度以北地区，气候寒冷，结冰期长，是我国重要的冷水性鱼类产区。其主要河流有黑龙江、乌苏里江、松花江、嫩江；大型湖泊有兴凯湖、镜泊湖、松花湖等。本区水土条件特别，鱼类生长缓慢，脂肪等营养丰富，肉味鲜香。名产有镜泊湖鲫鱼、兴凯湖大白鱼、嫩江上游的哲罗鱼、大马哈鱼、鲑鱼、鲟鱼和鳇鱼等，尤其是后四种，更是全国稀有的名贵鱼类。

除上述四大淡水水产区外，云、贵、川、渝等大江大河上游地区，由于少淡水湖泊，多急流活水，水域较广，饵料丰富，特有鱼种颇多，但水流湍急，难以开发利用，水产业在全国的地位较低。但区内库塘养鱼、稻田养鱼、活水网箱养鱼等已有一定发展。而广大非季风区或缺水或高寒，水产业均不发达。

2.7 土特产

我国自然条件复杂，各地从事农业生产的传统习惯千差万别，形成为数众多的土特产品。

2.7.1 油类

桐油，即油桐种子榨的油，是我国传统的三大出口产品之一。油桐喜温暖多雨的气候，适宜种植在向阳背风、排水良好的低山坡地和山麓。川、湘、贵、鄂为我国桐油四大产地，其中四川省产量居全国首位，约占全国总产量的1/3。

2.7.2 干菜类

干菜的品种很多，主要有以下几种：

（1）木耳。木耳属于真菌，有黑白之分，原为野生，现多为人工培育。我国以黑木耳为主，产地几乎遍及全国，湖北房县、保康，广西百色，黑龙江牡丹江，吉林延边等地都是重要产区。房县所产黑木耳质优量大，素称"黑木耳之冠"，延边则被誉为"木耳之乡"。白木耳也称银耳，主要分布在四川通江、万源，福建古田县，湖北保康、房县，贵州遵义，陕西西乡等地，其中四川通江被称为"银耳之乡"，所产银耳朵大、肉厚、胶浓、色纯，是出口名品。

（2）榨菜。榨菜以鲜、香、嫩、脆为特点，是腌菜中之珍品，既可作佐餐小菜，又可作烹调配料。重庆是全国最大榨菜产地，质量为全国之冠，主要分布在涪陵、渝北、丰都、长寿、忠县等地，以涪陵产量最大。浙江是我国第二大榨菜主产省，比较著名的产地是海宁的斜桥。近

中国经济地理

年来，浙江榨菜加工业发展很快，已占据全国60%的市场份额。我国所产榨菜除内销外，尚大量出口日本、东南亚各国。

（3）金针菜。金针菜又名黄花菜，营养丰富，是重要的烹调配料。金针菜在我国分布较广，湖南产量最多，约占全国总产量的一半，邵阳、邵东为主要产地。江苏宿迁、泗阳等地所产的金针菜，质量最好，其中泗阳为著名的"金针菜之乡"。

（4）笋干。笋干味鲜爽口，主产于江南、华南等竹类分布地，其中浙、闽两省产量占全国的60%以上，比较著名的有天目笋干、福建笋干（简称闽笋）等。

（5）菇类。菇类即各种食用菌，产地遍布我国南北，资源极其丰富。野生菇类味美质佳，现以人工培育为主。香菇是我国传统出口物资，主产于赣、闽、粤、贵、云、皖等省，以江西产量最多、福建古田县发展最快。我国香菇的年产量仅次于日本，居世界第二位。蘑菇是目前世界上栽培面积最大、产量最多、发展最快的一种食用菌。我国经张家口集散的口蘑和长白山特产元蘑为蘑菇中的佳品。

（6）发菜。发菜主产于干旱、半干旱地区，如蒙、甘、宁、新、青等省区，其中内蒙古产量最大，占全国的1/3。其形如乱发，颜色乌黑，故得名发菜，也被人称为"地毛"。因发菜跟"发财"谐音，港、澳、台同胞和海外侨胞特别喜欢它，不惜以重金购买馈赠亲朋或制作佳肴。因发菜贴于荒漠植物的下面，搂发菜对地表植被的破坏性极大。但受利益驱使，从20世纪80年代初起，我国北方草原地区搂发菜、滥挖甘草和麻黄草等问题越来越严重，给生态环境和社会安定造成了极大的危害。经调查发现，获取75克~125克发菜，就会破坏10亩草场，导致草场10年没有效益。加上人群涌入草原后吃住烧占等造成的经济损失，国家每年因搂发菜造成的环境经济损失近百亿元，而发菜收益仅几千万元，代价太大，得不偿失。为此，国务院于2000年6月14日下达《国务院关于禁止采集和销售发菜制止滥挖甘草和麻黄草有关问题的通知》（国发〔2000〕13号），禁止采集和销售发菜。

2.7.3　调味品类

我国调味品种类丰富多样，是色香味俱全的餐饮文化的重要基础。

调味品生产的地域差异较大，现举几种重要的调味品为例加以说明。

（1）八角。八角是我国特有的经济树种，主要分布在桂、云、粤等省区，林产品八角果和八角油（茴香油）是优良的调味料、化妆香料和医药原料，其中广西产量约占全国的85%以上，主要分布在广西的"八角之乡"防城和德保。云南富宁等地的产量也很大。我国八角产量约占世界总产量的80%。

（2）肉桂。肉桂，常绿乔木，叶子长椭圆形，树皮叫桂皮，是烹调腥膻类肉食品的重要佐料，也可入药或作香料，主产地包括桂、粤、浙、皖、鄂等省区，广西桂皮产量大、质量好，主要分布在防城、上思、藤县、平南、桂林等地。

（3）花椒。花椒籽实味香辣，主产于鲁、冀、晋、甘、陕、川、云等省，山东产量最大，占全国总产量的1/3，其次是河北。河北涉县所产花椒个小、皮薄、味香，属上品。

（4）胡椒。胡椒是一种价值较高的调味品，主产于亚热带和热带地区。未成熟果实干后，皮皱缩发黑，制成品为黑胡椒；成熟果实去皮加工后制成白胡椒。海南是我国最大的胡椒产地，其次是云南的西双版纳、广东湛江，其中以西双版纳的胡椒质量最佳。

2.7.4 药材类

我国20世纪80年代后期进行的药材资源调查、普查结果表明，我国中药资源有12 807种，常用药材总蕴藏量达850万吨，是世界上天然药材种类最丰富的国家之一，其中植物类占90%以上，其余为动物、矿物类，分布上从东北到西南逐渐增多。

（1）人参。人参有野参（山参）和家参（园参）之分，为我国珍贵的药用植物。山参主要分布在长白山和大小兴安岭一带；园参主要分布于吉林的抚松、集安、通化等地，其中抚松产量最大且质量最好，被称为"人参之乡"。

（2）鹿茸。鹿茸是雄鹿头上初出的嫩角，是珍贵补品。我国东北、西北、西南等地区均产鹿茸，以东北的产量最大，质量也最好。吉、辽、川等地区建有几十处国有鹿场，专门生产鹿茸。

（3）甘草。甘草为多年生草本植物，味香甜，有补脾润肺、祛疾、健胃、清热、解毒以及调和众药之功能，被誉为"百药之王"。甘草主要分布于西北干旱地区，以内蒙古、甘肃产量最大。内蒙古的产量约占全国的一半，甘肃民勤所产甘草质量最好。

（4）当归。当归是多年生草本植物，药用其根，为妇科良药。当归分布很广，甘、川、云、陕、鄂等省均有种植，其中以甘肃岷县的当归产量最高，质量最佳，驰名中外。由于输出线路不同，习惯上称产于甘、陕的当归为"秦归"，产于滇、川的当归为"川归"，其中以"秦归"产销量最大。

（5）田七。田七为多年生草本作物，又称三七或田三七。其块根是一种驰名中外的名贵药材，有强心、止血、散瘀、止疼等作用。田七产于云南文山地区和广西百色地区，尤以文山地区的砚山、西畴两县产量最高。田七为制"云南白药"的主料之一。

（6）虫草。虫草又名"冬虫夏草"，是由一种很奇妙的生物寄生现象而产生的举世无双的名贵药材，生长在高寒的环境，主产于我国的川、云、甘、藏等高寒地区，有滋补功用。

（7）枸杞。枸杞是一种价廉物美的大众化滋补良药，在我国栽培历史悠久。枸杞主产于宁夏，集中分布于卫宁盆地的中宁县、中卫市等部分地区。这里所产枸杞粒大肉多，红润甘甜，营养丰富，质量高于他地所产，不仅畅销国内，还远销东南亚和欧美一些国家。

2.8　农业可持续发展

2.8.1　可持续农业的由来

世界农业经历了从原始农业、传统农业到现代农业的发展历程。第二次世界大战后，西方发达国家相继进入农业现代化阶段，高投入、高产出的现代农业依靠石油动力机械，以及投入的大量农药和化肥，创造了农业增产的奇迹，但随之而来的是土壤侵蚀、环境破坏、病虫害爆发等一系列生态灾难。20世纪60年代，发展中国家在从传统农业向现代农业过渡的过程中，广泛开展绿色革命运动，通过改良作物品种，增加化肥、农药的投入，受益匪浅。但绿色革命在带来增产效益的同时，也带来了诸如土壤板结、肥力下降、单一品种的耕作制度对病虫害的抵御能力低等农业生态问题。无论是发达国家的"石油农业"，还是发展中国家的"绿色革命"都不能摆脱农业生态环境恶化这一现实，这促使人们开始重新审视现代农业发展模式，并引发了对全球农业持续发展的思考。

"可持续农业"的概念最早是在1985年美国加利福尼亚州《可持续农业研究教育法》中提出来的，其目的旨在重新选择农业发展道路，全面、系统地解决人类面临的环境、资源、能源和食物等大问题。1991年联合国粮农组织在荷兰丹波召开农业与环境国际会议，发表了著名的《丹波宣言》，拟定了关于农业和农村持续发展的行动纲领。1992年世界环境与发展委员会在巴西召开的环境与发展大会上通过了著名的《21世纪议程》，将农业与农村的可持续发展作为全球经济可持续发展的根本保证和优先领域写入第14章。自此，农业可持续发展成为一种农业发展的新思潮达成全球共识。

《丹波宣言》指出，**可持续农业**是采取某种使用和保护自然资源的基础方式，以及实行技术变革和机制性变革，以确保当代人类及其子孙后代对农产品的需求得到不断地满足。这种农业的可持续发展，保护土地、水、动植物等资源，是一种"不造成环境退化、技术上应用适当、经济上可行以及社会能够接受的农业"。

农业可持续发展思想虽在世界范围内得到广泛传播，但由于各国国情不同，对其理解有异。发达国家由于生产力水平相对较高，其农业功能已经扩展到环境美化阶段，食物生产以质量目标为主，并重视食品安全与营养，因而更多地强调资源环境保护。而对于大多数发展中国家而言，农业投入水平低，经营粗放，农产品从数量上还满足不了消费需求，因而注意力更多地集中于数量增长，希望通过发展以解决温饱问题，所采取的是以发展为目标，同时兼顾环境保护的策略。虽然两类国家在实施可持续农业发展模式上有很大的差别，但两类国家所追求的共同点都是合理开发资源和保护环境，促使农业可持续发展。

2.8.2 生态农业是我国可持续农业和农业现代化的必由之路

生态农业，简而言之就是以生态学理论为依据，在某一特定区域内，因地制宜地规划、组织和进行生产的一种农业形势。这种农业发展方向是符合我国国情的，是我国可持续农业和农业现代化的必由之路。

1）基本国情决定了我们必须走生态农业之路

第一，人口与资源之间的矛盾要求我们必须走生态农业之路。我国人多地少，人均资源相对短缺，不仅要用仅占世界7%的耕地养活占世界1/5的人口，还要实现现代化目标。因此，我国农业发展的途径和方式是既要充分有效地利用资源，又要节约和保护资源。这种中国式的生态农业模式，对可再生资源追求的是用养结合，对不可再生资源追求的是高效、低耗的集约化。它可以有效地解决人口与资源之间的矛盾。

第二，生态环境的恶化要求我们必须走生态农业之路。我国在很长一段时期内，由于只重视粮食生产，片面地强调"以粮为纲"，生产结构单一，忽视了农业需综合发展的特点，资源利用不合理，造成整个农业生态环境全面退化，影响了农业生产乃至整个农村经济的发展。因此，我国农业现代化的发展，应力求实现农业内部的良性循环。生态农业从保护环境入手，力求合理利用资源，促使系统内部能流、物流畅通，保证高效运转，有利于大农业的持续、稳定发展。

第三，不断增加的人口压力和农业自身的发展要求推进可持续的生态农业的发展。我国有14亿多人口，2/3左右在农村。我们面临的压力是，农村要发展，农业要现代化，还要以农村和农业的现代化支撑起中国的现代化。中华人民共和国成立以来，农村和农业的发展曾聚集起大量的资金，推动了中国的工业化建设。到如今，由于资金短缺，农村和农业的发展困难重重，到了应由工业反哺农业的时候。但还不算发达、自身发展正在经历重重困难的工业却没有能力背负起农村和农业这个沉重的包袱。中国农业和农村的现代化，主要在农业内部寻找出路。大力发展可持续的生态农业，一方面可以根据各地的自然经济条件，实行科学的立体开发、综合开发、多种经营，充分利用各地的物质、能源、土地、劳力等资源优势，实现生产要素和环境资源的全面匹配，全面提高农业生产水平和效率,为农村劳动人口创造更多的就业机会,为农村经济的发展积累更多的物质财富;另一方面也可通过产业结构的调整,形成集种、养、加、产、供、销于一体的产业化链条,促使农业生产商品化、市场化,提高农产品的附加值,增加积累,靠农业的自身发展解决资金短缺问题。

2)生态农业追求的目标符合农业现代化发展的方向

(1)生态农业追求农业生产系统内产业结构的优化,把生态系统的食物链和经济系统的投入产出链有机地结合为一体,构建合理的生产、加工、商贸综合体系。这对促进农业产业化进程、提高农业生产系统的总体效益,具有重要作用。而农业产业化是农业现代化的重要标志之一。

(2)生态农业要求农业生产必须坚持因地制宜的原则,宜农则农,宜林则林,宜牧则牧,宜副则副,宜渔则渔,坚持一业为主、多种经营、综合发展,对不同区域采用不同的生态农业模式。总的追求目标是生态效益、经济效益和社会效益的统一,力求创造无污染的、良性的、持续发展的农业——这显然是农业现代化的重要内涵之一。

(3)生态农业具有集约型特点,要求人们必须树立全新的农业生产经营思想。生态农业模式不仅重视传统农业的技术精华和现代的科学技术手段,还高度重视当代的农业集约化经营思想。通过组建劳动密集、资金密集、能量密集、商品密集的集约化农业生产综合体系,实现农业系统的高效运作,提高农业系统的综合生产能力;通过使用先进的生物技术、科学的生产管理手段、精湛的农业工艺,使土地产出高额产品,提高农业生态系统的整体功能,实现农业的可持续发展,并以农业的可持续发展,支持全社会的可持续发展。

2.8.3 我国生态农业的建设成就

我国生态农业发展20多年来成效显著,初步形成了生态农业理论指导体系、生态农业模式分类体系、生态农业技术体系、生态农业建设体系和生态农业保障体系。

1)生态农业理论指导体系

生态农业系统是一个自然—经济—社会的复合系统,包括人类在内的系统中生物成员与环境具有内在的和谐性。生态农业着眼于系统各组成部分的互相协调和系统水平的最适化，着眼于系统具有最大的稳定性和以最少的投入取得最大的社会、生态与经济效益，而这一特定的目标和指导思想是以生态学、生态经济学原理为其理论基础建立起来的。生态农业实践的理论指导依据主要包括：

（1）生物与环境的协同进化原理。针对生物与环境的协同进化原理，生态农业的建设实践中提出了"依源设模，以模定环，以环促流，以流增效"的模式设计方法。

（2）生物之间链式的相互制约原理。生态农业遵循这一原理可以巧接食物链，合理组织生产，以挖掘资源潜力，如"粮（果）→畜→沼→鱼"等食物链生态农业模式已经为众多发展生态农业的国家所推崇。

（3）能量多级利用和物质循环再生原理。生态系统中的食物链既是能量转换链，也是物质传递链。在生态农业中合理设计食物链，实行多层分级利用，可使有机废弃物资源化，使光合产物实现再生增殖，发挥减污、补肥、增效的作用。

（4）结构稳定性和功能协调性原理。生态农业利用这些原理可优化、稳定结构，完善整体功能，发挥其系统的综合效益。

（5）生态效益与经济效益相统一的原理。生态农业建设实践强调经济、生态、社会三大效益的协同提高，而且认为经济效益是目的，生态效益是保障，社会效益是经济效益的外延。没有经济效益的生态农业是没有生命力的，而没有生态效益的经济效益是不可持续的。为获取高的生态效益和经济效益，必须对自然资源进行合理配置，充分、合理地利用国土资源及其他自然资源，充分利用劳动力资源，调整经济结构，实现农业生产的专业化和社会化，积极引导农业生产接受市场机制的调节，逐步走上农业产业化的发展轨道。

2）生态农业模式分类体系

生态农业模式按地域、地貌分有山区生态农业、平原生态农业等；按行政编制分有生态县、生态乡（镇）、生态村、生态农场等；按产业分有生态渔业、生态林业等；按其功能分有水、土、林、田综合治理模式等。模式设计常采用时空结构型、食物链结构型、时空-食物链结构型等三大类型。时空结构型含平面设计、垂直设计和时间设计，在实际应用中多为时空三维结构型，包括种群的平面配置、立体配置及时间的叠加嵌合等；时空结构型含山体生态梯度开发型、林果立体间套型、农田立体间套型、水域立体种养型和庭院立体种养型等。食物链结构型模拟生态系统中的食物链结构，在农业生态系统中实行物质和能量的良性循环与多级利用，一个系统的产出（或废弃物）即另一个系统的投入，废弃物在生产过程中得到再次或多次利用，充分利用自然资源，使之形成良性循环系统，如粮—猪—沼—鱼模式等。食物链模式设计可采用"依源设模、以模定环、以环促流、以流增效"的方法，通过链环的衔接，使系统内的能流、物流、价值流和信息流畅通，从而提高经济、生态和社会三大效益。时空-食物链结构型是时空结构型和食物链结构型的有机结合，它使生态系统中生物物质的高效生产和有效利用有机结合，是"开源与节流"高度统一的适投入、高产出、少废物、少污染、高效益的生态工程类型。

3）生态农业技术体系

生态农业技术体系包括实现种植业、养殖业及工商业之间生产与生态良性循环的组装技术，农副产品废弃物资源化技术，生物种群的调整、引进与重组技术，农村能源综合开发技术，立体种植、养殖技术，水土流失治理技术，控制沙漠化技术，盐渍化土壤改良技术，涝渍地治理技术和病虫害综合防治技术等。它可以提高资源利用率，改善生态环境。

4）生态农业建设体系

生态农业建设的基本程序（以生态农业县建设为例）可归纳为收集有关资料，进行系统诊断，找出主要限制因子和优势因子；确定生态农业建设的主要类型、模式及主要目标、任务和重点解决的问题；制定生态农业发展规划和社会经济发展规划，进行效益预测和规划可行性分析；提请专家组审定规划，经县（市）人大常委会审议通过后组织力量付诸实施；向民众宣传、组织培训、协调力量、筹集资金、分步建设；总结、验收、推广。生态农业建设的基本原则为统筹规划、突出重点、因地制宜、分类指导，模式带动、技术集成；建设与管理并重，工程与政策并重；综合治理、整体提高。其最终目标是采取生物、工程、技术、管理措施，使"山水林田路得到综合治理，农林牧副渔全面发展，种养加全面配套，经济、生态和社会三大效益协同提高"。

5）生态农业保障体系

生态农业保障体系主要包括法律保障体系、组织保障体系和环境监测与评价体系。对于法律保障体系，全国生态农业领导小组组织制定的《全国生态农业发展纲要》将成为我国今后发展生态农业的主要依据；《全国农业生态环境保护条例》等法规将保障我国生态农业建设的顺利进行。对于组织保障体系，早在1993年，国家七部委（局）就联合成立了全国生态农业建设试点县领导小组，有关各省（市）也成立了相应的领导小组，以保证生态农业建设的组织领导和宏观决策。对于环境监测与评价体系，截至目前，全国已建立农业、草原、农垦生态监测站50多个，还建立了多个有关各类自然保护区、重点湿地、三峡库区等的定点监测站，首批国家级51个生态农业试点县也陆续建立了定位监测站。此外，我国还建立了包括生态环境治理成本和收益在内的农业生产核算体系、生态农业指标体系及其量化标准、生态农业县综合评价与管理决策支持体系等。

2.8.4　生态农业是全国生态建设的重要组成部分

一直以来，我国政府都把生态农业建设纳入全国生态建设总体规划之中统筹安排，生态农业是全国生态建设的重要组成部分。《全国生态保护"十一五"规划》（以下简称《规划》）指出：要在广大农村实施"农村小康环保行动计划"，采取种种措施"推动全国农业生产方式和结构的转型，扩大生态农业生产面积"。

【小知识2-4】

我国十大生态农业模式

为进一步促进生态农业的发展，2002年，农业部向全国征集到了370种生态农业模式或技术体系，通过专家反复研讨，遴选出经过一定实践运行检验、具有代表性的十大类型生态模式，并正式将这十大类型生态模式作为今后一个时期农业部的重点任务加以推广。

这十大典型模式和配套技术是：北方"四位一体"生态模式及配套技术；南方"猪—沼—果"生态模式及其配套技术；平原农林牧复合生

态模式及其配套技术；草地生态恢复与持续利用生态模式及其配套技术；生态种植模式及其配套技术；生态畜牧业生产模式及其配套技术；生态渔业模式及其配套技术；丘陵山区小流域综合治理模式及其配套技术；设施生态农业模式及其配套技术；观光生态农业模式及其配套技术。

1)"十五"以来生态建设成就回顾

"十五"以来，我国逐步形成了生态省—生态市—生态县—环境优美乡镇—生态村的系列生态示范创建体系。截至"十五"期末，国家共批准528个生态示范区建设试点，其中233个被命名为"国家级生态示范区"，琼、吉、黑、闽、浙、鲁、皖、苏、冀等9个省开展了生态省建设，桂、川生态省建设规划纲要已经通过专家论证，辽、津等省（市）正在组织编制生态省（市）建设规划纲要；全国有150余个市（县、区）开展了生态市（县、区）创建工作；在农村，开展了创建环境优美乡镇和生态村活动。

2)"十四五"国家生态建设总目标

推动绿色发展，促进人与自然和谐共生。坚持绿水青山就是金山银山理念，坚持尊重自然、顺应自然、保护自然，坚持节约优先、保护优先、自然恢复为主，守住自然生态安全边界。深入实施可持续发展战略，完善生态文明领域统筹协调机制，构建生态文明体系，促进经济社会发展全面绿色转型，建设人与自然和谐共生的现代化。

（1）加快推动绿色低碳发展。强化国土空间规划和用途管控，落实生态保护、基本农田、城镇开发等空间管控边界，减少人类活动对自然空间的占用。强化绿色发展的法律和政策保障，发展绿色金融，支持绿色技术创新，推进清洁生产，发展环保产业，推进重点行业和重要领域绿色化改造。推动能源清洁低碳安全高效利用。发展绿色建筑。开展绿色生活创建活动。降低碳排放强度，支持有条件的地方率先达到碳排放峰值，制定2023年前碳排放达峰行动方案。

（2）持续改善环境质量。增强全社会生态环保意识，深入打好污染防治攻坚战。继续开展污染防治行动，建立地上地下、陆海统筹的生态环境治理制度。强化多污染物协同控制和区域协同治理，加强细颗粒物和臭氧协同控制，基本消除重污染天气。治理城乡生活环境，推进城镇

中国经济地理

污水管网全覆盖，基本消除城市黑臭水体。推进化肥农药减量化和土壤污染治理，加强白色污染治理。重视新污染物治理。全面实行排污许可制，推进排污权、用能权、用水权、碳排放权市场化交易。完善环境保护、节能减排约束性指标管理。完善中央生态环境保护督察制度。积极参与和引领应对气候变化等生态环保国际合作。

（3）提升生态系统质量和稳定性。坚持山水林田湖草系统治理，构建以国家公园为主体的自然保护地体系。实施生物多样性保护重大工程。加强外来物种管控。强化河湖长制，加强大江大河和重要湖泊湿地生态保护治理，实施好长江十年禁渔。科学推进荒漠化、石漠化、水土流失综合治理，开展大规模国土绿化行动，推行林长制。推行草原森林河流湖泊休养生息，加强黑土地保护，健全耕地休耕轮作制度。加强全球气候变暖对我国承受力脆弱地区影响的观测，完善自然保护地、生态保护红线监管制度，开展生态系统保护成效监测评估。

（4）全面提高资源利用效率。健全自然资源资产产权制度和法律法规，加强自然资源调查评价监测和确权登记，建立生态产品价值实现机制，完善市场化、多元化生态补偿，推进资源总量管理、科学配置、全面节约、循环利用。实施国家节水行动，建立水资源刚性约束制度。提高海洋资源、矿产资源开发保护水平。完善资源价格形成机制。推行垃圾分类和减量化、资源化。加快构建废旧物资循环利用体系。

"十四五"规划中的生态建设目标更加明晰，我们相信中国生态农业模式会在实践中不断完善，生态农业之路是符合中国国情的农业可持续发展、农业现代化之路。

本章小结

　　※ 农业是国民经济的基础。农业是人类衣食之源、生存之本，农业为社会各经济部门的发展提供劳力，为轻工业提供原料，为我国现代化的发展提供物质基础。中国农村人口占绝对多数，没有农业和农村的现代化，就不可能有中国的现代化。

　　※ 农业生产与生态环境关系密切，对土地的依赖性强，是

自然再生产和经济再生产密切结合的生产部门，具季节性、周期性、地域性、综合性和不稳定性等特点，其中综合性的特点最重要却又最易被人忽视，所以应给予充分认识。本着大农业的观点，我国应农林牧副渔五业并举，促使农业持续、稳定发展，走出一条符合中国国情的农业现代化之路。

❀ 影响农业生产和发展的主要因素有自然条件、科学技术条件和社会经济条件。发展农业生产既要从农业生产本身的特点出发，也要充分认识各种外界条件对农业生产的影响作用，创造积极因素，利用有利因素，克服和改造不利因素，从而推动农业生产的合理布局。

❀ 粮食生产是农业的基础。中华人民共和国成立以来，我国粮食生产发展虽有起伏，但总产量大幅度上升，满足了人口增长、经济发展和现代化建设对粮食的需求。

❀ 稻谷、小麦、玉米为我国产量占绝对优势的粮食作物。稻谷生产集中在秦淮以南、青藏高原以东地区，特别是长江流域诸省市产量一直很高；小麦生产以冬小麦为主，分北方冬小麦产区和南方冬小麦产区；玉米生产集中分布于自东北至西南的弧长地带。除主粮之外，尚有生态特性各异、营养价值可观的杂粮分散于各地的农耕区。

❀ 经济作物的生产具有多方意义。经济作物生产与轻工业关系密切，受市场因素牵动较大。经济作物主要有纤维作物、油料、糖料和其他经济作物四大类若干品种。纤维作物中以棉花和桑蚕茧生产最重要，分别有三大产棉区和三大桑蚕茧产地。花生、油菜、芝麻等三大油料作物为我国油料生产的当家品种，花生在南北各有一个集中产区；油菜以冬油菜为主，主要集中在长江流域的八省二市；芝麻生产分散、规模小，集中在少数省份。我国糖料生产呈"南蔗北菜"格局，甘蔗和甜菜生产分别集中于北纬24°以南和北纬40°以北地区。其他经济作物包括茶叶、烟草、水果等。茶叶生产高度集中于浙、皖、川、湘、闽五省，烟草相对集中在滇、黔、豫、鲁、湘各地。此外，我国还是世界上水果品种最丰富的国家之一，水果生产相对集中于暖温带、亚热带和热带的一些地区，其中苹果、葡萄、梨、柑橘为大宗水果，南国四大果品（荔枝、龙眼、香蕉、菠萝）经济价值很高。

※ 我国是少林国家。目前，林业生产正处在重大转型时期，已停止了对天然林的采伐。我国用材林集中分布于东北、西南和秦淮以南地区，其中东北林区以耐寒针叶林为主，是全国最大的天然林区和木材供应基地；西南林区是我国树种最丰富的林区，也是全国第二大天然林区；南方林区是我国最重要的人工林和经济林分布区。20世纪70年代以来，我国陆续启动林业发展十大生态工程，其中"三北"防护林、长江中上游防护林、沿海防护林工程均为跨世纪的浩大生态工程。重要的防护林体系还有太行山绿化工程和东部平原地区的防护林网建设等。

※ 畜牧业和水产业均为大农业的重要组成部分。改革开放以来，我国畜牧业和水产业发展迅速，产量大幅度上升。从布局上看，我国畜牧业可分为片状分布的农区畜牧业区、草原牧区和处于两者之间带状分布的农牧交错区，以及点状分布的城郊畜牧业区。农区畜牧业占全国比重较高，以养猪、禽和牛为主，集约化程度高。牧区畜牧业以草场大群放牧为主，畜种是以绵羊、马、骆驼为代表的大牲畜，除少数地区外，生产水平均不高。半农半牧区畜牧业目前在全国所占比重不大，但具发展潜力。城郊畜牧业占地不多，现代化水平却很高，提供的肉、奶、禽、蛋产品数量较大；其分散在城郊、工矿基地及交通线两侧，对推动全国畜牧业现代化有特别意义。

※ 我国发展海洋和淡水水产业的条件十分优越。海洋水产业主要以四大边缘海为基地，发展水产养殖和天然捕捞。目前，水产养殖的规模已超过天然捕捞。为保护海洋渔业资源，缓解渔业资源严重衰退与捕捞强度盲目增长之间的尖锐矛盾，1999年农业部提出要实现"海洋捕捞产量零增长"。淡水水产业主要集中在东部水域面积较广的湿润和半湿润区。四大淡水水产区中以长江、淮河流域和珠江、闽江流域淡水水产区的生产水平

最高。

❀ 农业要走可持续发展之路。生态农业模式是符合中国国情的重要的农业可持续发展模式。

主要概念

农业　商品粮基地　林业　畜牧业　水产业　可持续农业　生态农业

知识练习

❀ 简答题

（1）为提高我国农业的国际竞争力，充分发挥比较优势，国家近期在农业布局方面有哪些新举措？

（2）试分析长江三角洲和珠江三角洲地区粮食生产总量下降的原因。

（3）什么是商品粮基地？

（4）什么是可持续农业？

❀ 填空题

（1）南国"四大名果"是香蕉、_____、_____和菠萝。

（2）我国畜牧业类型有_____畜牧业、_____畜牧业、_____畜牧业及城郊畜牧业。

（3）农业生产具有_____、地域性、_____和_____等特点。

（4）生态农业是符合我国国情的_____和_____之路。

❀ 选择题

（1）在以下选项中同属水稻和棉花主产地的是（　　）。

A.云南、山东　　　　　　　B.河北、广西

C.江苏、安徽　　　　　　　D.宁夏、西藏

（2）在以下选项中同属棉花和冬小麦主产地的是（　　）。

A.河南、山东　　　　　　　B.河北、广西

C.江苏、内蒙古　　　　　　D.宁夏、西藏

中国经济地理

（3）在以下选项中同属苹果和棉花著名产地的是（　　　）。

A.云南、山东　　　　　　　　B.山东、陕西

C.江苏、湖南　　　　　　　　D.宁夏、西藏

（4）在以下选项中同属桑蚕茧和甘蔗主产地的是（　　　）。

A.云南、广西　　　　　　　　B.河北、广西

C.广东、广西　　　　　　　　D.宁夏、西藏

（5）在以下选项中水产大省是（　　　）。

A.山东　　　　　　　　　　　B.广西

C.广东　　　　　　　　　　　D.宁夏

（6）在以下选项中属柑橘主产地的是（　　　）。

A.浙江、湖南　　　　　　　　B.广东、广西

C.江苏、安徽　　　　　　　　D.宁夏、西藏

（7）在以下选项中属著名商品粮生产基地的是（　　　）。

A.黑龙江、吉林　　　　　　　B.河北、新疆

C.湖北、湖南　　　　　　　　D.宁夏、西藏

（8）在以下选项中属著名林区的是（　　　）。

A.云南、山东　　　　　　　　B.河北、广西

C.黑龙江、福建　　　　　　　D.云南、西藏

 技能训练

（1）对照地图，比较主要粮食作物、经济作物的地理分布，找出其规律。

（2）在中国地理填充图上标出我国北方冬小麦区、南方三个稻谷区的范围。

（3）自己动手绘制"中国主要防护林分布图"。

 观念应用

❋ **案例题**

农业文化遗产——"青田稻鱼共生系统"

2016年6月5日，联合国粮农组织总干事格拉齐亚诺赴浙江考察了全球重要农业文化遗产——"青田稻鱼共生系统"。

格拉齐亚诺一行在考察期间，参观了青田传统农耕文化宣传教育展示中心，欣赏了青田鱼灯舞，并深入田间与农户座谈，观摩传统插秧耕作。格拉齐亚诺高度评价中国传统农耕文明的悠久历史和科学价值，认为其对农业可持续发展、农村振兴和农民增收作用突出。他称赞中国是农业文化遗产保护与发展的领军者，为世界其他国家做了很好的示范。

青田县位于浙江省中南部，瓯江流域的中下游，该县自公元9世纪开始一直保持着传统的农业生产方式———"稻田养鱼"，并不断发展出独具特色的稻鱼文化。稻田养鱼产业是青田县农业主导产业，面积8万亩，标准化稻田养鱼基地3.5万亩，是青田县东部地区农民主要收入来源。

全球重要农业文化遗产保护试点于2002年由联合国粮农组织发起。2005年6月"青田稻鱼共生系统"被列为首批全球重要农业文化遗产保护试点。目前共有15个国家的36个项目被列入全球重要农业文化遗产保护项目。其中，中国拥有"青田稻鱼共生系统"、兴化垛田等11个项目，数量居全球首位。

问题：

（1）全球重要农业文化遗产保护试点由谁、何时发起？

（2）"青田稻鱼共生系统"属于哪种生态农业？

（3）在地图中找出青田县的地理位置；找出兴化垛田的地理位置。

（4）上网找出我国其他9个农业文化遗产。

❈ **实训题**

（1）收集"十三五"以来新增"生态农业"实例。

（2）小调查：关于"人与自然和谐共生"的小调查报告。

中国经济地理

第3章

工业地理

学习目标

知识目标：了解我国工业生产发展概况及其特点和布局要求，明确工业在我国国民经济发展中的作用及地位。

技能目标：在中国地图上，找出食品、纺织、造纸、家电工业和能源、钢铁、机械、化学、高技术工业的主要基地。

能力目标：能够应用工业布局原理，分析和评价我国或某个地区的食品、纺织、造纸、家电工业和能源、钢铁、机械、化学、高技术工业布局的特点。

引例   "天问一号"

2020年7月23日，中国首次火星探测任务（"天问一号"）成功发射，标志着我国行星探测（"天问"系列任务）的大幕正式拉开。以"天问"命名行星探测系列任务，表达了中华民族对真理追求的坚韧与执着，体现了对自然和宇宙空间探索的文化传承。"揽星九天"是更遥远的征途和更灿烂的星辰大海。"天问"也将继"嫦娥"之后，被永远铭刻在中国航天史册上。

天问系列的首个任务是"天问一号"中国首次火星探测任务。其目标是：在国际上首次通过一次发射，实现火星环绕、着陆、巡视探测，成为世界上第二个独立掌握火星着陆巡视探测技术的国家。"天问一号"探测器总重约5吨，由环绕器和着陆巡视器组成，着陆巡视器主要包括进入舱和火星车。"天问一号"的三大科学问题是：（1）探测火星生命活动信息；（2）火星的演化以及与类地行星的比较研究；（3）探讨火星的长期改造与今后大量移民建立人类第二个栖息地的前景。五大科学目标是：（1）火星形貌与地质构造特征；（2）火星表面土壤特征与水冰分布；（3）火星表面物质组成；（4）火星大气电离层及表面气候与环境特征；（5）火星物理场与内部结构。2021年2月10日约19时，"天问一号"探测器"刹车"成功开始了环火飞行。"天问一号"着陆器/火星车（祝融）于2021年5月降落在火星表面，并开展为期90个火星日（一个火星日约24小时39分35.2秒）的巡视探测任务。

回到地球，"天问一号"的探测数据，还将与火星陨石分析、模拟实验和模拟样品研究、数值模拟等研究相结合，深化对火星表面和内部物质组成以及火星各类地质过程的认识，约束关键事件发生和持续时间。"天问一号"任务将为理解火星宜居性的形成和演化作出新的中国贡献。

资料来源　根据百度百科有关内容整理得来。

以上报道显示了中华人民共和国成立后，经过70多年的建设和发展，中国工业已建立起现代产业体系，不但门类齐全、结构完善，而且大力推进信息化与工业化融合，促进工业由大变强，提升高新技术产业水平，发展信息、生物、新材料、航空航天、海洋等产业。从三峡工程竣工到青藏铁路通车，从"神舟""天问一号"飞天到"蛟龙""奋斗者"号探海、航母"辽宁舰"运行，这无不显示中国科技、经济实力和

　　　　　　　　　　　　　　　　　　中国经济地理 ■

现代工业的强大，也标志着中国的核心竞争力名列世界前茅。

本章着重介绍我国的工业体系、工业结构及工业部门的宏观和微观布局。

3.1 工业概述

3.1.1 工业在国民经济中的地位

按产品的性质和主要用途，通常把工业分为重工业（主要生产生产资料）和轻工业（主要生产消费资料）两大类。二者在国民经济发展中缺一不可，应平衡发展。

工业是国民经济的主导部门，工业水平的高低，是衡量一个国家经济发达程度的重要标志。工业是国民经济发展中的主要增长点和支柱产业。我国 2019 年工业增加值为 317 808.1 亿元，约占国内生产总值的 32.07%，高于其他产业。

重工业为国民经济各部门的迅速发展提供能源、原材料、生产工具和技术装备，是实现扩大再生产和提高劳动生产率的物质基础。重工业通常分为三类：一为采掘（伐）工业，是指对自然资源的开采，包括石油、煤炭、金属与非金属矿开采和木材采伐等工业；二为原材料工业，是指向国民经济各部门提供基本材料、动力和燃料的工业，包括金属冶炼及加工、炼焦及焦炭化学、化工原料、水泥、人造板以及电力、石油和煤炭加工等工业；三为加工工业，是指对工业原材料进行再加工制造的工业，包括装备国民经济各部门的机械设备制造工业、金属结构、水泥制品等工业，以及为农业提供的生产资料如化肥、农药等工业。轻工业门类繁多，主要包括食品、纺织、文化用品和日用品等工业部门。其产品与人们的衣、食、住、行息息相关，是人人所需、日日必用的。因此，轻工业的发展关系着亿万人民的生活，直接影响人民生活水平的提高和社会的安定，也是繁荣市场、活跃经济、扩大对外贸易的重要物质基础。轻工业可促进重工业、农业、旅游业等经济部门的发展。重工业为轻工业提供机器设备，轻工业的发展又为重工业开辟了广阔的市场。部分轻工业产品如工业用布、工业陶瓷、工业用纸和农用薄膜、五金工具等也是重工业原料和农用生产资料。同样，有部分重工业产品如电力、煤炭（气）、装潢材料、玻璃制品及小轿车等直接用于生活消费。重工业与轻工业相辅相成，共同发挥作用，促进国民经济的发展。

3.1.2 工业生产的特点

工业生产受自然条件制约和影响较小，但深受技术条件、原材料及产品销路等的制约和影响。因此，它具有区别于其他生产部门的特点。

1）技术性

与农业相比，工业生产的技术性强，科技含量相对较高。如果没有先进的生产工具、工艺流程，或者没有人会操作，即使有再好的原料，也只能生产劣质产品，浪费原料，况且产品的质量、花色和品种又是当今工业企业生存和发展的生命线。因此，可以说技术性是现代工业生产的最大特点。

2）协作性

随着社会化大生产和商品经济的不断发展，横向经济联合成为工业发展的必然趋势。工业企业内部和企业之间既分工又协作的关系不断深化和紧密，尤其是机械工业、化学工业，既要求实行专业化、系列化生产，又要求开展广泛的协作，其中互相提供原材料的企业更必须建立稳定的协作关系。例如，一部汽车的诞生，其零部件可能来自世界各地；当代世界实力最强的两大汽车公司（德国戴姆勒-奔驰与美国克莱斯勒）的合并，我国最大石化集团的联合，均是工业生产协作性的典范。

3）连续性

工业生产基本在室内进行，受自然条件、灾害影响小，尤其是现代工业工艺流程的自动化、机械化、电脑化，必然要求生产具有很强的连续性；否则，将导致经济效益低下，甚至造成巨大的经济损失。

4）广泛性

农业是生物的再生产过程，而工业则是非生物的生产过程。其原料来源不仅有农副产品、各类矿产资源（煤、金属、石沙等），而且还有木材、水、黏土以及各类岩石等。随着科技的飞速发展，在大自然中又

中国经济地理

不断地发现更多的工业原料和人造替代原料。因此，可以说工业生产原料种类多、来源广，具有明显的广泛性。

5）均衡性

由于工业生产原料来源的广泛性和土地不直接参与生产过程，受自然条件影响小，而且交通运输业和包装业的进步使工业均衡布局的可能性比农业部门要大，因此，工业布局呈点状分布，而农业布局呈面状分布。

以上是工业生产的共同特点，但工业生产的各部门、各部类都有各自的特殊要求，如制糖业生产具有季节性、时效性等特点。因此，具体生产部门还需根据本身的特点而合理布局。

3.1.3 工业生产布局要求

影响工业布局的共同因素包括原料、技术、消费、交通等。但是工业门类众多，重工业和轻工业两大类又各自包含门类繁多的行业，由于行业之间的差异性较大，所以其布局的主导因素也不同。

1）趋向原料地

原料是影响工业布局的重要因素，尤其是直接影响那些要消耗大量原料、加工后失重较多的工业部门，如钢铁工业、有色金属冶炼业、石化工业，以及制糖、榨油、纸浆、缫丝、轧花、洗毛等行业。有的工业部门虽然原料加工后失重不大或基本不失重，但由于原料不易保存和长途运输，其布局亦趋向原料产地，如葡萄酒、罐头、乳制品等行业。

2）趋向消费地

消费因素是影响许多工业布局的主导因素。如炼油工业产品品种繁多，大型机械工业产品笨重，许多化工产品运输具有危险性，玻璃、陶瓷制品等易碎，所以这些工业的布局要尽量接近消费区。许多轻工业产品是人们生活的必需品，由于消费水平、习惯、民族和气候条件等的差异，各地对其产品的花色、品种、质量要求也会有很大不同，如棉纺织品、体积大的产品（铝制品、塑料制品、家具等），这些工业的布局趋向消费地可节省运费、减少损耗、保证产品质量、满足各层次消费需求，从而提高经济效益。

3）趋向技术发达地区

重工业部门一般需要大量投资，对技术要求高，生产协作条件要好，多数部门适宜进行大规模、专业化生产，要求集中布点，相关企业成团布局，追求企业规模效益。因此，多数企业分布在各方面条件较好的大中城市。轻工业产品不仅品种繁多，而且更新换代快，技术水平的高低直接影响其生产的规模与发展速度，尤其是对高、新、优产品的开发、生产具有决定性作用。因此，拥有大量熟练工人和较强科研力量的大中城市往往成为高技术产业的首选地区，如南方沿海地区已成为我国家电、电子等产品的生产中心。

此外，趋向交通便利地区是所有工业布局的要求，尤其是那些需要原料、燃料、产品大进大出的工业。

以上是工业布局的共性要求，具体的工业部门和行业布局时还有其特殊性。如化工、冶金、能源、板材、造纸等工业对环境的污染较大，布局时特别要重视"三废"处理，控制污染，保护环境。有些劳动密集型行业，适宜布局在人口稠密、劳动力充裕的地区，这样既可充分利用廉价劳动力，降低生产成本，又可减轻我国的就业压力。

3.1.4　我国工业发展概况

中华人民共和国成立以前，我国工业基础极其薄弱，工业部门残缺不全，布局极不平衡。中华人民共和国成立后，经过70多年的建设和发展，我国已建立起门类齐全、结构完善、独立的工业体系，生产布局也发生了巨大的变化，尤其是改革开放以来，我国工业发展迅速，成果显著。

1）工业综合实力壮大，经济总量大幅增长

从1978年到2019年，我国工业年均增长速度约10%。2019年，全部工业企业资产总额达120.59万亿元。钢材产量1996年首次突破1亿吨大关，2019年达到12.05亿吨，发电量约7.5万亿度，水泥产量23.44亿吨。许多与人民生活息息相关的耐用消费品的生产从无到有、从少到多，增幅达到了百倍以上。许多产品的生产能力已跃居世界首位，如钢、水泥、煤、化肥、程控交换机、电视机等。

"十三五"时期，我国工业增加值由23.5万亿元增加到31.3万亿元，连续11年成为世界最大制造业国家。在世界500种主要工业品中，我国有220种产品产量位居世界第一。一批标志着国家整体工业实力的产业也迅速崛起，从通信卫星发射上天到已普遍进入居民家庭的计算机、智能手机等的生产，从大型航空客机关键部件的制造到高科技通信设备的普及，从超大型万吨级油轮在我国造船厂里下水到国产家用电器在市场中的一统天下，无不显示着我国工业综合实力的增强。

2）工业转型升级步伐加快，工业技术水平显著提高

坚持走新型工业化道路，推动工业化和信息化深度融合，工业发展向中高端迈进。"十三五"期间高技术制造业增加值平均增速达到10.4%，高于规模以上工业增加值的平均增速4.9个百分点，在规模以上工业增加值中的占比也由"十三五"初期的11.8%提高到了15.1%。如今，在航天、造船、纺织、电子等领域，一大批技术装备和产品已达到国际领先水平。2007年我国首颗探月卫星"嫦娥一号"探月成功，这是继人造地球卫星发射、载人航天之后，我国航天史上的第三个里程碑。2008—2021年，我国又相继发射成功神舟七号、神舟八号、天宫一号、神舟九号、天宫二号、神舟十一号、嫦娥五号、天问一号，这标志着我国已跨入世界上为数不多的具有深空探测能力国家的行列。此外，我国还建成全球最大的第四代移动通信网络。

3）工业内部产业结构趋向合理，供给侧结构性改革显成效

改革开放以来，工业增长为我国经济高速增长作出了重要贡献，在2020年国内生产总值构成中，第二产业占37.8%，而其中近85%是工业的产值。"十二五"期间，针对工业增速下降、企业效益下滑，国家一手抓新兴产业培育，改善品质质量，一手抓传统产业改造提升，化解过剩产能。启动实施《中国制造2025》。"十三五"期间，钢铁、煤炭行业去产能目标任务基本完成，一大批"僵尸企业"出清。工业互联网与制造业深度融合，形成了新动能、新增长点。至2020年6月，仅人工智能企业已超过1 000家，其快速增长，不仅带动了现有的上下游产业链，更是催生出了服务于人工智能的新研发成果。至2020年9月，我国工业互联网公共平台已超70家，服务工业企业达40多万家，2020年我国工业互联网产业经济规模约3.1万亿元。

4）工业地域结构调整成效显著

在我国工业内部产业结构不断趋向合理的同时，工业地域结构调整成效显著，工业生产布局由原来集中于沿海地区向内地、边疆全面展开。经过近70多年的恢复、扩建、改建和新建，尤其是改革开放以来的迅猛发展，沿海工业取得了惊人的成就，以上海、天津、沈阳、青岛、广州为中心的长江三角洲、渤海湾、珠江三角洲等工业基地的工业实力更加雄厚，一批代表经济发展方向、带动产业结构升级的资金、技术密集型高新产业在沿海特区、经济开放区迅速崛起，取得了良好的社会与经济效益。同时，内地、边疆与沿海地区横向联合（由沿海地区实施对口支援），利用土地辽阔、资源丰富的优势，经过大规模的新建，工业从无到有，从小到大，迅速发展，形成了西安、兰州、重庆、成都、贵阳、昆明、攀枝花、自贡等新的工业基地和工业中心。一些传统工业也不断由沿海向内地迁移，如新疆地区原来只产棉，现在引进东部的先进设备、技术，已发展成为我国新的棉纺织工业基地；石油工业随着东部油田产量的自然递减，已逐步向西部转移。此外，地方工业和乡镇工业蓬勃发展，少数民族地区的工业也取得了长足进步。现在，内地与沿海的工业竞相发展，同时又各具特色，形成了新型的有中国特色的现代化工业体系，工业布局更趋均衡、合理。

5）改革使工业企业更具活力

改革开放为多种经济成分的共同发展开辟了广阔空间，外商和港澳台商投资企业、个体和私营企业等其他经济成分如雨后春笋般迅猛发展。期间，设立了国家新兴产业创业投资引导基金、中小企业发展基金，扩大国家自主创新示范区。2014年，规模以上工业企业实现利润总额 68 155 亿元，比 2010 年增长 28.5%，年均增长 6.5%，2019 年为 65 799 亿元。互联网与各行业加速融合，新兴产业快速增长。大众创业、万众创新蓬勃发展，新业态、新模式、新产品不断涌现。

【小思考3-1】

与其他产业相比，工业生产有哪些特点？

答：工业生产有别于其他产业的特点是：技术性、协作性、连续性、广泛性和均衡性。

中国经济地理

3.2 食品工业

食品工业是以农副产品为主要原料加工人们食（饮）用产品的生产部门，是工业中的一个重要部门。大力发展食品工业有利于改善人们的饮食结构，提高其生活消费水平；可以使农产品增值；解决某些产品生产与消费的季节差和地区分布的不平衡等问题；为农业提供肥料和饲料，促进农业生产的良性循环。此外，发展食品工业还可为国家增加外汇收入和就业机会。

食品工业产品品种多、供应面广、消费量大。按大类分，食品工业包括粮油加工、肉类加工、制茶、制糖、罐头、饮料、卷烟、制盐、乳制品、酿酒、水产品加工等24个行业。本节重点介绍食品工业中主要的基础原料工业。

3.2.1 粮油加工工业

1）粮食加工工业

粮食加工工业是将原粮加工成大米、面粉等成品粮和饲料粮的行业，主要包括碾米、面粉、饲料和淀粉等部门。粮食加工后的产品失重率不大，如稻谷的出米率一般为75%~80%，但产品（米、面等）不如原料（稻谷、小麦等）易保存，加之各地储备粮需要不断更新，所以其布局趋向消费地。

（1）碾米工业。我国碾米工业地域分布广，90%以上分布在苏、浙、川、鄂、赣、皖、粤及黑、吉、辽等稻谷集中产区和大米消费区。上海、无锡、南京、芜湖、九江、武汉、长沙、重庆、成都、杭州、广州等中心城市既是稻米集散中心，又是消费中心，因而已发展成为我国重要的碾米工业基地。

（2）面粉工业。面粉既是北方广大地区人们的主要口粮，又是城乡糕点工业的重要原料。因此，面粉工业企业广泛分布于全国各地，但主要集中在长江以北的小麦主产区和全国主要消费区。上海、北京、天津、郑州、青岛、包头、西安、兰州、哈尔滨、长春、沈阳、太原、武汉、南京、重庆、杭州、广州等地都建有大型面粉厂。

2）油脂工业

油脂工业按原料来源不同，可以分为动物油脂工业和植物油脂工业两大类。动物油脂工业一般与肉类加工业分布在一起，组成联合企业；植物油脂原料分布广泛，主要包括大豆、油菜、花生、芝麻、向日葵、胡麻等。目前，我国以食用植物油为主，其产量长期居世界首位。植物油是人们生活的必需品，植物油脂工业广泛分布在原料产区及消费区。以大豆为原料的油脂工业主要分布在东北的大连、营口、长春和哈尔滨等地；以花生为原料的油脂工业主要分布在青岛、烟台、济南及天津等地；以芝麻为原料的油脂工业主要分布在郑州、安阳和武汉等地；以油菜子为原料的油脂工业主要分布在长江沿岸各省及其以南地区。此外，湘、赣、闽等省有茶油生产，西北等省区有胡麻油生产。

3.2.2 制糖工业

糖是人们生活的必需品，也是许多食品行业的重要原料。2015年，我国糖产量仅次于巴西、欧盟、印度，居世界第四位。制糖的主要原料是甘蔗和甜菜。由于甘蔗的含糖率为8%~17%，甜菜的含糖率为14%~20%，生产1吨糖需甘蔗6~12吨或甜菜5~7吨；加之制糖原料体积大，收割后糖分易损耗，因此制糖工业布局趋向原料地。我国制糖工业集中分布在南北两端，南方为甘蔗糖产区，北方为甜菜糖产区。

1）蔗糖工业

蔗糖工业分布在桂、滇、粤、闽、琼、川、湘、赣、浙、鄂等省区，其中湘、赣、浙、鄂等省易受冻害，难以大面积种蔗，所以我国90%的蔗糖产自前6个省区。广西是我国最大的蔗糖产区，2019年产量约占全国总产量的57.64%，大型糖厂主要分布在郁江、浔江和钦江流域的贵港、南宁、桂平、邕宁、柳州、梧州等地。广东食糖产量曾长期稳居全国第一位，珠江三角洲也有得天独厚的种蔗条件，但近年来由于植蔗效益低，糖业萎缩，被广西超越。广东蔗糖的生产主要分布在珠江三角洲和潮汕平原，以顺德、江门和中山规模为最大。

云南的制糖工业近几年来发展迅速，已成为我国第二大产糖省。其主要分布在滇南河谷地带的元江、开远、建水和西部的瑞丽等地。福建

中国经济地理

的制糖工业集中于闽南地区的仙游、漳州、莆田、厦门等地。海南也是我国重要的蔗糖生产省，其产量已超过四川，澄迈为最大产地。四川是一个位置偏北的蔗糖生产省，制糖业主要集中在沱江流域的内江、资中、资阳和简阳等地。

2）甜菜糖工业

甜菜糖工业集中分布在内蒙、新、黑和甘四省区，吉、宁、辽等省区也有少量生产，其中内蒙、新疆是我国最大的甜菜糖生产区，2019年食糖产量分别为67.84万吨、52.59万吨，仅次于桂、滇、粤，为我国第四、第五大食糖生产省区。内蒙古的制糖工业主要分布在临河至呼和浩特之间的京包铁路沿线；新疆主要制糖工业中心有石河子、呼图壁、伊宁等。

3.2.3 制茶工业

茶叶具有杀菌消炎、提神醒酒、增进食欲、帮助消化等功用，与咖啡、可可并称世界三大饮料。我国是茶叶的原产国，产量曾长期独占国际市场。19世纪20年代每年外销茶叶在10万吨以上，占当时世界茶叶贸易量的90%左右。后来因印度、斯里兰卡、肯尼亚等国相继发展了茶叶生产，我国茶叶在国际市场上的地位逐渐下降。但从2005年开始，我国茶叶产量一直居世界首位。

制茶工业包括初加工和精加工两个过程。初加工是将采摘下来的鲜茶叶加工成毛茶，一般为地方性分散经营，直接在茶区进行；精加工是对毛茶进行技术处理，精制成各种商品茶，一般规模较大，布局在茶区附近的城镇。茶叶的生产布局与茶树种植区基本一致，集中于秦岭—淮河以南的广大丘陵山区，尤以闽、滇、鄂、川、浙、湘、皖、贵八省规模为最大。2014年八省茶叶产量均在10万吨以上，以福建产量最高，达44万吨，八省合计产量占全国总产量的80%。

根据加工方法的不同，茶叶可分为红茶、绿茶、乌龙茶、花茶、黑茶等五大类。

红茶是一种全发酵茶，是我国传统的出口茶类，也是世界主销茶类。红茶生产遍布各茶区，尤以湘、粤、川、滇、皖等省为多。著名的红茶有祁门红茶、凤庆滇红、安化湘红等。

绿茶是一种不发酵茶，是我国产量最大的商品茶类，也是我国重要的出口茶类。国际绿茶市场一向以中国货源为主。绿茶生产以长江下游茶区规模最大，其次是长江中游茶区和西南高原山地茶区。浙、皖、赣、湘等省是我国主要的绿茶生产省。著名的绿茶有杭州的西湖龙井、苏州的碧螺春、雅安的蒙顶茶、六安的瓜片、庐山的云雾茶、黄山的毛峰和君山的银针等。

乌龙茶属半发酵茶，它既无红茶的甜味，又无绿茶的涩味，是我国华南地区人们品饮的主要茶类，并远销东南亚和日本等地。乌龙茶主产于闽、粤、台一带。福建是我国最大最著名的乌龙茶生产省，其武夷岩茶和安溪铁观音享誉国内外。白茶属自然发酵茶，以福建的福鼎市和政和县最为著名。

花茶属再制茶，它是在成品茶的基础上，采用鲜花窨制而成。其主要品种有茉莉花茶、玉兰花茶、桂花茶等，以茉莉花茶产量为最大。花茶是我国北方广大消费者偏爱的茶类，以内销为主，桂、闽、浙、苏为主产省区，其中南宁的横县、苏州、福州、杭州、金华是我国著名的五大花茶产地。

黑茶是后发酵茶，其毛茶经蒸压处理后，又称紧压茶或砖茶。其味道浓厚，有助于消化，为边疆少数民族非常喜欢饮用的茶类，亦称边销茶。紧压茶是国家计划商品，湘、鄂、川、滇是国家确定的定点生产省。著名的紧压茶有西双版纳的普洱茶、益阳的茯砖、下关的康砖和苍梧的六堡茶等。普洱茶是别具一格的茶中珍品，古往今来，备受赞誉，深受边远地区少数民族同胞的喜爱。

3.2.4 制盐工业

盐是人们不可缺少的生活资料，也是化学工业的重要原料。我国盐业生产历史悠久，早在仰韶文化时期就有海水煮盐。但近百年来，制盐工业发展缓慢。中华人民共和国成立后，制盐工业有了很大发展，盐产量已由1949年的289万吨增加到2019年的6 701.44万吨，并且从1989年开始，我国盐产量年均超过2 000万吨，稳居世界第一。我国生产的盐除满足国内生活和生产需要外，还出口国际市场。

我国盐业资源丰富，沿大陆18 000多千米的海岸线和台湾、海南诸

中国经济地理

岛的周围，有辽阔平坦的滩涂，可以发展海盐生产；西北等地有储量丰富的湖盐；西南、中南等地的井、矿盐开发历史悠久，储量丰富。因此，我国制盐工业地区分布广泛，除黑、吉、京、沪、黔等少数省区市外，其他各地都有盐的生产，其中以鲁、川、苏、鄂、冀、津、辽和内蒙古为主产区，年产原盐均在百万吨以上。

1）海盐

海盐是我国盐业生产的主体，产量约占我国盐业总产量的3/5。海盐生产分布在沿海地区，以连云港为界分为北方盐区和南方盐区。北方盐区北起辽宁，南到江苏连云港一带。这里降水少，有明显的干湿季，风速大，蒸发量大于降水量，沿海海水含盐量较高，一般可达31‰；海滨地带平坦宽广，淤泥质平原岸线多，极有利于晒盐生产的发展，是我国海盐的主产区，产量约占我国海盐总产量的4/5以上。山东省2019年产盐1 411.93万吨，约占全国总产量的21.07%，为我国最大的产盐省。北方盐区的长芦、辽东、胶东和苏北盐场是我国著名的四大盐场。

南方地区气温虽高，但降水多，雨季长，岩岸海岸线长，一般不易开辟大盐场。南方盐区的主要盐场有浙江的庵东、玉环，福建的惠安、莆田，海南的莺歌海等，其中莺歌海盐场是我国南方最大的盐场。

2）井盐

井盐是地下卤水熬制而成的，主产于我国西南地区。四川省是我国最大的井盐生产省，2019年产量在全国位列第三位，其生产主要分布在川中和川南地区的自贡、五通桥、盐源等地。自贡井盐生产历史悠久，产量大，所产盐质细味纯，有"西南盐都"之称。云南也盛产井盐，禄丰的盐含甜硝，是腌腊制品的上等用盐。

3）湖盐

湖盐又称池盐，产自内陆咸水湖，是仅次于海盐的第二大盐类，产量约占我国盐业总产量的1/6。我国的湖盐主要分布在西北地区，以青海的储量为最大。青海境内有大小盐湖上百个，探明储量达500多亿吨，占全国内陆盐储量的一半以上。我国湖盐产地主要有青海的茶卡、察尔汗、柯柯，新疆的七角井、精河、达坂城，内蒙古的吉兰泰、雅布赖和山西运城的解池等。

4）矿盐

矿盐又称岩盐，是产自蕴藏在地下的盐矿石中的一种盐类。矿盐的氯化钠含量可达99%，但缺碘。我国矿盐主要分布在湖北的应城、云梦，河南的平顶山，湖南的澧县、衡阳，云南的一平浪等地。湖北是我国最大的矿盐生产省，2019年产量在全国产盐省份中位列第四，以应城为最大产地。

3.2.5 酿酒工业

酒是一种含有酒精成分的饮料，是人民日常生活中重要的消费品。酿酒的原料十分普遍，凡含有淀粉和糖分的原料均可用来酿造，但主要有米、麦、玉米、高粱、荞麦、各种野生植物和水果等。我国早在4 000多年前就已开始酿酒，是世界上最早发明酿酒的国家之一。全国各地都有精湛的酿酒技术，有许多历史名酒驰名中外。2000年以来我国饮料酒的产量一直居世界首位。按原料和工艺的不同，饮料酒可分为白酒、啤酒、黄酒、葡萄酒和果露酒五大类。

1）白酒

白酒被认为是"中国酒"的代表，长期以来一直是我国产销量最大的酒类，产量历年来均居世界首位。白酒生产的布局趋向原料地，遍布全国各省市区，尤以川、鲁、苏、皖等省区的产量为最大。著名的白酒有仁怀的茅台酒、汾阳的汾酒、宜宾的五粮液、泗阳的洋河大曲、绵竹的剑南春、遵义的董酒、凤翔的西凤酒、泸州的老窖特曲、成都的全兴大曲、武汉的黄鹤楼酒、泗洪的双沟大曲等，这些都属于国家名酒。这些酒之所以有名，主要与产地的传统制作工艺、特种优质原料和特定的水源有关，特别是水质，直接影响着细菌的生长、繁殖和糖化、发酵作用及成品风味，是酿造名酒的基础条件。

2）啤酒

啤酒是以大麦芽、酒花和酵母为原料酿制成的低度原汁酒。我国酿制啤酒的历史较短，但发展迅速。目前，我国各省区市均建有啤酒厂。2019年全国啤酒产量约3 766万千升，以鲁、浙、辽、冀、黑、京、粤、闽规模最大，这八省市的啤酒产量占全国总产量的一半以上。其主要的生产中心多为大中城市，如青岛、上海、北京、天津、广州、哈尔滨、沈阳、杭州等，其中以青岛啤酒最负盛名，畅销国内外市场。

3）黄酒

黄酒是我国最古老的酒种。它营养丰富，集饮料、调味、药用于一身，用途之广在我国各酒类中首屈一指。黄酒生产地区分布广泛，全国各省市区均有生产，由于酿造所用的原料以大米居多，因此，集中分布在南方，尤以浙、苏、闽三省为最多，浙江绍兴的加饭酒、福建龙岩的沉缸酒是我国黄酒中的佼佼者，多次被评为国家名酒。浙江是全国最大的黄酒生产省。北方黄酒以小米为原料，主要分布在鲁、辽、冀、蒙等省区，其中以山东的即墨黄酒、内蒙古呼和浩特的青城黄酒和辽宁的大连黄酒等最为有名。

4）葡萄酒

葡萄酒的生产在我国已有 2 000 多年的历史，近年来发展更加迅速。因葡萄不易保存和运输，葡萄酒的生产分布趋向于原料地。我国葡萄酒生产集中分布于北方地区，其中鲁、津、京、冀、豫等省市的产量较大。著名的葡萄酒产地有烟台、天津、北京、青岛、沙城、民权等。烟台是我国著名的葡萄酒产地，有"葡萄酒城"之美名，所产的红葡萄酒、味美思、金奖白兰地等享誉中外。此外，天津的王朝牌葡萄酒，北京的中国红葡萄酒，沙城、民权、青岛的白葡萄酒等品质优良，深受消费者的喜爱。近几年，"云南红"异军突起，销遍大江南北，深受消费者欢迎。

5）果露酒

果露酒是果酒和露酒的总称。果酒以水果为原料经发酵酿制而成，生产分布趋向水果产地，如枇杷酒、青梅酒等；露酒是配制酒，生产分布趋向原酒产地，竹叶青、五加皮、桂花酒等都是我国著名的果露酒。

3.2.6 卷烟工业

卷烟工业是我国重要的食品工业之一。发展卷烟生产既可满足某些人的嗜好消费需求，又可为国家积累资金。中华人民共和国成立以前，卷烟业是仅次于纺织业、面粉业的第三大工业。中华人民共和国成立以后，我国卷烟工业有了长足发展，2014 年产量超过 2.6 万亿支，居世界第一位。2019 年产量为 2.36 万亿支。现代医学研究成果早已证明，吸烟会引发多种恶性疾病。因此,很有必要控制卷烟生产数量的过快增长,同时要提高卷烟质量,重视无烟草型卷烟的研制。

卷烟的生产过程可分为初加工和卷烟制造两个环节。初加工是将收获的鲜烟叶进行复烤,以减少烟叶中所含的水分,复烤一般布局在烟叶产地。复烤过的烟叶再经发酵、配方、投料、抽梗、切丝、卷制、包装等过程制成卷烟。因烟叶在加工过程中失重小,烟叶运输较卷烟方便、经济,卷制一般布局在消费地。

我国卷烟生产地区分布广泛。滇、豫、湘、鲁、黔、鄂等六省区为我国卷烟的主产地,其中云南省2019年卷烟产量达3 496.45亿支,占全国总产量的14.79%,为我国最大的卷烟生产省。生产优质烟的大型卷烟厂主要分布在玉溪、昆明、曲靖、上海、北京、天津、广州、重庆、郑州、贵阳、武汉、济南、青岛、营口、沈阳、蚌埠、杭州、哈尔滨、长春等地。玉溪是我国最大的卷烟工业中心,年产卷烟百万箱以上。上海生产的中华、红双喜,昆明生产的云烟、大重九,玉溪生产的红塔山、阿诗玛,长春生产的黄人参,北京生产的中南海,贵阳生产的黄果树等都被中国烟草总公司定为名烟。此外,上海生产的特级熊猫是我国最优质的卷烟,但因很少进入市场销售,未被定为名烟。

【小知识3-1】

我国食品工业主要产品产量增长情况

我国食品工业主要产品产量增长情况见表3-1。

表3-1　我国食品工业主要产品产量增长情况

名称 年份	食用植物油 (万吨)	糖 (万吨)	原盐 (万吨)	卷烟 (亿支)	啤酒 (万升)
1978	177.0	227.0	1 953.0	1 182.0	40.0
1988	480.0	461.0	3 096.0	3 096.0	656.0
1997	893.7	702.6	3 082.7	3 377.42	1 888.9
2006	2 335.2	949.1	5 663.1	20 218.1	3 543.6
2014	6 534.1	1 642.7	7 049.7	26 098.5	4 936.3
2018	4 940.43	1 191.77	6 363.61	23 375.59	3 800.83

资料来源　根据百度文库相关内容整理得来。

　　　　　　　　　　　　　　　　　　中国经济地理

【小思考3-2】

食品工业主要包括哪些行业？试举一些例子来说明它的重要性。

答：食品工业按大类分包括粮油加工、肉类加工、制茶、制糖、罐头、饮料、卷烟、制盐、乳制品、酿酒、水产品加工等24个行业，其中最主要的是粮油加工、制茶、制糖、饮料、卷烟、制盐、酿酒等行业。举例略。

【小思考3-3】

茶叶按加工方法的不同可分为哪些类别？请列举一些名茶给你的同学听。

答：茶叶根据加工方法的不同，一般可分为红茶、绿茶、乌龙茶、花茶和黑茶等5类。举例略。

3.3 纺织工业

纺织工业是以棉、麻、丝、毛等天然纤维和化学纤维为原料，加工成纱、丝、线、绳、织物以及染整制品的工业部门。它主要包括棉纺织、毛纺织、丝纺织、麻纺织、化学纤维、服装和鞋帽等行业。纺织工业是我国最老的工业部门，也是我国最重要的工业部门之一，其肩负着满足我国14亿多人口穿着需要的重担。同时，我国也是世界上最大的纺织品和服装生产国和出口国，自1987年起纺织品和服装的出口量就一直稳居世界首位，2014年纺织原料和纺织制品的出口总额达2 875.84亿美元。我国纺织工业广泛分布在各种纺织原料产地和消费人口集中的地区。

3.3.1 棉纺织工业

1) 棉纺织工业发展简况

我国手工棉纺织业兴盛于宋末元初。明清时期，棉纺织品已取代传统的丝绸和麻布，成为广大人民主要的衣着来源。我国近代棉纺织业兴起于1890年，后逐步发展成为旧中国最大的工业部门，但其基本上为外资所控制，部门结构残缺不全，布局仅限于沿海少数城市。到1949年，全国棉纺纱和棉布的产量分别为32.7万吨和18.9亿米，远不能满足消费需要。

中华人民共和国成立后，棉纺织工业发展迅速，生产能力成倍提高，成为我国纺织工业系统中规模最大、基础最好的一个行业。2019年布（包括棉布、棉混纺布、交织布、纯化纤布）产量达555.19亿米，居世界首位。产品的质量也不断提高，花色品种显著增加，大多数城市均能生产府绸、卡其、平绒、羽绒布等中高档棉纺织品，并开始大量使用化纤原料生产各类混纺布和纯化纤布，化纤布的比重已达30%以上。棉纺织工业的布局也日趋合理，从根本上改变了原来偏集于上海、天津、青岛等少数几个大城市的不合理局面。但是我国棉纺织行业还存在许多问题，如设备普遍落后于欧美发达国家，产品的品种和质量与国际水平的差距较大，以量取胜的出口模式并未从根本上改变，这些因素都制约着纺织工业的飞跃。为了增强我国棉纺织工业的实力，1998年中央明确提出压锭、减员、扭亏三大改革目标，并实施"东锭西移"战略，其中心内容是在全国不增加棉纺锭规模总量的基础上，将中心城市、发达地区的棉纺初加工能力向产棉区转移，新疆成为实施这一决策的首选地区；沿海发达地区的棉纺织业结构向技术、资金密集型产业方向调整，逐步实现产业的升级换代。

2）棉纺织工业地区分布

棉纺织工业布局深受消费因素、原料因素和劳动力因素的影响，其中消费因素是影响布局的主导因素。因此，我国棉纺织工业除西藏外，各省区市都有。其集中分布在长城以南、南岭以北、贺兰山和横断山以东的地区。这里既是主要棉产区，又是我国人口集中地区，拥有广阔的消费市场和丰富的劳动力资源，具有发展棉纺生产的良好条件，尤以浙、苏、闽、鲁、鄂、粤、川7省规模最大，2019年合计产量占全国总产量的87.41%。值得一提的是，随着"东锭西移"战略的实施，目前新疆的棉纺能力大大提高，已成为我国新的大型棉纺基地。

东部地区，尤其是东部沿海地区，是我国高档棉布的集中产区。这里棉纺织生产历史悠久，拥有一批技术熟练的工人，设备比较先进，生产管理水平也比较高。上海、无锡、常州、青岛、武汉、石家庄、沙市、广州、天津等地，都是我国著名的高档棉布生产中心。

中国主要棉纺织工业地区分布如图3-1所示。

中国经济地理

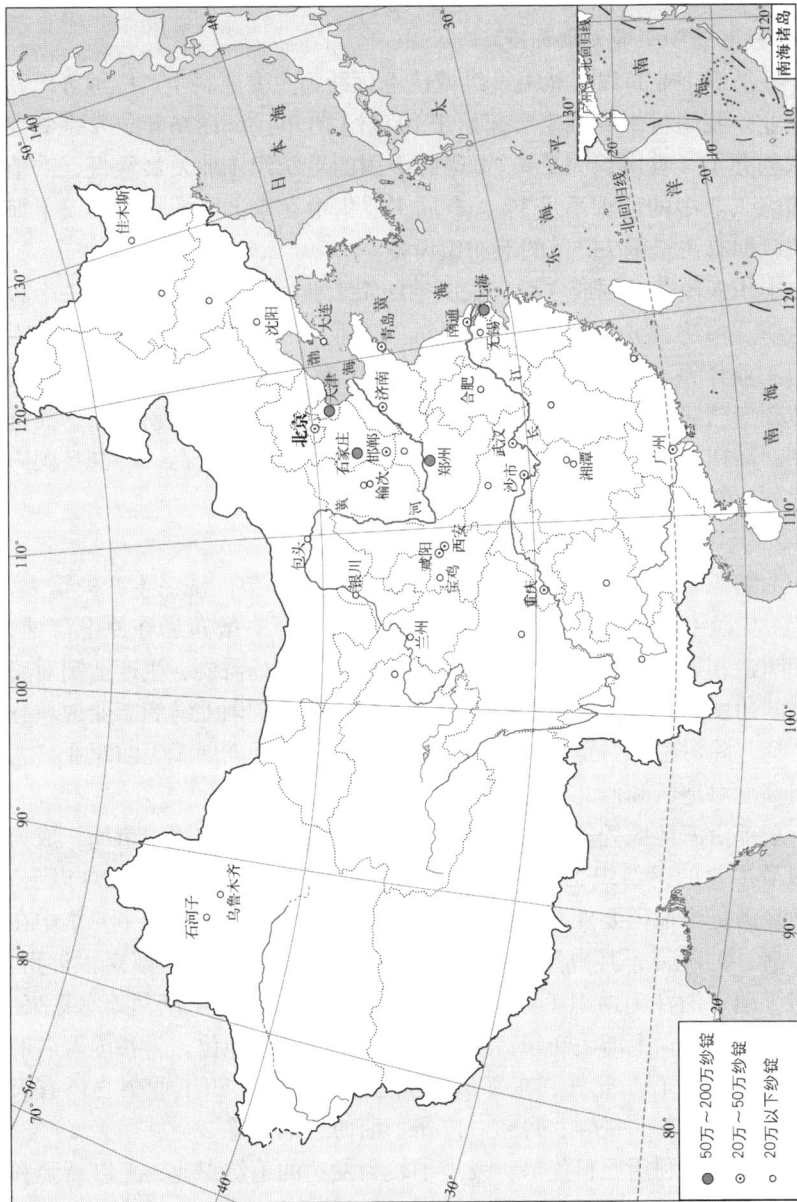

图3-1 中国主要棉纺织工业分布图

3.3.2 毛纺织工业

1）毛纺织工业发展简况

毛纺织工业是以天然毛纤维或仿毛化纤为主要原料生产呢绒等织物的工业。我国机织呢绒生产起始于19世纪70年代。1876年，左宗棠在兰州创办了"甘肃织呢总局"。当时中国的毛纺织工业发展缓慢，产值在纺织工业中的比重不足3%，布局主要集中在东部沿海地区，仅上海一地就拥有占全国73.5%的毛纺织设备。

中华人民共和国成立后，我国毛纺织工业发展迅速，已形成一个包括粗纺、精纺、绒线、毛毯、长毛绒、工业用呢等十大类产品在内的毛纺织工业体系，原料基本立足国内，生产布局日趋合理。1997年我国呢绒产量已居世界第二位。现在，我国不仅能生产普通毛纺织品，而且能生产高档毛纺织品和兔毛、羊绒、化纤与羊毛混纺产品，除满足国内需求外，有些毛纺织品还远销国外。

2）毛纺织工业地区分布

毛纺织工艺分为洗毛、织造和染整等多个环节。洗毛生产失重大，生产1吨净毛需2吨左右的原毛，因此，洗毛厂一般布局在原毛产地。由于织造和染整工艺基本不失重，从更好满足市场需要、生产适销对路产品的角度出发，生产分布以接近消费地为宜。我国毛纺织工业地域分布广泛，除海南外，全国各省、自治区、直辖市都发展了毛纺织业，尤以东部沿海地区和西北羊毛产地最为集中。

东部沿海地区凭借其历史基础、技术优势和广阔的消费市场，成为我国最主要的毛纺织工业基地，其呢绒和毛线产量占全国的3/4以上，产品除满足当地需要外，还畅销海外。该地区的毛纺织生产主要集中在苏、浙、沪一带，其中江苏省的毛纺织工业中心有无锡、南京、常州、江阴等地；浙江毛纺织工业的规模仅次于江苏，主要生产基地有嘉兴、杭州和桐乡等；上海毛纺织产品的质量居全国领先地位，为我国著名的毛纺织工业中心。此外，东部沿海地区重要的毛纺织工业中心还有天津、济南、青岛、抚顺、丹东、广州、淄博、烟台等。

西部地区利用原料优势，发展了较为发达的毛纺织业，尤以新疆和内蒙古最为突出，主要的毛纺织工业中心有乌鲁木齐、石河子、伊宁、

中国经济地理

呼和浩特、通辽、赤峰、海拉尔、咸阳、西宁、兰州、天水、银川和林芝等。

3.3.3　丝纺织工业

1）丝纺织工业发展简况

丝纺织工业即以蚕丝为主要原料，生产各种丝绸织品。我国是世界上最早生产丝绸的国家。早在4 000多年前的新石器时代，我国就开始养蚕和织绸。西汉时期，我国的丝绸产品通过"丝绸之路"源源不断地输往欧亚各国。自唐宋以来直到20世纪初期，我国丝绸产品一直独占世界市场。19世纪中叶出现了机器丝织业，上海、无锡、苏州、杭州、顺德和广州等地相继成为我国近代缫丝和织绸工业中心。20世纪上半叶，由于帝国主义侵略和国际市场的变化，中国的丝绸工业一落千丈，到1949年生丝产量不到2 000吨，绸缎仅5 000万米。中华人民共和国成立后，丝绸生产得到了迅速恢复和发展。现规模仅次于棉纺织工业，为我国第二大纺织工业部门；丝绸产品的产量成倍增长，质量稳步上升，地区分布日趋合理，已形成一个包括养蚕、缫丝、绢纺、织绸、印染、丝绸机械等行业在内的完整的丝绸工业体系。产品除满足国内市场需要外，还畅销世界各地，绸缎出口量约占世界绸缎贸易总量的40%。虽然我国的蚕茧、生丝、绸缎的生产能力在世界上具有重要的地位，但在质量上，特别是绸缎的质量，与处于国际先进水平的日本和意大利相比，尚有一段距离。

2）丝纺织工业地区分布

丝纺织工艺包括缫丝、织绸和染整等环节。缫丝消耗的原料多，生产1吨生丝需6~7吨蚕茧，加之蚕茧不宜长期保存，生产以接近原料地为宜。织绸和染整生产对技术要求很高，因此，历史基础、技术水平和劳动力素质对布局影响较大。而我国的蚕茧生产基地正是历史上手工丝织业发达、近代机器丝织业兴起较早的地区。因此，我国丝纺织工业的地区分布与蚕茧生产的地区分布基本一致。丝纺织工业按原料的不同，可分为桑蚕丝纺织工业和柞蚕丝纺织工业，我国以前者为主。

（1）桑蚕丝纺织工业。我国桑蚕丝纺织工业集中分布于长江三角洲、四川盆地和珠江三角洲。杭州、苏州、上海、南充和广州是我国五大桑蚕丝纺织工业中心。

　　长江三角洲主要包括浙、苏、沪两省一市，是我国最大的桑蚕丝纺织工业基地，其丝绸产量约占全国的1/2。浙江的丝绸生产能力居全国第一位，主要生产中心有杭州、湖州、嘉兴、海宁和德清等地。杭州是我国著名的丝绸城市，与湖州、苏州并称"三大绸市"，出产杭纺、双绉、织锦缎、丝绸被面等各类丝绸产品。湖州以出产生丝和真丝绫驰名中外。嘉兴是我国最大的绢纺工业中心。江苏的丝纺织工业规模以苏州为最大，宋锦和塔夫绸为其传统名产。此外，无锡、常州、镇江、南京、扬州也是重要的丝纺织工业中心。上海的丝绸生产以织绸和印染为主，其原料依赖于浙、苏、川等省份，主要依靠强大的技术力量生产高档丝绸产品。

　　四川盆地丝纺织工业历史悠久，"蜀锦巴缎"亦很著名。但其内部结构不平衡，缫丝能力大于织绸能力，织绸能力又大于印染能力，每年有大量的生丝和坯绸外调。其主要的丝纺织工业中心有南充、阆中、成都、重庆、遂宁等。南充是四川省最大的丝纺织工业中心，以生产爱司缎、乔其纱等高级丝织品闻名。

　　珠江三角洲的丝纺织工业中心主要有广州、佛山、顺德、中山等地，以生产纱绸为主，传统名产有香云纱和莨绸等。

　　（2）柞蚕丝纺织工业。我国是世界上最大的柞丝绸生产国。柞丝绸质地厚实、穿着舒适，是一种深受人们喜爱的丝织品。我国的柞蚕丝纺织工业集中分布于辽东丘陵、山东丘陵和豫西丘陵等地。

　　辽、豫、鲁是我国柞丝绸的主要生产省，以辽宁规模为最大，其产量约占全国总产量的3/4。著名的柞蚕丝纺织工业中心有丹东、本溪、凤城、盖平、南阳、平顶山、烟台、青岛等。丹东是我国最大的柞蚕丝纺织工业基地，所产的"鸭绿江绸"驰名中外。

3.3.4　麻纺织工业

　　麻纺织工业，即以麻纤维为主要原料生产麻袋及麻布制品。麻纤维的生产分布比较集中，产量不大，因此布局趋向原料地。按原料、设备和工艺特征的不同，麻纺织工业可分为络麻纺织工业、苎麻纺织工业和亚麻纺织工业三类。

中国经济地理

1）络麻纺织工业

络麻纺织工业又称麻袋工业，其以红麻、黄麻为原料，主要生产包装用麻袋和麻布。1988年我国麻袋产量达9.31亿条，创历史最高水平。产品除满足国内市场需要外，还出口到国外。20世纪90年代以来，由于价格低廉的化纤编织袋冲击麻袋市场，麻纺企业处境艰难，生产不断滑坡。

我国络麻纺织工业地区分布广泛，除宁、青、藏、新外，全国各省市区均有麻袋生产。鲁、鄂、豫、浙的麻袋年产量都在7 000万条以上，为我国麻袋的主要生产省，产量合计约占全国总产量的60%。杭州是全国最大的麻袋生产中心，浙江麻纺厂是全国最大的麻纺企业。

2）苎麻纺织工业

苎麻纺织品，又称葛苎、夏布，凉爽挺括，是理想的夏季衣料。我国苎麻纺织生产历史悠久。葛苎曾是我国古代劳动人民主要的衣着原料。机织苎麻纺织业始于1890年创办的"湖南官麻局"。中华人民共和国成立后，除把江西宜春、万载，湖南浏阳、醴陵，四川荣昌、隆昌，浙江诸暨等地的手织苎麻改为机织外，又在邻近苎麻主产区的株洲、益阳、南宁、重庆、广州等地建立了现代化的苎麻纺织企业。我国苎麻纺织工业集中分布在南方地区，其中，以原料最充足、生产能力最强的湖南省规模最大，产量占全国总产量的1/3左右。株洲和益阳是我国最著名的两大苎麻布生产中心。以生产高档麻类面料为特色的益阳鑫泰麻业服装实业有限公司是目前国内最大的集纺织、印染、服装于一体的大型麻纺织企业。

3）亚麻纺织工业

亚麻纺织工业是我国麻纺织工业中最年轻的部门。其产品主要有亚麻细布、亚麻帆布和水龙带三大类。1952年，我国从苏联引进成套设备，建设了我国第一个现代化的亚麻纺织厂——哈尔滨亚麻纺织厂。目前它还是全国规模最大、现代化程度最高的亚麻纺织企业。此后，我国又相继在双城、吉林、白城、银川、张家口、武威等亚麻原料产地建设了一些中小型亚麻纺织企业。亚麻纺织工业集中分布于我国的北方地区，以黑龙江省规模最大。其亚麻布产量约占全国总产量的80%，主要有哈尔滨和双城两大生产中心。

3.3.5 化纤纺织工业

1) 化学纤维工业

化学纤维工业是一个重要的纺织原料工业部门。其产品具有天然纤维所不具备的耐磨、耐酸碱、不蛀、不霉等优良性能，深受消费者欢迎。此外，我国人口多，耕地少，化纤原料丰富，因此大力发展化纤生产更具有现实意义。我国化纤工业基本上是中华人民共和国成立后发展起来的，尤其是1978年以后，我国化纤生产发展迅速。自1990年以来，总量就雄居世界第二，目前化纤产量占世界1/5。2019年，我国化纤产量高达5 883.37万吨。

我国化纤生产分布广泛，除青、藏外，全国各省、自治区、直辖市都有化纤生产，尤以浙、苏、闽、鲁、沪、粤六省市规模最大，年产化纤均在40万吨以上。浙、苏是我国最重要的两大化纤生产基地，2019年产量分别占全国总产量的47.22%和25.95%，成为华东地区乃至全国化纤抽丝厂的重要原料供应地。我国化纤生产以合成纤维为主，其产量约占化纤总产量的90%以上。在合成纤维中又以涤纶最为重要，其产量约占合成纤维总产量的1/2。我国合成纤维生产集中分布在天然纺织纤维原料紧张但水运便捷的沿海和沿江地区。仪征、上海、辽阳、天津、北京、新会、长寿和兰州等地，是我国著名的合成纤维生产基地。江苏仪征是一个以石油为原料，主要生产涤纶纤维的化纤中心。仪征化纤工业联合公司是我国规模最大的现代化化纤企业，也是世界第四大化纤企业。上海是我国第二大合成纤维生产中心，以金山石化总公司为骨干企业。四川长寿是以天然气为原料生产维尼纶的大型化纤工业中心。近年来，广东新会不断引进资金、设备、技术，发展化纤进口替代产品，主要生产涤纶，也生产锦纶，为我国最大的锦纶生产中心。

人造纤维生产企业一般建在天然纤维素原料丰富的地区。我国人造纤维原料来源广泛，人造纤维生产地域分布广，遍布全国大多数省市区。丹东、吉林、杭州、余姚、南京、上海、新乡和保定等地是我国主要的人造纤维生产中心。

2) 化纤纺织工业

随着化纤生产的迅速发展，化纤面料在纺织品生产中占有越来越重

中国经济地理

要的地位。化纤布按原料来源可分为两类，即全部采用化纤原料生产的纯化纤布和采用化纤与天然纤维混纺或交织而成的混纺化纤布。由于混纺化纤布具有品种多、性能好、适应面广的优点，在化纤布生产中受到更多的重视。

我国化纤布生产的重点地区集中在东部沿海。浙、苏、鲁、沪、粤、闽等省市是我国主要的化纤布生产基地。西部地区则以陕西省较为集中。浙江是我国最大的化纤布生产基地，产量约占全国的1/3。辽宁鞍山是我国最重要的中长纤维生产中心，河南平顶山是我国大型锦纶帘子布生产中心。

3.3.6 服装工业

服装是纺织工业的最终产品。它是一个国家和民族的传统、文化素质及精神面貌的反映，也是人民生活水平的重要标志。改革开放以来，尤其是近10年来，我国的服装业日新月异，无论在数量、花色品种上，还是在款式、档次上，均能与世界一流的服装业媲美。目前，我国已是世界上最大的服装出口国和消费国，服装业正朝着技术、资金密集型方向发展，并创造了众多的国内和国际知名品牌。

我国服装生产趋向消费市场，东部沿海地区的服装生产较为集中，主要服装生产省市有粤、浙、苏、鲁、沪、京、津、辽等。这8个省市的服装产量合计约占全国总产量的75%。上海一直是全国最大的服装生产中心；同时，广州在全国服装业中地位日益重要，已成为我国著名的时装生产中心。除上海和广州外，北京、天津、大连、石狮、青岛、深圳、汕头、武汉、宁波、珠海、哈尔滨、南京和成都等地也是我国重要的大型服装产销中心。

【小思考3-4】

纺织工业按原料的不同，可分为哪些行业？纺织工业的最终产品是什么？

答：纺织工业按原料的不同，可分为棉纺织、毛纺织、丝纺织、麻纺织、化纤纺织等行业。其最终产品是服装。

3.4 造纸工业

造纸工业是以植物纤维为原料制造各种纸浆和纸张的工业部门。纸张是记载和传播文化的重要工具之一，其生产量和消费量的大小是衡量一个国家文化教育事业和经济发展水平的重要标志之一。

3.4.1 造纸工业发展简况

造纸术是中国古代的四大发明之一。远在东汉时期，我国就有了手工造纸业。唐代是我国造纸业的兴盛时期，手工造纸遍布全国各地。我国机器造纸业起步较晚，发展慢。欧洲于1799年发明了造纸机，我国在1881年才有外商在上海兴建华伦造纸厂。到1949年，全国机制纸及纸板产量仅10.8万吨，生产二三十种普通印刷纸、书写纸、生活和包装用纸。造纸工业偏集于东部沿海的沪、苏、浙及辽、津等少数地区。中华人民共和国成立后，造纸工业被列为轻工业的重点发展部门之一，发展速度较快。1997年我国机制纸及纸板产量已达到2 733.2万吨，名列世界前茅。2019年产量又增至1.25亿吨。纸张的品种已增加到400多种，基本上适应了国民经济各部门的需要。造纸工业的布局也有了较大的改善，在原料产区新建和扩建了一批大中型企业。

我国造纸工业虽然发展较快，但在人均产量和技术等方面仍落后于世界先进水平，加之我国经济和科技文教事业的蓬勃发展，纸张特别是高级纸张的生产远不能满足需要，每年还需进口部分纸张和纸浆。今后，我国应大力发展造纸工业，逐步改变以草类纤维为主的原料结构，以提高纸张的质量。此外，还需加强管理，改进生产工艺，使我国造纸工业在飞跃发展的同时，减少对环境的污染。

3.4.2 造纸工业地区分布

造纸工业需要的原料多，耗水量大，平均每生产1吨纸张需用木材5立方米或3~4吨竹子、蔗渣，需水100~600立方米，而且造纸的原料体积大，笨重价廉，不宜长距离运输。因此，其生产布局趋向原料和水源充足、交通方便的地区。消费区有大量废纸、废棉、废布和废木材可

中国经济地理

回收制造纸浆，由于纸浆可浓缩，每生产1吨纸张只需1.2~1.5吨纸浆，在消费区建立造纸企业，便于吸收各地的分散纸浆，集中生产以取得规模效益。因此，在一定意义上，接近消费地即接近原料地。

我国植物纤维资源丰富，造纸原料来源广泛，为造纸工业的普遍发展提供了条件。全国除西藏外，各省市自治区都有机制纸生产，但呈现出明显的地域差异，如图3-2所示。

华东地区是目前我国最大的造纸工业产区，2019年纸张产量占全国总产量的54.89%。其中山东省2019年产量居全国第二位（见表3-2）。山东农耕业发达，造纸原料多以麦草秸和棉麻秆等草类纤维为主，主要造纸基地有济南、德州、青岛、烟台、潍坊等，大型企业有山东造纸总厂等。近年来，上海凭借其技术优势，已成为我国纸张生产中心。其原料主要依靠外来纸浆和"四废"。苏、浙、皖、赣四省的造纸工业以芦苇、稻草和竹子为主要原料，主要造纸基地有徐州、苏州、扬州、镇江、杭州、嘉兴、宁波、芜湖、淮南、南昌和赣州等地。安徽泾县是我国著名的宣纸产地；宁波白纸厂是我国最大的白纸板生产基地。福建竹木资源丰富，又有蔗渣，是我国南方新闻纸的主要产地之一，2019年产量名列全国第五位。南平造纸厂是我国著名的新闻纸生产中心；沙县青州造纸厂是以马尾松为原料的大型现代化制浆造纸企业，供应全国水泥和化肥包装用纸；漳州利用蔗渣建有糖纸联合厂。

东北地区木材和芦苇资源丰富，具有发展造纸工业的良好条件，曾是我国重要的造纸工业基地。但近几年产量有所下降，2019年纸张产量仅占全国总产量的1.76%。大型的造纸工业基地有吉林、开山屯、石岘、白城、佳木斯、齐齐哈尔、锦州、营口、沈阳、丹东和抚顺等。东北地区在我国新闻纸的生产中具有十分重要的地位，生产的新闻纸除满足本区需要外，尚有余量可运销其他地区。吉林、石岘、开山屯是著名的新闻纸生产中心。

华北地区造纸工业的原料主要有麦秸、棉秆、芦苇、废纸等。天津是最重要的造纸中心。大型造纸中心还有北京、河北保定、山西太原、内蒙古扎兰屯等。2019年本区纸张产量占全国总产量的5.26%，其中河北省产量居全国第八位。

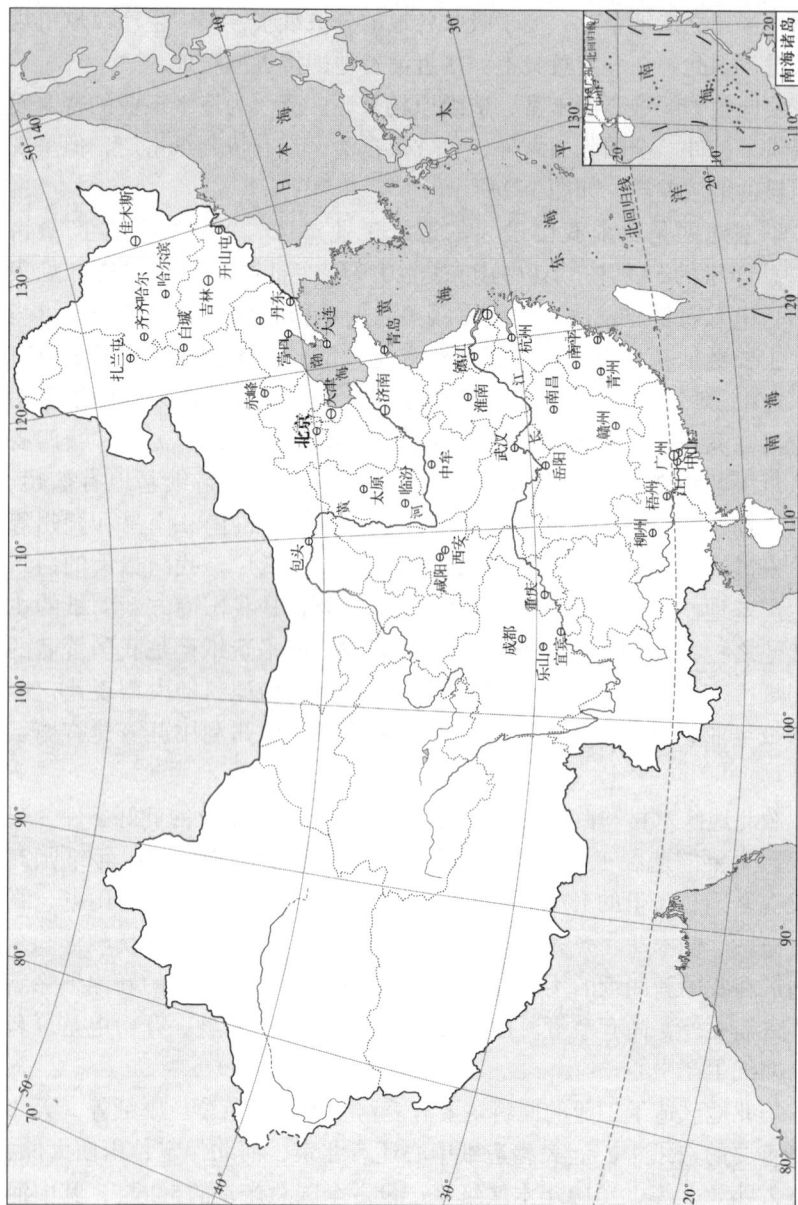

图3-2 中国造纸工业分布图

中国经济地理

表 3-2 **2019 年部分省区机制纸及纸板产量** 单位:万吨

省份	广东	山东	浙江	江苏	福建	安徽	湖北	河南
产量	2 223.09	2 075.36	1 768.40	1 471.57	805.13	415.91	415.83	386.83

中南地区造纸原料多为竹、木、禾草、蔗渣等,资源较丰富,造纸工业发达,是我国重要的造纸工业区,2019 年纸张产量占全国总产量的 30.84%。其中广东省 2019 年产量位居全国第一(见表 3-2)。主要造纸基地有武汉、岳阳、广州、郑州、中牟、开封、焦作、新乡、洛阳、漯河等,其中广州造纸厂是全国著名的新闻纸厂。

西南地区主要以竹子、禾草、木材、龙须草为原料,制浆造纸。造纸工业不发达,2019 年产量只占全国的 6.41%,但潜力很大。本区造纸工业主要集中在宜宾、重庆、青城、乐山、江油等地。宜宾为西南地区最大的造纸基地。

西北地区造纸工业基础差,受原料、水源等限制,发展迟缓,2019 年产量仅占全国的 0.09%。陕西、宁夏是主要生产省区,新疆的博斯腾湖拥有丰富的芦苇资源,造纸发展潜力巨大。

【小思考 3-5】

请谈谈造纸工业在布局时应注意哪些问题?

答:造纸工业在布局时除了要注意趋向原料和水源充足、交通方便的地区外,还要注意环境保护,尤其要减少废水对环境的污染。

3.5 日用品工业

日用品工业是工业中的重要部门,主要包括耐用消费品(家用电器、日用机械)、日用陶瓷和工艺美术品等部门。其产品与人们的日常生活密切相关。随着经济的发展和人民生活水平的提高,消费者对各种日用工业品的数量、质量和花色、品种、档次的要求越来越高。

日用品工业门类众多,且生产技术和制造工艺差别较大,因此,布局趋向于消费地。普通日用品生产技术简单,消费者多,地域分布广泛，以地产地销为特色；高档日用品生产需要先进的生产技术和良好的协作条件，一般集中在工业基础雄厚、技术力量强、消费水平高的大中城市。

【小知识3-2】

我国主要耐用消费品产量增长情况

我国主要耐用消费品产量增长情况见表3-3。

表3-3　　　　　　　　　**我国主要耐用消费品产量增长情况**

名称 年份	彩色电视机（万台）	家用电冰箱（万台）	家用洗衣机（万台）	房间空调器（万台）	自行车（万辆）
1978	0.38	2.8	0.04	0.08	854.0
1988	1 037.7	757.6	1 046.8	25.91	4 140.1
1990	1 033.0	463.1	662.7	24.1	3 141.6
1995	2 057.7	918.5	948.4	682.6	4 472.3
2002	5 155.0	1 598.9	1 595.8	3 135.1	3 957.5
2006	8 375.4	3 530.9	3 560.5	6 849.4	11 694.3
2014	14 128.9	8 796.1	7 114.4	14 463.3	7 910.4
2018	19 695.03	8 108.79	7 261.50	20 955.68	5 723.90

3.5.1　家用电器工业

家用电器是指人们日常生活中使用的各种电器产品，按其用途可分为音像、电声、制冷、清洁、照明、厨房、取暖、美容器具等8大类数百个品种，是人们实现家庭生活现代化的必需品。改革开放以来，我国家电工业发展迅速，产量大幅度提高，基本满足了市场的需要（主要产品增长量见小知识3-2）。但是，家电工业企业竞争异常激烈，产品更新换代极快。20世纪90年代初，家用电器工业处于调整、重组阶段，产量略有下降。近年来，家电工业有了质的飞跃，生产集中度进一步提高，且涌现出一批名牌产品，打入国际市场。

家电工业是机械、电机、电子、塑料、冶金等工业的综合体，生产工艺先进，科技水平高，要求有较好的协作条件，因此，其一般分布在经济较发达、协作条件好、消费水平较高的东部沿海地区。

1）电视机

我国的电视机工业是中华人民共和国成立后发展起来的。1958年上海试制成功第一台黑白电视机。改革开放以来，我国电视机生产迅速发展，1985年产量突破了1 500万台，一跃成为世界五大电视机生产国之一。进入20世纪90年代后，彩电成为我国电视机市场的主导产品。经过20多年的发展，我国电视机工业已成为一个技术稳定、成本较低、在国际市场上具备一定竞争力的重要产业。

我国电视机工业地域分布广泛，除藏、青外，全国各省市区都有生产。其集中分布在粤、皖、鲁、苏、川、闽等省。这六省电视机的年产量均在700万台以上，2019年合计产量占全国总产量的89.92%，其中前四省产量均超1 000万台。

广东省是我国最大的电视机生产省，2019年产量占全国总产量的54.86%，所产的康佳（深圳）、TCL（惠州）和乐华（广州）电视机均为国内著名品牌。安徽省和山东省的产量分列全国第二、三位，以海尔等最为著名。福建的厦华、福日牌彩电也深受消费者的喜爱。

此外，现在进入家庭的音像、电声产品还有摄像机、电脑多媒体、数码相机、智能手机等。

2）洗衣机

我国家用洗衣机工业起步于20世纪60年代，到1978年产量只有400台。进入80年代，我国已初步建立起一个能生产包括单缸、双缸、半自动、全自动等各种规格在内的波轮式洗衣机生产体系，并开始试制滚筒式和模糊控制智能型洗衣机，1988年产量突破1 000万台。到20世纪90年代，我国洗衣机生产进入了以提高质量和增加款式、品种为目标的阶段，较大规模地发展了滚筒式和模糊控制智能型洗衣机的生产。进入21世纪，节水节能型、大容量和烘干型等中高档洗衣机得到进一步发展和推广应用。

我国洗衣机工业集中分布于东部沿海地区。皖、苏、浙、渝、川、粤、鲁是我国洗衣机主产地，2019年合计产量占全国总产量的92.36%，其中安徽省产量达2 328.32万台，名列全国第一。合肥、杭州、济南、广州、中山、江门是我国著名的洗衣机生产中心，其生产的荣事达、小鸭圣吉奥、万宝、威力、海尔等品牌洗衣机质量稳定，造型美观，为市场畅销产品。

3）电冰箱

我国电冰箱工业起步晚，第一台电冰箱于1954年在沈阳医疗器械厂试制成功，至1978年产量只有28 000台。改革开放以来，我国电冰箱工业发展迅速，到1985年，年产量突破100万台，1997年超过1 000万台。目前，我国电冰箱已形成一个独立的工业生产体系，生产能力已超过市场的实际需求。今后，我国电冰箱生产应向大型化、多门多温化、低噪音化和无氟化方向发展。

我国电冰箱生产的分布偏集于东部地区。皖、粤、苏、鲁、浙、鄂是我国家用电冰箱主产省，年产电冰箱均在500万台以上，2014年合计产量占全国总产量的86%。安徽是我国最大的电冰箱生产省，2019年产量达2 505.89万台，主要品牌产品有美菱、康佳等。广东以广州（华凌、万宝）和顺德（容声）为主产地，山东、湖北则分别以青岛（海尔）和荆州（美的）为主产地。

4）空调机

我国空调机工业建立于20世纪80年代。进入90年代后，随着我国人民生活水平的提高，空调机工业飞速发展，1998年产量突破1 000万台，占据世界市场1/3的份额。我国的空调机生产集中分布于粤、皖、鄂、浙、渝、冀、鲁、赣等省，2019年这些地区的产量均在600万台以上，其中广东省的产量最大，达6 691.42万台，占全国总产量的30.6%。主要的空调机生产基地有广州（美的、华宝）、顺德（科龙）、珠海（格力）、济南（海尔）等，其中格力、美的、海尔三大品牌在全国范围内都有较大影响，无论在产量、销量还是在售后服务方面，均名列前茅，被称为空调品牌的"三大家族"。

进入21世纪，各空调机公司齐推"节能"和"智能复合型"产品。无论是海尔的"冰吧空调"、格力的"睡梦宝"，还是美的的"清净星"和志高的"三超王"，都是"节能、健康、静音"三者智能复合化的代表作，其都在追求产品功能的精细化、多元化和人性化。

中国经济地理

【观念应用3-1】

2007年11月17日，美的电器宣布，其占地850亩的合肥冰洗产业工业园竣工，2009年园区规划的冰箱、洗衣机生产线完全投产后，将使美的新增洗衣机产能650万台，新增冰箱产能250万台。此外，美的还将在合肥投入10亿元，打造一个占地400亩的冰箱压缩机基地，产能将达到1 000万台。而其他冰箱生产企业如海尔、美菱、新飞等目前也都在扩军备战。海尔将在合肥建立产能达200万台的冰箱基地，在重庆建立洗衣机生产基地；美菱利用工厂搬迁的时机将在合肥新增6条冰箱生产线，在四川也增加了产能，预计新增产能超过200万台。此外，还有更多的家电企业来到西部，落地开花。海信、科龙在成都投巨资圈地打造其西部生产基地；TCL在成都高新区建立了洗衣机生产基地；四川金帅、康祺两个洗衣机品牌原在宁波生产，现在也搬到了成都。

问题：根据上述资料分析中国家电产业布局的趋势。

分析提示：先了解美的、海尔等品牌产品的原产地，再认真阅读以上资料，上网查阅相关省份近几年的家电产量，论证其布局趋势。结论：近年来，中国家电产业的布局出现由南向北、由东向西转移的趋势。

5）电风扇

电风扇是我国家用电器工业中起步较早的一个部门。但在中华人民共和国成立以前，只有上海华生一家电扇厂，年产2万~3万台台扇和吊扇。中华人民共和国成立后，特别是改革开放以来，随着人民生活水平的提高，电风扇开始普及，生产迅速发展，最高年份（1995年）产量近1.3亿台，居世界前列。当前，我国已能生产包括台扇、吊扇、落地扇、换气扇、鸿运扇、壁扇、微风扇和专用电扇等在内的各类电风扇产品，除满足国内市场需要外，不少名牌电风扇已进入国际市场。进入21世纪，由于空调器工业异军突起，电风扇产量曾下降趋势。但2011年总产量已超过1995年，达1.74亿台，且比上年增长10.76%。2019年产量约2.16亿台。目前，我国的电风扇产量约占世界的1/4。

电风扇结构简单、制造容易，全国各中小城市均能生产。但因受技术和消费因素的影响，我国电风扇生产相对集中在东部沿海的粤、浙、苏、鲁、沪五省市，其年产量均在100万台以上，其中广东省产量最大，约占全国总产量的90.93%。这些省市生产的电风扇性能优良，在市场上享有很高的声誉。

3.5.2 日用机械工业

日用机械工业主要包括自行车、缝纫机和钟表等行业。

1）自行车

自行车是一种简便实用的代步工具，也可作短途运载使用。它于19世纪传入我国，1932年上海大兴车行开始进口零件组装整车。到1949年，全国只有上海、天津、青岛和沈阳四个城市生产自行车，年产自行车14 000余辆。中华人民共和国成立后，经过几十年的发展，到1995年，我国自行车产量已达4 472.3万辆，居世界首位；当年自行车出口1 262万辆，行销10多个国家和地区，成功打入欧洲市场。同时，自行车的款式、品种也不断增加、更新，目前已有轻便车、手动车、童车、载重车、赛车、山地车、小轮车、机动脚踏两用车和特殊用车9大类50多个品种，自行车的质量也不断提高。

我国自行车生产分布较广泛，大多数省市区都有自行车生产。但其主要集中于技术发达、消费水平高的东部沿海地区。2019年产量为4 978.97万辆。粤、沪、苏、浙、津、鲁等省市为主要产地，其生产的凤凰、永久、飞鸽、健牌、普佳骑、五羊、金狮、长征、中华、ABC、捷佳等品牌的自行车质量稳定，造型美观。随着中国政府提倡绿色低碳出行，国人健身意识增强，自行车的生产、消费前景看好。

2）缝纫机

我国缝纫机的生产始于1919年上海创办的协昌、润昌缝纫机修理厂。中华人民共和国成立以前，我国的缝纫机生产在修理、装配和仿制过程中缓慢发展，到1949年，全国缝纫机产量只有5 500架。中华人民共和国成立后，缝纫机工业发展迅速。1985年缝纫机产量达991.2万架，创历史最高水平，居世界首位。2011年，我国缝纫机的产量1 706万台，比上年增长6.9%。缝纫机的产值也比上年增长24.2%，达到20亿美元。

缝纫机有家用和工业用两大类。我国以生产家用缝纫机为主。进入20世纪90年代后，我国工业用缝纫机发展较快。目前，我国大多数省

中国经济地理

区市都有缝纫机工业，尤以东部沿海地区最为集中，产量约占全国总产量的4/5。沪、浙、粤是我国最主要的缝纫机生产省市，年产缝纫机均在100万架以上。上海是我国最大的缝纫机生产中心，年产量约占全国总产量的40%。其生产的上海牌、飞人牌、蜜蜂牌缝纫机质量优良，造型美观，为国内外市场的畅销产品。

3）钟表

钟表既是人们日常的计时工具，又是工业部门、科研机构、国防部门不可缺少的器件。我国在唐代已能制造自鸣钟。17世纪，西欧钟表技术传入我国。中华人民共和国成立以前，我国在烟台、上海、天津、北京、沈阳等城市建立了钟表厂，但关键零件要依赖进口，产品质量较差，生产落后。中华人民共和国成立后，钟表业发展极快。从1955年上海和天津试制并成功地生产了我国第一批手表至今，我国已能生产高中低档各类电子、石英、机械钟表，其中以石英、电子表为主流，质量已达国际中档钟表水平。1995年我国钟表产量高达4.8亿只，创历史纪录。近年，钟表市场基本饱和，产量呈下降趋势。随着人们消费观念的变化，钟表已成为与服饰、室内装饰配套的时尚饰物，因此，今后钟表生产应重视新款式的开发。

我国钟表生产主要分布在东部地区。粤、闽是我国钟表主要生产地区，2014年全国钟的产量达1.45亿只，福建和广东分别占全国总产量的55.88%和36.18%。深圳的天霸、海霸、飞亚达、天王，东莞的雅确，珠海的罗西尼手表性能优良，深受消费者欢迎，畅销国内外市场。

上海曾是我国最大的钟表生产中心。20世纪90年代，随着粤、闽两省钟表业的迅速发展，上海在我国钟表业中的地位大大下降，1997年产量只占全国的2%。上海主要生产宝石花、钻石、上海牌手表，三五牌座钟、挂钟和钻石牌闹钟等。此外，天津的海鸥表、金鸡闹钟，北京的双菱、北京表，西安的蝴蝶表，丹东的孔雀表，青岛的金锚表，烟台的北极星钟，南京的钟山表等产品也较为有名。

3.5.3 日用陶瓷工业

陶瓷是硅酸盐制品，包括日用、工艺美术、建筑卫生和工业陶瓷四大类产品。我国陶瓷工业以日用陶瓷生产为主体。

我国是世界上最早生产陶瓷的国家，素有"瓷器之国"的美称。早在新石器时代，就有了制陶技术；魏晋时期出现胚制瓷器；唐代的"唐三彩"造型生动，色彩瑰丽。公元8—19世纪，我国陶瓷产品一直在国际市场上占据主导地位。近代我国陶瓷工业急剧衰落，国际地位下降。中华人民共和国成立后，日用陶瓷工业得到了迅速恢复和发展，机械化、半机械化生产代替了落后的手工操作，传统和精湛的技艺得到发扬光大，生产规模不断扩大，产品质量迅速提高，花色品种层出不穷。1997年我国日用陶瓷器产量达115.6亿件，首次突破100亿大关，2011年超300亿件，产值达849亿元人民币；建筑用陶瓷产量（瓷砖为主）达90亿平方米，卫生瓷产量2亿件，两产品产值达6 000亿元人民币。产品畅销世界五大洲100多个国家和地区。

陶瓷原料主要是黏土和高岭土。由于陶瓷产品易碎，且消费普遍，原料分布广泛，生产技术简单，布局通常呈分散状态，以地产地销为主。高级陶瓷产品的生产受原料、技术、工艺和历史基础的影响，生产分布趋于集中。

我国日用陶瓷生产分布广泛，主要集中于粤、闽、鲁、湘、赣和苏等省，景德镇、醴陵、淄博、唐山和宜兴是我国著名的高级陶瓷品产地。

景德镇是我国的"瓷都"，陶瓷业已有1 300余年历史，所产的青花瓷、玲珑瓷、粉彩瓷、彩釉瓷、薄胎瓷等均为传统名牌产品，具有"白如玉、薄如纸、明如镜、声如磬"的独特风格，驰名中外。唐山是我国北方著名的陶瓷产地，有"北方瓷都"之称。其生产的滑石瓷、白骨灰瓷等高级陶瓷产品素雅大方，深受消费者喜爱。醴陵被誉为我国的"瓷城"，所产的瓷器多采用釉下彩，其造型、图案、纹饰、色调等保持有极浓厚的民族色彩，可与"景瓷"媲美。宜兴的丁蜀镇是我国著名的"陶都"，生产粗陶、细陶、紫砂陶、青瓷、白瓷等品种，以紫砂陶最为名贵，在国内外市场上享有极高的声誉。

佛山是我国华南地区著名的陶瓷工业中心，生产的石湾瓷驰名中外。近10余年，佛山的陶瓷业一直以建筑陶瓷为主要发展方向，已建设成为我国最重要的建筑陶瓷生产基地之一。其生产的各类马赛克、地砖、瓷砖等产品，质量优良，畅销全国市场。

龙泉和洛阳是我国著名的工艺美术瓷产地，生产的青瓷和唐三彩艺术价值较高，是艺术瓷中的珍品。

3.5.4　工艺美术品工业

我国工艺美术品生产历史悠久，技艺精湛，是中国古文化艺术宝库中的珍贵遗产，享誉海内外。工艺美术品是一种手工艺品。品种极为丰富多彩，主要有雕塑、编织、刺绣、漆器、画类、金属类、民族饰物、儿童玩具和民族乐器等门类，每一类中又包括许多不同的品种。生产工艺美术品不仅需要高超的制作技术和良好的生产基础，也要有优质原料和传统的供销渠道，因此，其生产布局趋向于历史文化发达且有生产基础或原料丰富的地区。

1）雕塑工艺品

雕塑工艺品是我国艺术宝库中的瑰宝，主要品种有牙雕、玉雕、石雕、木雕、贝雕、竹雕、角雕、砖雕、椰雕、葫芦雕、煤雕、泥塑和面塑等。

广州、北京和上海是我国三大象牙雕刻工艺品产地。玉雕的生产集中于北京、上海、扬州、和田等地。浙江青田的叶腊石雕、福州寿山石雕和湖南浏阳的菊花石雕是我国著名的三大石雕。广东潮州的黄杨木雕和浙江东阳的木雕工艺品是木雕产品中的佼佼者。贝雕生产主要分布在沿海各大城市，尤以青岛、大连、厦门和三亚最为有名。此外，福州的角雕、海南的椰雕、苏州的毛发雕、江安的竹刻、温州的瓯塑、无锡的惠山泥人、天津的"泥人张"、西藏扎什伦布寺的面塑、青海塔尔寺的"酥油花"等也是我国著名的雕塑工艺品，具有很高的观赏价值和收藏价值。

2）织绣工艺品

织绣是我国最具民族特色的传统工艺，主要有刺绣、织锦、缂丝、抽纱、绣衣、蜡染、地毯、壁挂、戏装等品种。

苏州的苏绣、长沙的湘绣、成都的蜀绣、佛山的粤绣是我国的四大名绣，尤以苏绣最负盛名。苏绣绣工精美，图案秀丽，色彩高雅，在国际市场上被誉为"东方明珠"，其双面异色、异样、异针、异景的四异绣更是绣中绝品。此外，北京的京绣、温州的瓯绣、开封的汴绣等也较为著名。苏州的宋锦、南京的云锦和成都的蜀锦是我国三大名锦。杭州的都锦生织锦是织锦工艺的"后起之秀"，在国际市场上被誉为"东方工艺之花"。苏州的缂丝产品可双面欣赏，与苏绣中的双面绣有异曲同工之妙。

抽纱是一种极为精美的工艺品。潮汕的抽纱素有"南国名花"之称。我国的花边生产以常熟、烟台、萧山、温州等地最为有名。手工地毯的生产布局集中于北方，尤以和田、兰州、北京、银川等地最为著名，和田有"地毯之乡"的美誉。浙江平湖和海宁等地生产的丝织地毯和挂毯也是我国外贸出口的主要工艺品。

3）金属工艺品

金属工艺品是以各种金属为原料和辅料，经精细加工制成的一种工艺品，主要包括景泰蓝、铁画、刀剑等产品。

景泰蓝是一种既能欣赏又有实用价值的高档艺术品，有金胎、银胎、铜胎之分。北京的景泰蓝做工精细，色彩鲜艳，历来是国际市场畅销的工艺品。西安也是景泰蓝的重要产地，其生产的"仿古景泰蓝犀牛尊"和"景泰蓝伊斯兰民族茶具"是深受旅游者喜爱的商品。此外，芜湖的铁画、龙泉的宝剑、临夏的保安腰刀、陇川的户撒刀等金属工艺品也具有独特风格。

4）漆器工艺品

漆器工艺品主要包括饮食器皿、家具等。其主要产地有福州、北京、扬州、天津、成都、西安、天水、大方、潍坊等。福州的脱胎漆器轻巧耐用，造型美观，光泽鲜艳，具有浓厚的民族风格，被誉为"天下惊无双，人间疑独绝"，与景瓷、景泰蓝齐名，为我国工艺美术品中的"三宝"之一。此外，北京和扬州的雕填漆器也素负盛名。

5）花画工艺品

我国的花画工艺品源远流长，主要品种有麦秆画、软木画、树皮画、羽毛画、绒花、绢花、塑料花和涤纶花等。福州的软木画、天津的杨柳青年画、苏州的桃花坞年画、北京的绒花、杭州的绢花、沈阳的羽毛画等都是一直流传至今的中国花画工艺佳品。

6）编织工艺品

编织工艺品原料来源广泛，消费市场广阔，颇具发展前景。其主要包括竹编、草编、藤编、柳编、玉米皮编等，尤以草编和竹编产品最多。编织工艺品大多兼有实用价值。我国较为著名的编织工艺品主要有福建古田的细丝花篮、泉州的提篮、四川自贡的竹扇、隆昌的藤编、成都的瓷胎竹编等等。

7）文房四宝

笔、墨、纸、砚合称为文房四宝。它们既是文化用品，也是具有欣赏价值的艺术品。湖笔、徽墨、宣纸、端砚是文房四宝中的绝品。湖笔产于浙江湖州，锋颖尖锐，丰硕圆润，劲健有力，被誉为"毛颖之冠"。徽墨产于安徽黄山市，享有"落纸如漆，万载存真"之誉。宣纸主产于安徽的泾县，是高档国画、书法用纸，也是重要档案、外交照会、裱糊和复制史料的最好用纸，有"寿纸千年"之说。广东肇庆生产的端砚，石质致密、坚实、细嫩、滋润，为"砚中至宝"。

【小思考3-6】

日用品工业主要包括哪些部门？以你的生活实践谈谈它们对人们日常生活的重要性。

答：主要包括耐用消费品（家用电器、日用机械）、日用陶瓷和工艺美术品等工业部门。举例略。

3.6 能源工业

能源是指在目前社会经济技术条件下可为人类提供大量能量的物质和自然过程，包括煤炭、石油和电力等。能源是社会经济发展进步的重要物质基础，是生产力飞跃的动力源泉。能源总消耗量和人均能源消耗量是衡量一个国家和地区经济发展水平的重要标志。

3.6.1 能源的分类

能源的分类方法很多，主要包括以下几种：

（1）按原始来源可分为来自地球以外天体的能量（其中最重要的是

太阳能）、来自地球内部的能量（包括地热能和核能等）、地球及其他天体相互作用产生的能量（潮汐能）三大类。

（2）按基本形态可分为一次能源和二次能源。**一次能源**是指以现成的形式存在于自然界的能源，如石油、煤炭、天然气等；**二次能源**是指由一次能源经加工转换而成的人工能源，如电力、汽油等。

（3）按再生性可分为再生能源和非再生能源。再生能源是指可循环利用、不会因人类的使用而减少的能源，如太阳能、风能等；非再生能源是指用一点少一点的能源，如石油、煤炭、铀等。

（4）按应用的广泛性可分为常规能源和新能源。常规能源是指当前人类普遍使用的能源，如煤炭、石油、天然气等；**新能源**是指应用不久或今后可能得到发展的能源，如波浪能、核能等。新能源和常规能源是相对而言的，在不同时期、不同地区有不同的内涵。如核能在我国还是一种新能源，而在发达国家则是一种常规能源。

3.6.2　我国能源结构

我国能源资源丰富。煤炭、水能和铀矿的储量居世界前列。地热能、太阳能、风能、潮汐能的储量也很丰富，油气资源的开发前景良好。1978年以来，我国能源工业高速发展，产量稳步上升（见表3-4）。进入20世纪90年代，产量已登上10亿吨标准煤的台阶，居世界第三位。至2010年，我国一次能源生产总量（折标准煤）达31.80亿吨，比上年增长7%。从总量看，我国已是能源生产大国，在世界能源生产中占有重要地位。但就人均能源拥有量来看，能源生产和消费仍处于较低水平。目前，我国人均电力产量只相当于巴西的1/3、德国的1/10、美国的1/20。根据我国能源资源、能源生产和消费的现状，从1993年开始，国家能源政策已由"水火为主，核电补充"转变为"水火核并举，因地制宜"。2019年，水电、风电、核电、天然气等清洁能源消费量占能源消费总量的比重为23.4%，比2010年提高10个百分点。我国能源生产与消费的构成见表3-5。

"十三五"期间，我国大力推动能源体制、能源消费等多项改革，不断完善清洁低碳、安全高效的能源体系，能源保障、绿色转型迈上新台阶。国内原油产量2019年达到1.91亿吨，扭转了2016年以来的持续

　　　　　　　　　　　　　　　　　　中国经济地理

表3-4 我国能源产量增长表

年份 \\ 名称	原煤（亿吨）	原油（亿吨）	天然气（亿立方米）	发电量（亿千瓦小时）	水电
1978	6.18	1.04	137.30	2 566.00	446.00
1988	9.80	1.37	142.60	5 452.00	1 092.00
1990	10.80	1.38	152.98	6 212.00	1 267.20
2008	29.30	1.90	802.99	34 668.82	5 851.87
2018	36.98	1.89	1 601.59	71 661.33	12 317.87
2019	38.46	1.91	1 761.74	75 034.28	13 044.38

表3-5 我国能源生产构成和消费构成表

年份	生产构成（%）				消费构成（%）			
	煤炭	原油	天然气	一次电力及其他能源	煤炭	原油	天然气	一次电力及其他能源
1978	70.3	23.7	2.9	3.1	70.7	22.7	3.2	3.4
1990	74.2	19.0	2.0	4.8	76.2	16.6	2.1	5.1
2000	72.9	16.8	2.6	7.7	68.5	22.0	2.2	7.3
2019	68.6	6.9	5.7	18.8	57.7	18.9	8.1	15.3

下滑态势，新增探明储量50亿吨左右。2019年，我国天然气产量达到1 761.74亿立方米，连续3年增产超100亿立方米。我国发电装机容量突破了20亿千瓦，风能、光能等清洁能源的总装机占40%以上，非化石能源消费的比重从2015年的12%提高到2019年的15.3%。中国连续多年成为全球可再生能源最大投资国，可再生能源装机和发电量连续多年稳居全球第一。

3.6.3 煤炭工业

煤炭工业是我国最重要的能源生产部门，包括资源勘探、开采和选煤的全部生产过程。改革开放以来，我国煤炭工业发展迅速，从20世纪80年代开始，国家投巨资新建一批大型现代化煤矿，使煤炭产量逐渐提高，1989年后年产量一直保持在10亿吨以上，满足了国民经济发展的需要。2014年我国原煤产量比上年减产2.52%。我国煤炭工业现已具备设计、施工、装备及管理千万吨级露天煤矿和大中型矿区的技术水平和能力。煤类洗选技术和能力也在不断提高，煤类液化、地下气化工作正在开展。从1978年至今，我国的煤炭产量始终保持世界首位，是世界上产煤最多的国家。21世纪初，我国煤炭出口量突破8 000万吨，成为世界第二大煤炭出口国。

1）煤炭资源特点

（1）资源丰富。我国目前已探明的煤炭储量达8 900亿吨，居世界首位。按目前的煤炭产量，我国的煤炭资源可供开采300余年，是我国可供开采年限最长的非再生性能源资源。

（2）分布广泛而又相对集中。从黑龙江省到海南省，从东海之滨到天山山麓，全国80%以上的县都有煤炭资源，但分布很不均匀。我国煤炭探明储量的80%以上集中在秦淮以北地区，尤其是山西、内蒙古两省区的煤炭储量，均在2 000亿吨以上，是我国探明煤炭资源最丰富的省区。此外，陕、滇、贵、豫、冀、皖等省区的煤炭资源也较丰富。我国煤炭资源北多南少、西多东少的分布特点，使煤炭资源集中区与消费市场距离较远，因此形成了我国北煤南运和西煤东运的基本格局。

（3）品种齐全，品质优良。我国煤种齐全，炼焦煤、动力煤、化工煤和民用煤都有，而且以发热量高的无烟煤和用途广泛的烟煤为主，烟煤中炼焦煤占1/3以上，品质良好。

（4）开采条件较好。煤层的厚度、埋藏深度和煤层的倾角等因素对煤炭的开采有很大的影响。我国大多数煤炭资源的埋藏深度为500米左右，且地质构造简单，煤层倾斜度小，开采难度不大。

2）煤炭工业地区分布

（1）华北煤炭基地。华北煤炭的储藏量和开采量均为全国第一，其中山西、内蒙古的煤炭探明储量位居全国前两位，而且煤种齐全，质量高，埋藏浅，煤层稳定，地理位置又处于全国能源消费的扇面中心，具有发展煤炭工业得天独厚的条件。2019年两省区产煤量分别为9.88亿

中国经济地理

吨和10.91亿吨，合计占全国煤炭总产量的54.06%，其中晋煤年外运量占全国煤炭省际外调量的80%，有力地支援了全国的经济建设。

山西的著名煤矿有大同煤矿、阳泉煤矿、西山煤矿、潞安煤矿和晋城煤矿等。大同煤矿是我国最大的煤矿，年产煤炭约3 500万吨，所产原煤大多为品质优良的动力煤，供应全国20余个省市区或出口。阳泉煤矿是我国最大的无烟煤矿，煤炭品质优良，宜作民用煤或化工用煤。西山煤矿位于太原市以西，以生产焦煤为主，是我国重要的炼焦煤生产基地，生产的煤炭除供太钢外，还供给宝钢、武钢和包钢等企业。此外，古交、汾西、轩岗、霍州、平朔等也是山西重要的煤炭产地，其中古交煤矿是全国最大的炼焦煤生产基地；平朔煤矿系中外合资建设，为我国五大露天煤矿之一。

内蒙古的著名煤矿主要有乌海煤矿、东胜煤矿、平庄煤矿、石拐煤矿、准格尔煤矿、元宝山煤矿、伊敏河煤矿和霍林河煤矿，以乌海煤矿规模较大。东胜煤田是我国优质精煤的主产区。元宝山、伊敏河和霍林河位于内蒙古东部，准格尔地处鄂尔多斯高原，这四个煤矿均为"七五"期间我国重点建设的露天煤矿，所产原煤主要通过坑口电厂转化为电力供应东北。

河北的著名煤矿主要有开滦煤矿和峰峰煤矿，年产量均在1 000万吨以上，且接近铁矿和重要工业基地，经济效益高。

（2）西南煤炭基地。本区煤探明储量居全国第二位。煤生产主要集中于黔西、川东和滇东，储量与产量均以贵州省为最大，2019年产原煤1.32亿吨，为本区最大产煤省。六盘水已成为西南地区最大的煤炭基地，最高年产量超过1 500万吨，所产炼焦煤除供攀钢外，还支援两广地区，并有部分出口。

（3）西北煤炭基地。本区煤探明储量居全国第三位。煤田主要分布在陕、新等省区，煤炭生产主要集中在渭北和陕北地区。渭北地区主要有铜川煤矿、蒲白煤矿、韩城煤矿等，其素有"渭北黑腰带"之称。陕西省2019年产煤6.36亿吨，占全国总产量的16.54%。神府煤矿，位于陕北的鄂尔多斯高原上，是陕西省最有发展前途的煤炭基地。它与内蒙古南部的东胜煤田相接，合称神府东胜煤田，现探明含煤面积3.12万平方千米，储量2 236亿吨，占全国已探明储量的1/4，是我国已发现的最大煤田，也是世界八大煤田之一。其煤质优良，开采条件优越，主要由神华集团负责开发，进行煤、电、路、港、航五位一体的产运销一条龙经营。

本区其他产煤基地还有新（哈密、乌鲁木齐、阜康）、宁（灵武、石嘴山）、甘（华亭、砚北等）等省区，新疆2019年产煤2.42亿吨。

（4）东北煤炭基地。本区煤开发历史悠久，很早就形成了抚顺、阜新、鸡西、鹤岗四大煤炭基地。抚顺位于辽东，建有大型露天煤矿，主产动力煤和炼焦煤，它与鞍山、本溪的铁矿相结合形成大型的钢铁基地。阜新位于辽西，也建有大型露天煤矿，主产动力煤。鸡西、鹤岗、双鸭山等煤矿群位于黑龙江东部，主产气煤、焦煤，各矿区均建有大型洗煤厂，主要供鞍本钢铁基地炼焦。本区煤探明储量虽然占全国的6%，但由于重工业发达，耗煤量大，现已面临煤炭资源枯竭或大量关井的局面。

（5）中南、华东煤炭基地。中南、华东地区煤炭资源少，但经济发达，煤耗量大，是我国最大的缺煤区。煤炭基地主要分布在鲁、豫、皖等省。2019年分别产煤为1.19亿吨、1.09亿吨和1.10亿吨。河南的平顶山煤矿素有"中原煤都"之称，其煤层厚而平缓，易于开采且交通方便，生产规模仅次于大同煤矿和开滦煤矿，居全国第四位。此外，本区大型煤矿还有兖州煤矿、淮南煤矿、淮北煤矿和徐州煤矿等。中国煤炭资源分布如图3-3所示。

【小知识3-3】

千亿方！我国又探明一大气田

记者日前从中石化获悉，中石化西南石油局川西气田探明储量新增报告日前顺利通过国家自然资源部评审，新增探明储量830亿立方米。至此，川西气田累计探明储量达1140亿立方米，相当于亿吨级当量大油田，将成为国家能源发展战略的重要支撑。

川西气田地处四川盆地西缘，主力气藏埋深在6000米左右，气田面积约138平方千米，属大型酸性气田。2018年，中石化在该区域先期部署的彭州1井等探井相继获高产工业气流，由此发现川西气田，后又陆续部署开发井11口，已完钻的7口井均获良好产量。

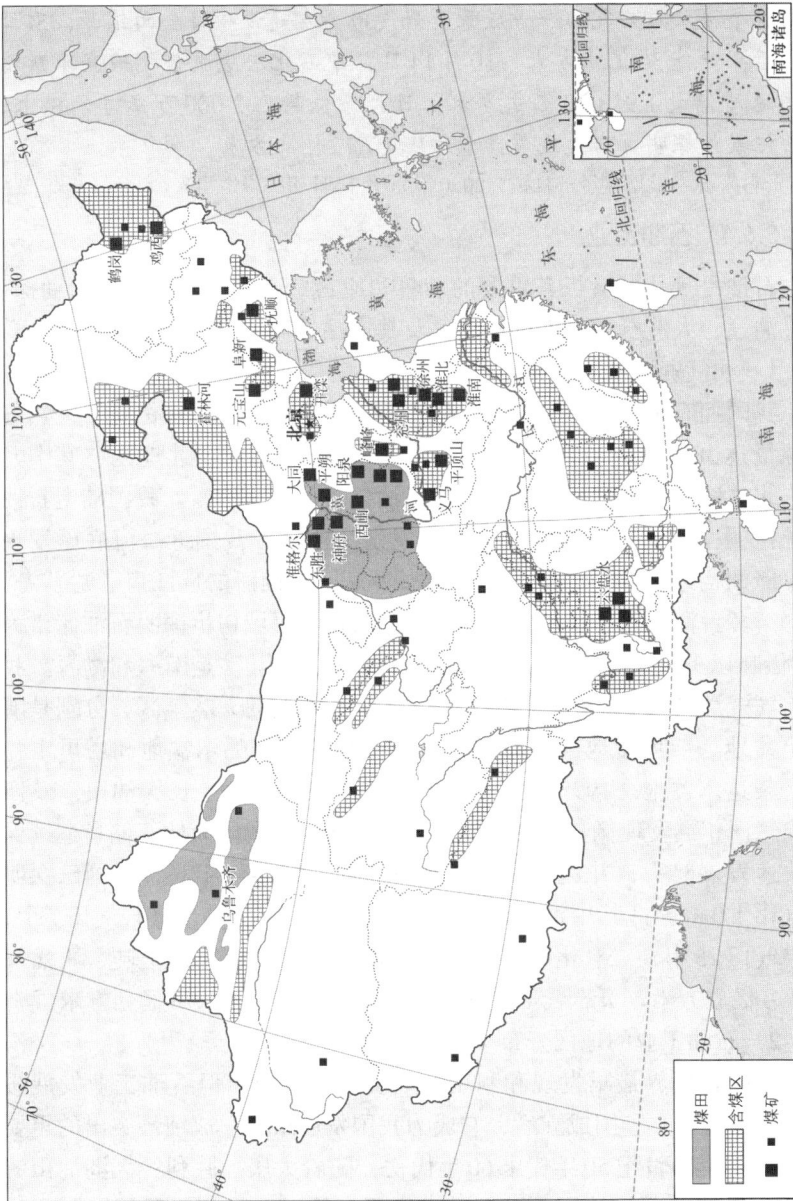

图3-3 中国煤炭资源分布图

据了解，今年以来，中石化加大天然气勘探开发力度。4月14日，我国首个深层页岩气田——威荣页岩气田开发建设项目全面铺开，项目建成后年产能30亿立方米。10月14日，中石化涪陵页岩气田宣布新增探明地质储量1 918.27亿立方米，日产量保持在2 000万立方米以上；中石化累计探明页岩气地质储量达9 407.72亿立方米。

资料来源　根据《经济日报》2020年11月14日相关报道得来。

3.6.4　石油工业

石油是现代社会极其重要的燃料和原料。石油工业主要包括勘探、采炼油气、人造石油的生产和油气及其产品的储运。

1）油气资源及其分布

我国拥有丰富的油气资源。陆上石油总资源量达694亿吨，天然气资源量达38万亿立方米，集中分布在东北、华北和西北地区，其中尤以华北盆地、东北盆地和塔里木盆地油气资源最为丰富。我国陆上石油资源探明率仅为20%左右，勘探开发潜力巨大。我国近海海底已发现不少储油构造，其中以渤海湾、黄海、东海、南海的珠江口、莺歌海、北部湾和台湾浅滩7个含油气盆地最有前景。海域初步探明石油储量为400亿吨以上，资源远景以东海大陆架为最佳，其次是南海和渤海。我国油气资源大多伴生。陆上初步探明有4个大型的天然气区，分别是陕甘宁盆地、四川盆地、新疆的吐鲁番—哈密—准噶尔盆地和塔里木盆地、柴达木盆地。1998年塔里木、克拉玛依、青海、长庆油田以及四川油气田相继发现亿吨级规模的大气田，从而使我国天然气储量继续保持快速发展势头，并达历史最高水平。截至2019年年底，全国已探明油气田1 040个（其中油田756个，天然气田284个），页岩气田7个，煤层气田25个，二氧化碳气田3个。累计生产石油71.26亿吨、天然气2.23万亿立方米、页岩气492.01亿立方米、煤层气244.78亿立方米。

2）石油工业的地区分布

我国是世界最早发现和利用石油资源的国家，但石油工业发展缓慢。中华人民共和国成立后，它成为我国发展最快、成绩最突出的重要工业部门。20世纪50年代末60年代初，随着大庆、胜利、大港油田的开发，到1963年，我国石油已基本实现自给。1976年，我国一跃成为世界重要的石油出口国。1978年我国石油产量登上亿吨台阶，此后我国石油产量持续稳步增长（见表3-4）。目前我国是世界第五大产油国。我国天然气产量自1996年突破200亿立方米开始，一直保持稳步增长。石油、天然气产量的增长，使其在能源消费结构中的比例明显提高（见表3-5）。

（1）采油工业。中华人民共和国成立以前，我国石油生产主要集中于西北和台湾地区。中华人民共和国成立以后，随着东部油田的大开发，石油生产重心移向东部。如今全国90%的产量和80%的探明储量都集中在东部，但东部石油开采已进入自然递减阶段。国家在"八五"期间制定了"稳定东部，开发西部"的战略方针，目前在西部已成功地建成塔里木、吐鲁番—哈密、准噶尔三大盆地油气田，开采量较大，已成为我国石油工业的战略接替区。我国陆上主要油气田有大庆、胜利、辽河、新疆（含塔里木、克拉玛依等）长庆、青海、西南等。

我国近海油气田的开发目前主要集中在渤海、珠江口、琼东南、莺歌海、北部湾和东海6个含油气盆地，已形成了4个油气开发区：渤海油气开发区、珠江口油气开发区、南海西部油气开发区和东海油气开发区。2010年中国海洋石油年产油气当量突破5 000万吨，2011年产量达4.08亿桶，相当于建成一个"海上大庆油田"，占我国目前石油产量的26%，也意味着中国海域已成为我国石油、天然气最重要、最现实的接替区。

（2）炼油工业。我国是世界原油加工大国，目前年炼油加工能力居世界第四位。我国重要的炼油基地在大庆、吉林、抚顺、葫芦岛、大连、北京、天津、大港、沧州、上海、南京、镇海、安庆、九江、洛阳、武汉、岳阳、荆门、惠州、茂名、广州、兰州、玉门、格尔木、乌鲁木齐、独山子等地（如图3-4所示）。

3.6.5 电力工业

1）电厂布局类型

电力工业是指生产、输送和分配电能的工业部门，通常可分为火电、水电和核电等。我国以火电为主，其占总发电量的80%以上。电力传递迅速，便于远距离输送，使用方便、效率高、污染少，且电能极

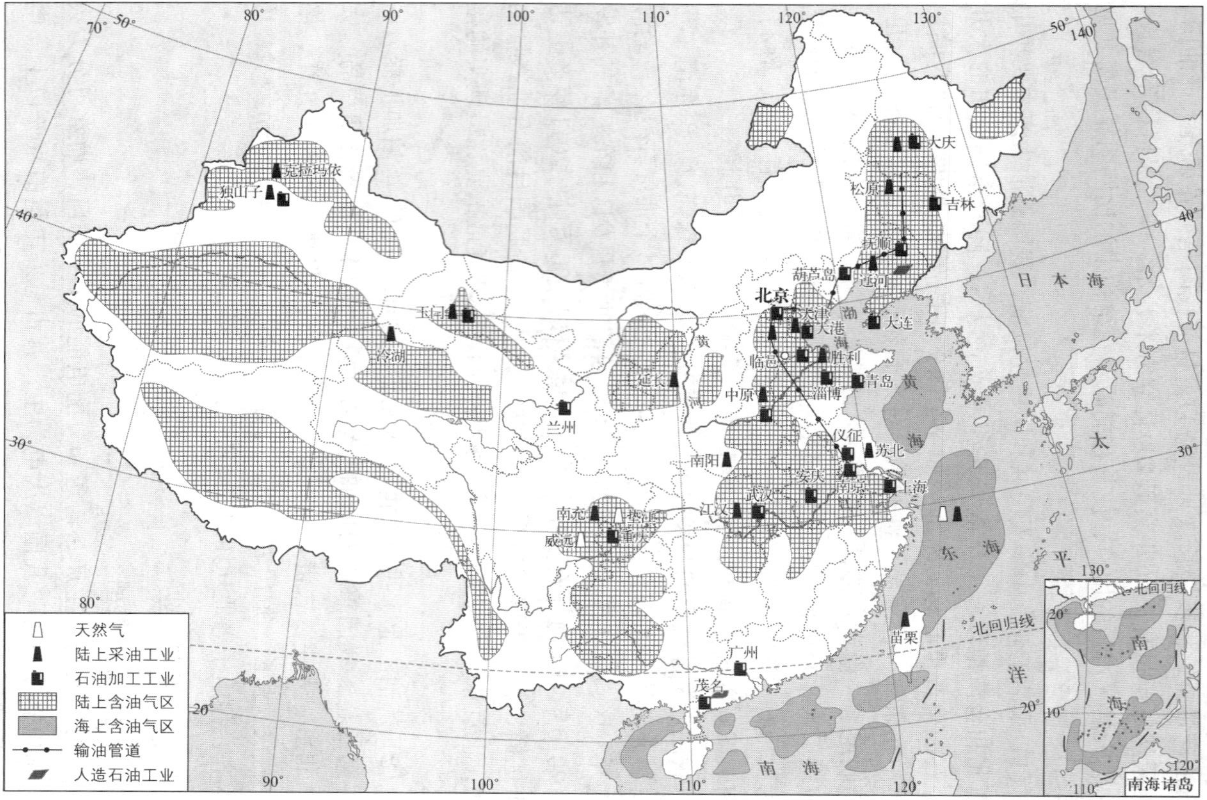

图 3-4 中国石油工业分布图

图例：
- 天然气
- 陆上采油工业
- 石油加工工业
- 陆上含油区
- 陆上含油气区
- 海上含油气区
- 输油管道
- 人造石油工业

中国经济地理

易转化成光能、热能、机械能和化学能，可满足不同生产和消费部门的需要。中华人民共和国成立以来，我国电力工业发展迅速，发电量1995年已突破10 000亿千瓦小时，至2019年，我国发电量已连续20多年稳居世界第一。

（1）火力发电厂。火力发电厂是指以煤炭、石油和天然气等为燃料发电的电厂，我国以燃煤电厂居多。火力发电厂区位选择较为灵活，其布局主要受原料、消费、交通和水源等因素的影响，主要包括坑口电厂、油田电厂、港口、路口和负荷中心电厂等几种布局形式。坑口（或油田）电厂布局在原料地，供煤（油）方便，但电力通过超高压输电线输向消费地时易损耗，且建电厂的地区必须有水源保证，有一定的局限性。负荷中心电厂可减少输电费用和输电损耗，增加供电的可靠性，但需增加燃料运输费用。港口、路口电厂位于交通要道，可利用途经的燃料建电厂，有时它们也是负荷中心。这一类型的电厂既可利用便利的交通运送燃料，又减少了部分输电费用。2019年火电占总发电量的69.57%。

（2）水力发电厂。水电厂初始投资大，建设周期长，但建成后运行成本低，污染少，且水力资源可永续利用，水库亦可综合利用。水电厂的区位选择受坝址条件的严格限制，建电厂时还应兼顾防洪、灌溉、航运、渔业、旅游等方面的利益，同时还要考虑因开发带来的淹没损失。

（3）核能发电厂。核电是一种安全、清洁、经济的能源。20世纪末至21世纪以来，我国核能发电发展迅速，但与世界上的许多发达国家相比还有较大差距。

2）电力网

电力网是指由发电厂、变电站、各级输电线路、配电站及用户组成的发电、供电、用电的整体。电力网可经济、合理地利用各种能源，降低最高负荷，减少备用机组，便于安装大容量机组，进而促进经济的合理布局。目前，我国电网建设已进入历史上最快的发展阶段，除西北之外的6个跨省区电网以及5个独立的省级电网500千伏主干网架已经建成，连同一系列大型电站的投产，表明我国电力工业进入了以大机组、大电厂、大电网、超高压、自动化为主干的新时期。各大电网已覆盖全国所有城市和大部分农村。500千伏主干网架开始逐步取代220千伏电网，承担跨省、跨地区电力输送和交换任务，以计算机为主的国际先进调度自动化系统已普遍采用并达到实用化程度。

（1）华东电网。华东电网跨沪、苏、浙、皖、闽四省一市，总装机容量达3 100万千瓦，是我国规模最大的电力网。华东电网是一个以火电为主、水电也占有一定地位的电网，主要火电厂有望亭、戚墅堰、谏壁、南京、马鞍山、淮阴、合肥、杭州等负荷中心电厂，淮北、淮南、徐州等坑口电厂，镇海、北仑、长乐等港口电厂；主要水电厂有水口、新安江、富春江和紧水滩等。浙江安吉天荒坪抽水蓄能电厂装机容量达180万千瓦，是我国自行设计的最大抽水蓄能电厂。此外，该电网下的秦山核电厂是我国第一座自行开发建设的核电厂。

（2）华北电网。华北电网包括京、津、冀、晋四省市和内蒙古西部地区，装机容量约3 000万千瓦，为我国第二大电网。华北地区拥有丰富的煤炭资源，整个电网基本上由火电厂组成，水电厂极少。重要电厂有大同、唐山（陡河）、北京、天津、高井、邯郸（马头）、大港、太原、朔州、包头、集宁、呼和浩特和石家庄等。大同第二发电厂是我国目前最大的坑口电厂。内蒙古的达拉特火力发电厂装机容量达520万千瓦，1992年开始规划，分四期工程建设，于2007年全部完成，主要送电内蒙西部和京津唐地区。

（3）华中电网。华中电网包括豫、鄂、湘、赣四省，总装机容量为2 760万千瓦，是全国第三大电网。其主要火电厂有武汉青山、平顶山、焦作、义马、洛阳、新乡、荆门等。水电在华中电网中也占有重要地位，葛洲坝水电站、丹江口水电站的装机容量分别为271.5万千瓦和90万千瓦。随着长江三峡工程的建成，华中电网已成为一个以水电为主的电力网。

长江三峡水利枢纽工程是综合治理和开发长江的国家重点工程，位于湖北省宜昌市三斗坪镇，下游距葛洲坝水利枢纽38千米。工程于1993年开始建设，总工期17年，2003年首批机组发电，2009年竣工。大坝为混凝土重力坝，全长2 309米，坝顶高程为185米，水库正常蓄水位175米，总库容393亿立方米，其中防洪库容221.5亿立方米，泄洪闸的最大泄洪能力为每秒10万立方米。三峡工程是世界上最大的水利

　　　　　　　　　　　　　　　　　　中国经济地理

水电枢纽，共安装有32台70万千瓦和2台5万千瓦的水轮发电机组，总装机容量为2 250万千瓦，年设计发电量882亿千瓦时，是我国"西电东送"和"南北互供"的骨干电源点。2020年发电量约1 031亿千瓦时。

（4）东北电网。东北电网是我国最早形成的电力网，地跨黑、吉、辽和内蒙古东部三市一盟。网内主要火电厂有清河、阜新、吉林、抚顺、哈尔滨、朝阳等；主要水电厂有白山、红石、丰满、水丰、镜泊湖等，其中松花江上的白山水电厂装机容量为150万千瓦，是目前我国东北最大水电厂。

虽然东北电网的总装机容量已达2 600多万千瓦，但由于东北地区重工业发达，能源消耗量大，也是我国电力缺口较大的地区。为缓和东北电力紧缺状况，在加快内蒙古东部霍林河、伊敏河、元宝山等坑口电厂建设的同时，国家还将加强松花江水力资源的开发，并由华北地区输入部分电力。

（5）南方省区联营电网。南方省区联营电网包括粤、桂、滇、贵四省区。目前装机容量在3 000万千瓦以上。其主要火电厂有广州、南宁、柳州、韶关、茂名、开远、昆明、贵阳、遵义等；主要水电厂有鲁布革、大化、天生桥、新丰江等。

此外，川贵两省已先期联网，利用两省丰富的水力资源进行水电开发。大水电厂有乌江渡、龚嘴、东风等。金沙江上装机容量达330万千瓦的二滩水电厂于1999年竣工，是我国20世纪建成投产的最大水电站工程。

（6）西北电网。西北电网包括陕、甘、宁、青、新五省区，总装机容量为1 100万千瓦。西北电网水电的装机容量占整个电网总装机容量的50%以上，是我国唯一一个以水电为主的电力网。其主要水电厂有龙羊峡、李家峡、刘家峡、盐锅峡、八盘峡、青铜峡等，前二者的装机容量分别是128万千瓦和122万千瓦。正在建设中的水电厂也是一个装机容量超过百万千瓦的大型水电厂。

中国主要水电站和火电站分布分别如图3-5和图3-6所示。

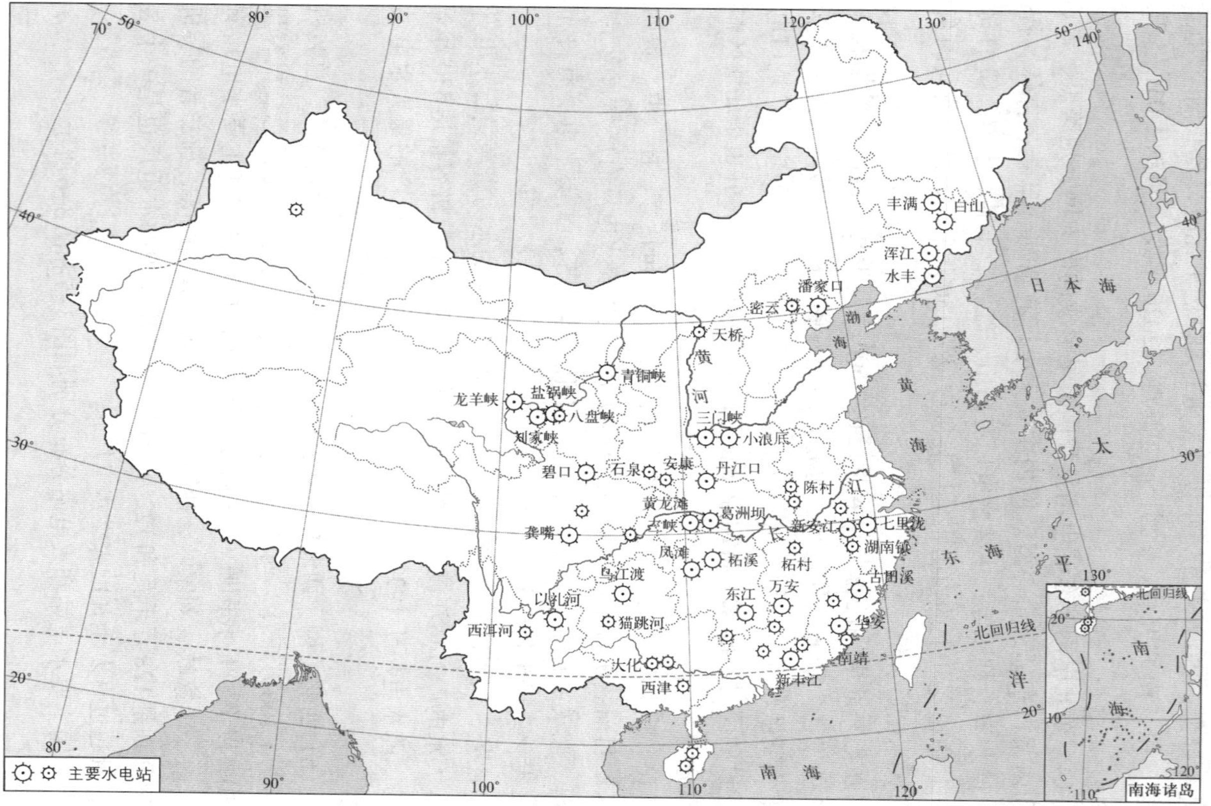

图3-5 中国主要水电站分布图

中国经济地理

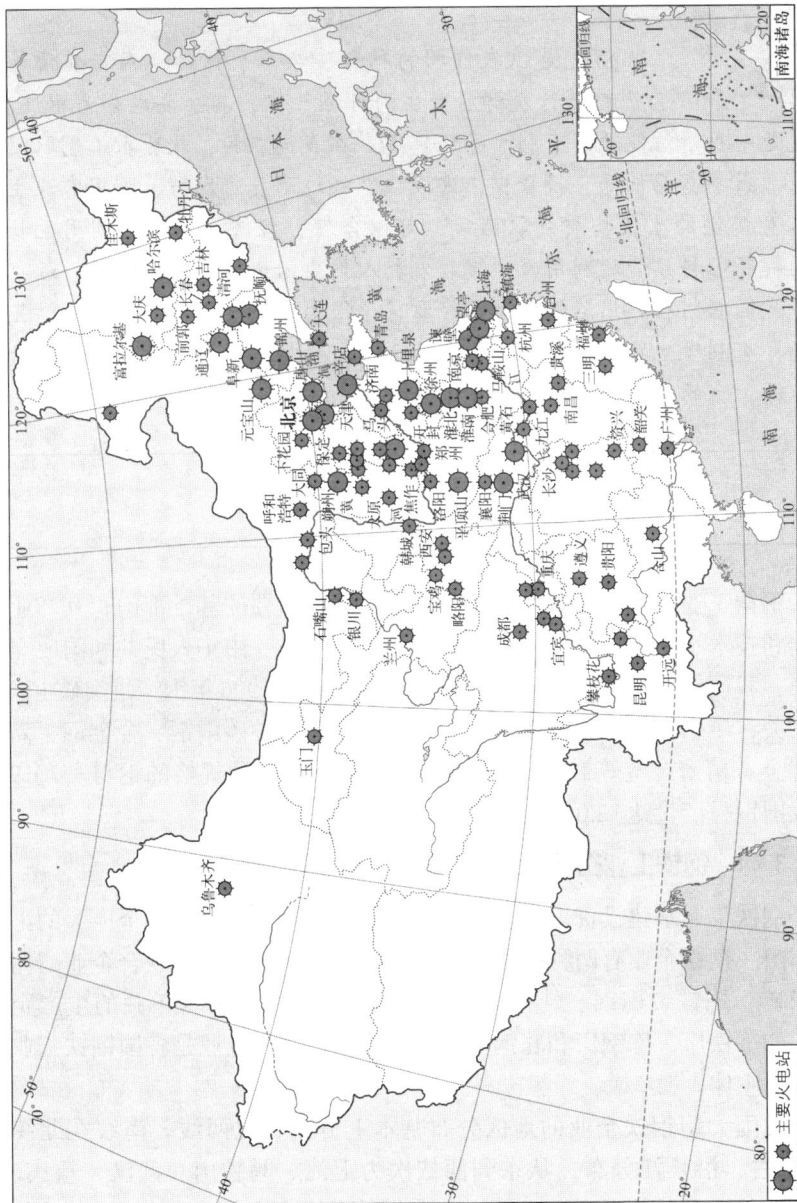

图3-6 中国主要火电站分布图

沼气

沼气是以农作物的秸秆、杂草、树叶、人畜粪便等为原料进行发酵后产生的可燃气体，其主要成分为甲烷。沼气是一种清洁能源，有利于净化环境。在我国农村，就地人工制取沼气，原料丰富而低廉，投资少，建设快。经过沼气池发酵，利用农业生产本身提供的生物物质制取沼气，可以合理、经济、有效地利用生物能，提高燃料热能的利用率，缓和农村人们生活燃料不足的矛盾。近年来，我国农村在利用沼气方面已经取得了很大的成绩，特别是南方，气温高，有利于生物物质发酵产生沼气，可常年持续供给，补充农民生活用能源，有的地方还用人工沼气进行发电。

3.7 钢铁与机械工业

钢铁工业是冶金工业的主体，是国民经济重要的基础部门，其产业规模和技术水平是一个国家综合国力的重要标志。中华人民共和国成立以来，我国钢铁工业发展迅速，产量直线上升。1996年钢产量突破1亿吨大关，雄踞世界第一。目前，我国已能生产各种碳素钢、合金钢、高温合金、精密合金等1 000多个钢种，能轧制上万种规格的钢材。2019年我国钢材产量达12.05亿吨。

3.7.1 钢铁工业布局

钢铁工业基建投资大、生产环节多、技术水平高，是一个庞大的工业部门。钢铁企业有两种基本类型，最主要的一种是钢铁联合企业，拥有采矿、炼铁、炼钢、轧钢及其他辅助部门；另一种为单独的生产企业，如炼铁厂、炼钢厂和轧钢厂等。大型钢铁联合企业是各国钢铁工业体系的主体。

我国大型钢铁企业的地区分布基本上分南、北两线。南线在北纬30°左右，沿长江分布，从东到西依次为上海、马鞍山、武汉、重庆、攀枝花等；北线在北纬40°左右，从东到西依次为鞍山、北京、太原、包头等。由于鞍山与本溪，北京、天津与唐山（钢铁基地）在地理位置上非常接近，可以将它们合起来作为一个大的钢铁基地看待。中国大型钢铁基地分布如图3-7所示。

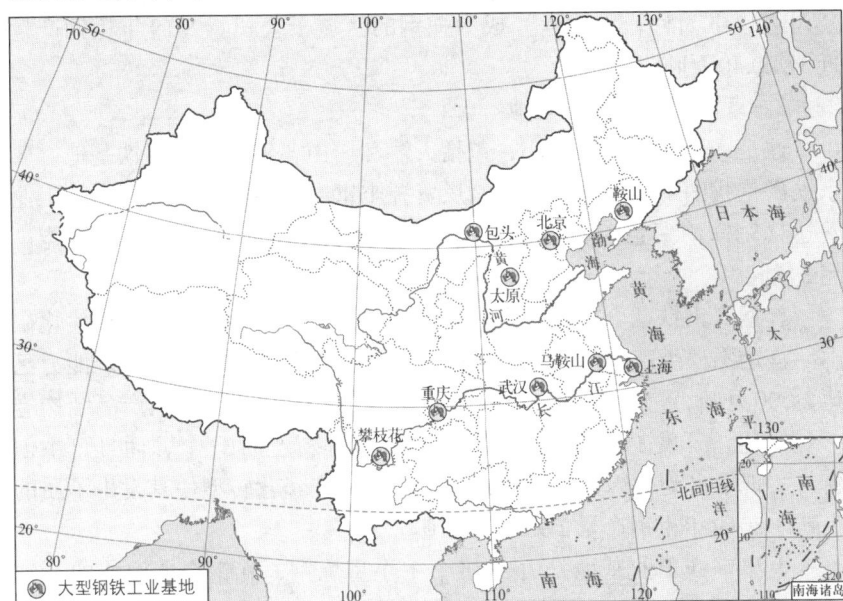

图3-7　中国大型钢铁基地分布图

1）鞍本钢铁工业基地

鞍本钢铁工业基地位于辽宁省中部，布局属近铁型，地理位置十分优越，邻近鞍本煤、铁矿和辽南重工业基地，交通方便，历来是我国最重要的钢铁工业基地，钢铁年产量逾千万吨，以鞍钢和本钢为主体企业，二者相距约100千米。

鞍山被誉为中国的"钢都"。鞍钢现已具备年产生铁约1 000万吨、钢近900万吨的综合生产能力，能生产型材、板材、管材和特殊轧制品等四大类各品种钢材。本钢是鞍钢的兄弟企业。其生铁的质量特别好，低硫低磷，理化性能好，有"人参铁"之称，历来是我国优质铸造生铁的生产基地。中华人民共和国成立以来，本钢几经改造，生产能力大幅度提高，产品结构得到很大改善。目前已具备年产生铁300多万吨、钢200多万吨、特殊钢20多万吨的综合生产能力。2005年8月，鞍山钢铁集团公司和本溪钢铁（集团）有限公司联合重组，成立鞍本钢铁集团。2010年5月，经国务院国资委批准，鞍本钢铁集团与攀钢集团有限公司联合重组为鞍钢集团公司（以下简称鞍钢）。从此，鞍山钢铁集团公司（以下简称鞍山钢铁）成为鞍钢的区域子公司。2019年粗钢产量近3 920.40万吨。

2）京津唐钢铁工业基地

这是一个以首钢为中心，包括天津和唐山各钢铁厂的钢铁基地。冀东铁矿是我国第二大铁矿，开滦煤资源丰富，且该地区交通便利，工业发达，钢铁消费量大，发展钢铁工业的条件十分优越。2014年产能已超2亿吨。

首钢属钢铁联合企业，拥有包括秘鲁铁矿在内的3个大型现代化矿山。首钢不仅生产普通钢，也生产特殊钢。目前，首钢钢铁生产能力已达2 000万吨，进入世界十大钢铁企业行列。2007年，首钢产品结构进一步优化，开发了管线钢、船板、帘线钢等新产品31个，而且自主创新，实现了自动化炼钢，从长材向板材的生产经营转型使其发生了质的飞跃。2019年粗钢产量2 934.30万吨。

天津钢铁工业基地是由20多个中小型炼钢、轧钢企业组成的。这些企业主要以废钢铁为原料，生产钢和钢材。河北涉县的天津铁厂年产生铁120多万吨，是天津生铁的供应基地。唐山钢铁工业基地以生产小型钢材为主。

3）上海钢铁工业基地

上海是我国钢铁工业的发源地之一，钢铁工业基础雄厚，拥有宝钢和上钢等十几个厂。1990年上钢与宝钢联合创建新的宝钢集团，成为国内、国际都非常有名的钢铁联合企业。宝钢集团又于1998年下半年和上海冶金控股（集团）公司、上海梅山（集团）有限公司实行强强联合。联合后的集团公司以宝钢为主体，位列全球钢铁企业第四位，盈利居世界钢铁行业第二位。宝钢是成套引进国外先进设备建设起来的现代化大型钢铁联合企业。在钢铁制造领域，宝钢通过实施环境经营、推进智慧制造，生产高技术含量、高附加值、绿色的钢铁精品，已形成普碳钢、不锈钢、特钢三大产品系列。这些钢铁精品在满足国内市场需求的同时，还出口至亚非欧美的四十多个国家和地区，广泛应用于汽车、家

中国经济地理

电、石油化工、机械制造、能源交通、金属制品、航天航空、核电、电子仪表等行业。在汽车板领域，宝钢成为世界上第一个具备第一、第二和第三代先进高强钢供货能力的厂商。2016年，宝钢连续第十三年进入美国《财富》杂志评选的世界500强榜单。

4）武汉钢铁工业基地

武钢位于武汉青山区，铁矿石主要来自大冶，不足部分从海南调入或进口，焦煤由平顶山供给。武钢是建于20世纪50年代、60年代扩建、70年代采用现代化设备装备起来的大型钢铁联合企业，并于1992年年末经中央批准组建武钢（集团）公司。其拥有从矿山采掘、炼焦、烧结到冶炼、轧钢等的一整套工艺设备，总生产能力为1 800万吨，产品有7大类600多个品种。主要生产热轧卷板、冷轧卷板、镀锌板、镀锡板、冷轧硅钢片、彩色涂层板以及大型型材、线材、中厚板等。2001年研制的耐火耐候钢，已应用于国家大剧院和中国残疾人体育艺术培训基地等重要建筑工程。

2016年9月经国务院批准，宝钢集团有限公司和武汉钢铁（集团）公司实施联合重组。二大钢铁巨头重组后，总资产超过7 000亿元、年产能达到6 000万吨，规模位列中国第一、全球第二，成为钢铁"巨无霸"。集团将按照高端化、智能化、绿色化、服务化的发展原则，实施"钢铁主业一业特强、相关产业协同"的业务组合，聚焦钢铁主业"做精、做强、做优"，引领示范行业转型升级，全面提升全球影响力，强化相关产业对钢铁主业发展的全面支撑，打造具有竞争力的绿色智慧钢铁产业生态圈。2019年粗钢产量9 311.90万吨。

5）马鞍山钢铁工业基地

马钢濒临长江，交通方便，毗邻铁矿，地近煤炭产地，发展钢铁工业条件良好，粗钢年产能力达1 200万吨，是我国唯一生产火车轮箍的钢铁企业。其现已建成车轮轮箍、高速线材、H型钢、钢筋、冷轧、镀锌、彩涂等20条具有国际标准的生产线，形成了独具特色的"板、型、线、轮"产品结构。

6）重庆钢铁工业基地

重钢位于重庆市大渡口区，以重庆钢铁（集团）有限公司和重庆特殊钢厂为主体，能生产多品种钢材，拥有年炼钢达100万吨、产钢材

100多万吨的生产能力。其原料主要来源于綦江铁矿，但现在綦江铁矿已无法满足重钢需要，原料需从外地调入一部分，从而形成了采矿小于炼铁、炼铁小于炼钢、炼钢小于轧钢的"倒金字塔形"结构。今后，重钢应充分利用长江运输的便利条件调入铁矿石，把重钢建设成炼铁、炼钢和轧钢能力相协调的钢铁联合企业。

7）包头钢铁工业基地

包钢主要是利用白云鄂博铁矿发展起来的。该铁矿稀土、铌和钍储量分别居世界第一位和第二位，独特的资源优势形成了包钢在世界冶金企业中罕有的以钢铁和稀土为主业的产业优势。因此，包钢在生产钢铁产品的同时，还生产大量的稀土产品，成为全国最大的稀土生产、科研基地和重要的稀土信息中心。稀土产业曾为"神舟五号""神舟六号"提供了用于新型制导器件关键部件的磁性材料。目前已形成1 850万吨以上铁、钢、材配套生产能力，是世界最大的钢轨生产基地、我国品种规格最为齐全的无缝钢管生产基地之一、西北地区最大的板材生产基地。白云鄂博矿铁与稀土共生的资源特色造就了包钢独有的"稀土钢"产品特色，钢中含稀土，更坚、更强、更韧，广受用户欢迎。

8）攀枝花钢铁工业基地

攀钢建于1965年，是我国自己设计、自己制造设备、自己安装建设起来的一个大型钢铁工业基地，也是我国战略后方最大的钢铁联合企业。攀枝花铁矿富含钒钛元素。攀钢在生产钢铁的基础上，也生产钒钛产品，目前已发展成为世界最大的钒钛提炼基地，现已具备年产铁720万吨、钢780万吨、钢材700万吨、钒制品（以五氧化二钒计）2万吨、钛精矿30万吨、钛白粉8万吨的综合生产能力。2010年与鞍山钢铁集团联合重组，成为鞍钢集团区域子公司。

9）邯郸钢铁工业基地

邯钢是我国首家年产钢超过200万吨的地方钢铁公司。其创造的"模拟市场核算，成本否决"法已被推广到全国各工业企业。

3.7.2 机械工业

机械工业是制造各种机器设备的生产部门，主要包括工业设备制造业、运输机械制造业和农业机械制造业。中华人民共和国成立至今，我国已形成门类齐全、布局合理、具有相当规模和水平的机械工业体系。机械工业已能为我国国民经济各部门提供成套设备，包括大型燃气轮机、大型抽水蓄能机组、核电机组等发电设备，超高压直流输变电设备，大型冶金、化肥和石化成套设备，城市轨道交通设备，新型造纸和纺织机械等。不少机械产品已达到国际先进水平，并打入国际市场。

1）工业设备制造业

工业设备制造业是一个生产装备工业本身的各种机器设备的产业部门，主要包括重型机械、通用机械、机床工具、仪器仪表、发电设备和轻纺设备的制造等。

（1）重型机械。它主要包括冶金、矿山、起重和工程等设备。这些设备大而重，消耗金属多，生产周期较长。其布局一般毗邻钢铁工业基地或矿山。我国有上海、沈阳、富拉尔基、德阳、太原、北京、天津、洛阳、大连和广州等十大重型机械工业基地。富拉尔基的中国第一重型机械集团公司（原第一重型机器制造厂）是我国规模最大的重型机械制造企业，主要生产金属专用设备、重型锻压设备和大型铸锻件设备等。德阳的中国第二重型机械集团公司（原第二重型机器厂）主要生产轧钢设备、水压机、飞机和汽车模锻件等。上海重型机器厂有限公司是我国东南地区最大的重型机械制造厂和铸造中心。中信重型机械公司（原洛阳矿山机器厂）是我国最大的矿山设备制造企业。大连是我国最大的起重机生产基地。

（2）通用机械。它主要包括石化设备、工业泵、阀门、气体压缩机、空气分离设备、冷冻设备和环境保护设备等。我国现有通用机械制造企业众多，可生产47 000多个品种。上海是我国最大的通用机械制造中心，其产值约占全国总产值的25%，上海也是我国最大的电动工具生产中心；沈阳和大连为我国重要的工业泵、阀门、石化设备和橡胶塑料机械装备制造中心，大连还是我国最大的制冷设备生产中心；杭州是我国最大的空气分离设备生产中心；洛阳是我国最大的轴承生产中心；北京是我国最大的印刷机生产中心。

（3）机床工具。它主要包括金属切削机床、锻压设备、木工机械、标准紧固件、量具、刃具和磨具等。机床工具是国民经济各部门的基本生产工具，其制造业因此被誉为"机械工业之母"。我国机床工具制造业地区分布广泛，沪、辽为我国最重要的机床工具制造业基地，其合计产量占全国总产量的1/3以上。普通机床生产主要分布在上海、沈阳、北京、齐齐哈尔、济南、无锡、南京、武汉、重庆、西宁、杭州等地；精密机床生产主要集中在上海、北京、哈尔滨、成都、昆明等地；重型机床生产主要分布在武汉、西宁、上海、济南和芜湖等地。

（4）仪器仪表。它主要包括自动化仪表、光学仪器、材料试验机、电影机械和照相机等。仪器仪表工业生产技术要求高，工艺复杂，布局一般在科技中心或工业发达的城市。上海是我国最大的仪器仪表制造中心，产值占全国的1/3。上海、天津、大连、哈尔滨和西安等地是工业自动化仪表生产中心；牡丹江、桂林、贵阳、宜昌等地是电工仪器仪表生产中心；照相机生产则以上海、广州和常州等地较为集中。

（5）发电设备。它是中华人民共和国成立后发展起来的一个新兴机械工业部门，发展极其迅速，其产值已占工业设备制造业总产值的1/3左右。我国发电设备制造有哈尔滨、上海、四川（德阳、绵竹、自贡）三大生产中心。上海是我国最大的火电设备生产基地；哈尔滨是我国最大的水电设备生产基地。此外，北京、天津、武汉、南京、洛阳和杭州也有一定规模的发电设备制造业。

（6）轻纺设备。它包括纺织机械和轻工机械，产品种类比较单一，技术要求不太复杂，一般布局在消费地。我国纺织机械有上海、榆次、郑州、天津、咸阳和青岛等生产基地；轻工机械制造业分布在上海、天津、广州、西安、大连、辽阳、安阳、合肥和唐山等地。广州是全国最大的制糖机械生产中心；上海是全国最大的食品机械生产中心。

2）运输机械制造业

运输机械包括汽车、机车车辆、船舶和飞机等。它们是现代化交通运输发展的关键。

（1）汽车工业。我国目前已能生产载重货车、越野汽车、自动汽

166　　　　　　　　　　　　　　　　　　　　　　中国经济地理

车、牵引车、客车、轿车六大类。20世纪90年代以来，我国汽车工业保持多年快速发展势头，产量已从1990年的51.4万辆增长至2019年的2 567.67万辆，其中轿车占40.06%。发展汽车工业需要高技术和大量资金的投入，生产高度集中化、大企业主宰市场是汽车工业的最大特点。20世纪末，全球九大汽车霸主结盟，宣布成立新的贸易联合会，取代原来的美国汽车制造业联合会，总部设在华盛顿。这九大汽车公司分别为美国通用、福特公司，德国宝马、大众和戴姆勒-克莱斯勒公司，瑞典沃尔沃公司，日本的马自达、日产和丰田公司。它们代表了当今世界汽车制造业的最高水平，统治着当今的国际汽车市场。我国为应对国际竞争，企业重组的步伐也在加快。20世纪90年代末，我国已把过去的120家主机厂调整为13家，生产集中度达90%。1999年国家机械工业局又提出，汽车行业重点支持"上汽"、"一汽"和"东风"三家，逐步由这三家以各种方式联合其他企业，形成中国汽车工业的三大巨头，如"一汽"与"天汽"的强强联合、"上汽"与"东风"的部分项目重组等。

①第一汽车制造厂。其简称一汽，始建于1953年7月，位于吉林省长春市，被誉为中国汽车工业的摇篮。其"解放""红旗"两个民族品牌，在我国汽车工业发展史上留下了不朽的篇章。70年来，一汽经历了建厂创业、产品换型和工厂改造、上轻型车和轿车三个大规模发展阶段，产品生产已由单一卡车向轻型车和轿车方面发展。现在，一汽已是我国特大型企业，拥有全资子公司30家，控股子公司17家，其中包括一汽解放汽车、富奥汽车零部件有限公司等全资子公司和一汽轿车、天津一汽夏利、一汽四环汽车股份有限公司等上市公司及一汽-大众汽车、天津一汽丰田汽车有限公司等中外合资企业。

②第二汽车制造厂。其简称二汽，又称东风集团汽车公司，于1969年在鄂西北的十堰市正式施工建设。经过50多年的发展，现已形成以十堰为中心，包括襄樊、武汉等地的300多家汽车生产及配套企业在内的我国最大的汽车工业基地，拥有东风小霸王、东风多利卡、东风信天游、东风之星、东风金刚、东风霸锐、东风客车7大系列700多个品种，也是我国最大的中重型柴油机生产基地。1992年与法国雪铁龙公司合作，组建二汽神龙汽车有限公司，生产神龙富康轿车和爱

丽舍轿车等；2004年成功收购"郑州日产"。

③上海汽车工业（集团）总公司。其简称上汽，是以轿车为主的汽车生产基地。1985年其与德国合资，组建上海大众汽车集团，以生产"桑塔纳"轿车为主；1993年"桑塔纳"轿车突破10万辆大关；1997年与通用汽车公司共同出资组建上海通用汽车有限公司，主要生产"别克"轿车。上汽在发展过程中，坚持自主开发与对外合作并举，一方面通过加强与德国大众、美国通用汽车等全球著名汽车公司的战略合作，形成上海通用、上海大众、上汽双龙、上汽通用五菱、上海申沃等系列产品结构；另一方面集全球资源，加快技术创新，推进自主品牌建设，相继推出了"荣威"品牌和"750系列"产品，逐步形成了合资品牌和自主品牌共同发展的格局。上汽集团除在上海当地发展外，还在柳州、烟台、沈阳、青岛、仪征等地建立了自己的生产基地，直接管理持股51.16%的韩国双龙汽车公司，拥有韩国通用大宇10%的股份，在美国、欧洲、中国香港、日本和韩国设有海外公司。

上汽以20.95亿元和上海汽车3.2亿股股份，约合107.38亿元收购南汽集团控股股东——跃进集团的全部汽车业务，从而使上汽集团成为中国最大、世界一流的汽车企业。上汽与南汽联合后，短期内将实现年产销汽车200万辆，成为中国汽车业的"航空母舰"。其有力地推动了全国汽车业的兼并重组，有利于改变当前中国汽车业分散发展的局面。

【小知识3-5】

全球汽车业转型趋势

"重型卡车的反光镜不见了，取而代之的是摄像头和传感器；厢式货车搭载无人机；纯电动巴士结合车联网，城市公交更加安全环保……"2016年9月24日在德国汉诺威举行的2016年国际商用车展描绘了未来城市物流和人类出行的新图景，也预示了汽车工业数字化转型和进一步应用替代能源的趋势。

顺应全球汽车业向数字化和新能源转型的趋势，中国车企抓住"弯道"机遇，积极参与国际合作，并在国际舞台上展示出自信和竞争力。

　　　　　　　　　　　　　　　　　　中国经济地理

据德国汽车工业联合会介绍，2016年汉诺威商用车展的海外展商比例达61%，中国展商约230家，是最大的海外参展群体。展位现场，从重型卡车、长途大巴到城市公交，福田、比亚迪、中国中车等整车制造企业在车展上亮出了中国制造的新实力。其中，福田超级重卡欧曼EST开上戴姆勒展台，与世界首款获得上路许可的自动驾驶卡车等高端重卡同台而立；比亚迪展出了全球首款纯电动旅游大巴C9欧洲版，采用磷酸铁锂电池，综合工况下续航能力达200千米；中国中车展示了两款运用高铁技术的纯电动城市客车。

参展的中国企业普遍表示，在传统汽车发动机领域，中国企业竞争力偏弱。然而，在全球日益注重低碳环保的新形势下，凭借电力驱动方面较深厚的技术积累，中国企业在电动车方面具有一定的先发优势。比亚迪在电池、电机、电控等方面有着长期技术积累。浙江南车电车有限公司参展的18米超级电容储能式现代电车，不久将行驶在奥地利格拉茨市的公交线上，其具有寿命长、充电时间短等优势。

全球汽车业转型覆盖整个产业链，国际合作的重要性日益凸显。整车制造企业推动汽车业数字化转型，但没有供应商的参与不可能实现。今年6月，福田汽车携手康明斯、采埃孚、大陆集团、百度等成立中国互联网超级卡车全球创新联盟，整合全球创新资源和要素，构建全球超级卡车创新发展平台。

资料来源　根据《光明日报》2016年9月25日相关报道整理得来。

（2）飞机工业。我国飞机制造业创立于20世纪50年代初期，在80年代以前，以研制、生产军用飞机为主。目前，我国生产的多数机型都是参考苏联20世纪五六十年代设计的老机种，技术落后，经济性、舒适性差，与世界先进水平存在很大的差距。国产主要飞机型号为：通用飞机有Y5型军民两用机、Y5B型民用机、Y11型轻型农林飞机及其改型机Y11B（I）、农林机H5A等；支线客机有Y12型（17座、19座）客机、Y7系列飞机（50座，包括Y7-200B、Y7-200A等）；大中型客机有MD82/83型，系进口零部件组装；货运飞机有Y8系列及在Y7基础上改型的Y7H-500货机。2015年国产C919大型客机总装下线。我国飞机制造中心有西安、上海、沈阳、南昌、成都、哈尔滨等。

（3）船舶制造业。我国是世界造船业发展较早的国家之一。中华人民共和国成立后，特别是20世纪80年代后，我国造船工业迅速崛起。目前，造船承接量仅次于韩国和日本，其产品性能和建造工艺已达到国际先进水平。生产的船舶除满足国内需要外，还出口至20多个国家和地区。我国两大海洋船舶制造中心为上海和大连，其次有广州、天津、青岛、马尾（福州）和秦皇岛等沿海港口。武汉是我国最大的内河船舶制造基地。

（4）机车车辆制造业。我国机车车辆生产发展迅速，产量已居世界第二位。1988年后，我国停产蒸汽机车。其主要基地有大同、大连、唐山、北京、青岛、资阳和株洲等，以大同的生产规模为最大。长春是我国最大的铁路客车生产基地，齐齐哈尔是最大的货车生产基地，武汉是著名的冷藏车生产基地。

3）农业机械制造业

农业机械包括各种拖拉机和用于农林牧副渔生产的各种机械，其中最重要的是拖拉机。2014年我国大中型拖拉机产量为64.37万台，2019年产量下降为28.08万台，我国的拖拉机生产主要集中在东部地区。大型农用拖拉机生产集中在北方，主要分布在洛阳、沈阳、天津、鞍山、长春等地；中小型拖拉机生产集中在南方，有南京、南昌、上海、常州、南宁、柳州和武汉等生产基地。洛阳是我国最大的拖拉机生产基地；联合收割机生产基地主要在开封、佳木斯和四平等地。

【小思考3-7】

我国的钢铁工业布局有何特点？

答：我国钢铁工业布局的特点是：除了宝钢属于近海型外，其他钢铁企业基本属于近铁型。

3.8 化学工业

化学工业属于知识和资金密集型行业，在生产工艺、技术、对资源的综合利用和生产过程的严格比例性、连续性等方面，比一般工业部门突出。化学工业有化学采矿业、无机化工、有机化工、化肥工业、医药

中国经济地理

工业和橡胶工业六大部门，以前四大部门为主体。

3.8.1 无机化学工业

无机化学工业是指生产"三酸两碱"（硫酸、硝酸、盐酸和烧碱、纯碱）以及其他一些无机酸碱的化工部门，又称酸碱工业。其产品既是化工的基本原料，也是国民经济其他各部门不可缺少的原料。

1）硫酸

硫酸是产量最大、用途最广的化工产品，有"工业血液"之称。我国硫酸产量位居世界前列，2019年产量达9 119.24万吨，比上年增长9.16%。硫酸是液体产品，腐蚀性强，运输不便，布局趋向消费地，加之我国黄铁矿资源（生产硫酸的主要原料）分布广泛，因此，我国硫酸生产以中小企业为主，分布较分散，全国除西藏外，各省市区均有生产。2019年产量超过600万吨的有滇、鄂、鲁、黔、川、皖等省，其中以云南省产量最高，达1 460.21万吨。

2）硝酸

硝酸多用于化肥、国防、染料和医药等工业部门。硝酸生产以合成氨为原料，因此多与氨肥工业结合，以集中布局为主。兰州和吉林是我国最大的两个硝酸产地。

3）盐酸

盐酸主要用于冶金和电镀工业等工业部门。它是烧碱工业的副产品，因此，我国盐酸生产分布与烧碱的生产分布基本一致。上海和天津为主要生产中心。

4）烧碱

烧碱主要用于化工、化纤、染织、造纸和炼铝等工业部门。我国烧碱主要以原盐为原料，采用电解法生产。2019年产量达3 457.89万吨。由于碱液不易运输，烧碱的生产一般布局在消费地或电力充足地区。全国除西藏外，各省市区均有生产，2019年产量超200万吨的有鲁、内蒙、苏、新、浙等5省区。

5）纯碱

纯碱主要用于玻璃和玻璃制品以及化工、冶金、造纸、洗涤剂等工业部门。纯碱生产需消耗大量的原盐，所以生产宜布局在原盐产地。我国是世界纯碱生产大国。2019年产量达2 986.46万吨，其中苏、豫、青、鲁等4省产量超400万吨。

3.8.2 有机化学工业

有机化工分为基本有机原料工业和有机合成工业两大类。

1）基本有机原料工业

基本有机原料工业以煤炭、石油和天然气等为原料，生产烯烃、芳香烃、炔烃及其化合物醇、醛、酮和有机酸类等基本有机原料，供进一步生产有机合成产品用。以石油和天然气为原料的叫石油化工，以煤为原料的称煤化工，我国以前者为主。主要石化基地有淄博、上海、大庆、南京、抚顺、北京、天津、辽阳、吉林、锦州、仪征、岳阳、宁波、广州和兰州等；煤化工基地主要有潞城、太原和吉林等。

2）有机合成工业

有机合成产品包括合成塑料、合成橡胶、合成洗涤剂、合成化纤、染料和农药等。近年来，我国有机合成工业发展迅速。其生产分布与大多数工业部门一样，相对集中于东部沿海和东北地区，以鲁、京、津、沪、苏、辽、吉、黑、晋、甘等省市规模最大。有机合成工业布局一般与基本有机原料工业布局结合在一起，形成综合性的有机合成工业基地。

我国重要的有机化工基地包括淄博、上海、北京、吉林、兰州和南京等地，其中淄博是我国最大的有机化工产品的生产基地，主要生产合成氨、尿素和合成橡胶等；上海的高桥石化和金山石化主要生产化纤、塑料以及各种化工原料；北京燕山石化主要生产塑料、橡胶、聚酯等有机合成材料；吉林是大型综合性有机化工基地，主要生产各种基本有机产品和有机合成产品，其中染料和电石在全国占有突出地位；兰州主要生产甲醇系列产品、合成橡胶、塑料、合成纤维及各种基本有机原料等；南京以金陵石化、扬子石化和仪征化纤为主体企业，其中合成纤维、塑料、合成洗涤剂原料（烷基苯）在全国占有重要地位，为全国最大的化纤原料和合成洗涤剂原料生产基地。

中国经济地理

3.8.3 化学肥料工业

化学肥料是指人们用化学方法大规模生产或机械加工而成的肥料。目前，世界各国化肥的品种约在100种以上，其中氮、磷、钾肥约50种，微量元素肥在60种左右，产量最大的是氮肥、磷肥、钾肥和这三者（有时也根据需要添加其他营养元素）按一定比例混合而成的复合肥。化肥所含的有效成分比天然肥料（农家肥料、有机肥料）高得多，使用得当，能大大提高作物产量。近年，我国又在化肥的品种结构上进行改良，增加复合肥的比重，现已开发了5大系列70多个品种的复合肥。化肥是促进农业生产发展的必要物质资料，在实现农业现代化方面具有重要的地位和作用。2019年我国氮、磷、钾化肥产量为5 731.18万吨。

1）氮肥

氮肥是农业生产需要量最大的一种化肥。2019年我国氮肥总产量为3 556.25万吨，约占农用化肥总产量的62.05%。目前，我国多以煤、石油、天然气、水和空气为原料生产尿素、硫铵、硝铵、碳酸氢铵、氨水等多种氮肥。我国氮肥工业大多是大中小企业相结合，全国除少数边远省区外，都建有年产10万~30万吨合成氨的氮肥厂。

2）磷肥

磷肥以磷矿和硫铁矿为主要原料，生产普钙和钙镁磷肥等。2019年全国磷肥产量为1 308.40万吨，占化肥总产量的22.83%。鉴于中国大部分地区土壤缺磷，因此，发展磷肥工业很重要。我国磷肥的生产集中分布在磷矿资源丰富的南方，主要有川、鄂、滇、苏、皖、豫、湘等7省。

3）钾肥

钾肥以钾盐为主要原料。我国钾盐资源贫乏，保有储量仅约4亿吨，主要分布在青海柴达木盆地、云南普洱、四川自贡等地，其中柴达木盆地的察尔汗盐湖是我国最大的钾盐矿区。钾肥主要生产基地有察尔汗、普洱、天津、北京、温州和瑞安等。位于察尔汗的青海钾肥厂，是我国最大的钾肥生产企业。

4）复合肥

复合肥（也称复肥）是指含有两种以上养分的化学肥料。它具有体积小、有效成分高、对土壤副作用小、经济效果好等优点，是世界化肥生产的主流品种。目前，我国生产的复肥的主要品种有磷酸铵、硝酸磷肥等。

此外，我国近年还发展了硼肥、锌肥、锰肥等微量元素肥种，满足了农业生产的需要。

3.9　高技术工业

高技术工业一般包括新能源、新型材料、电子信息、航空航天、生物工程、海洋工程及光机电一体化等领域。其区别于传统的劳动密集型工业，属知识密集型工业，具有高智力、高难度、高技术、高投资、高风险、高竞争、高效益、高渗透、高潜能等一系列特点。因此，高技术工业的布局对软环境和交通、水质、气候等硬环境的要求很高。中华人民共和国成立后，我国在很短的时间内成功地研制了"两弹一星"，迅速带动了我国高技术工业的发展，尤其是改革开放以来，我国高科技产业化的发展成就举世瞩目。高技术产品出口额占工业制成品出口额的比重由1995年的7.93%提高到2019年的29.24%，我国已经初步形成了长江三角洲、珠江三角洲、环渤海等各具特色的高技术产业带。信息技术、现代生物技术等高新技术在农业、机电和冶金等传统产业及金融、商贸等领域得到越来越广泛的应用；微电子、计算机、核工程、生物工程、航天工程、通信工程、新材料、新能源等新兴技术迅速发展，其新产品销售收入2014年达到14.29万亿元。

3.9.1　新能源与新材料工业

新能源是指最近若干年才开始被人类利用的能源，或者过去虽被利用过但现在又有了新的利用方式的能源，如核能、地热能、潮汐能、风能、太阳能、沼气等。核能是靠核用燃料在反应堆中"燃烧"发热而产生的能源。通常，0.5千克的铀能产生300小时热量，而0.5千克的煤只产生 1 小时的热量。因此，用核能发电燃料成本低，且不污染环境，但建设成本高，周期长，技术要求高。目前，全世界建有 400 多座核电站，大部分分布在经济发达国家，发电量占世界总发电量的 17%。我国核电站最先选建于经济发达、耗电特大而能源又奇缺的长江三角洲和珠江三角洲等地区，最早建设的是秦山核电站和大亚湾核电站。秦山核电站位于浙江海盐县，第一期工程装机容量为 30 万千瓦，1991年 12 月，秦山核电站首次并网发电，1995 年 7 月通过国家竣工验收，这是我国核电工业发展的里程碑，标志着我国成为世界上第七个自行设计建造核电站的国家。2004 年 5 月，秦山核电二期工程二号机组正式投入商业运行，这标志着我国实现了由自主建设小型原型堆核电站到自主建设大型商用核电站的重大跨越。它主要为长江三角洲、华东电网和华东经济区送电。大亚湾核电站位于广东的深圳市，规模为180 万千瓦，一号机组和二号机组分别于 1993 年 8 月和 1994 年 2 月并网发电。除满足广东省用电外，还送电香港，对稳定和发展香港经济起到了积极作用。此外，我国还建有田湾核电站（位于江苏省连云港市，中俄合作项目），岭澳核电站（在大亚湾核电站以西 1 000 米处）等。我国核电近几年发展较快，至 2020 年 2 月已建和在建的约 20 个核电站广布沿海岸线辽宁省至广西省，2019 年全国 47 台运行核电机组(不含台湾)发电量为 3 481.31 亿千瓦时，约占全国总发电量的 4.88%，比上年增加 18.09%。

我国新材料研制虽起步较晚，但是本着瞄准前沿、积极跟踪、重点突破的原则，研试和生产都取得了可喜的进展。当今世界，在精细陶瓷、复合材料、光导纤维、激光材料、超导材料、形状记忆合金、非晶态材料、纳米材料等新材料的生产领域，我国有的早已实现产业化，有的正在加紧研试。我国新材料研试的院所和生产企业主要分布在北京、上海、武汉、广州、福州等城市的科技工业园区以及其他重要工业城市。

3.9.2 电子信息工业

电子信息工业是高技术工业的中枢和先导。与其他高技术工业相比，我国的电子信息工业起步较早，发展速度较快，效益较高。按用途分，电子产品一般可分为三类，即以计算机和通信设备为代表的投资类产品，以彩电、录像机、"DVD"为代表的消费类产品和以集成电路为代表的基础类产品。2019年，我国计算机、通信和其他电子设备制造业新产品销售收入占新产品销售总收入的80.79%。

计算机是电子信息技术的重要标志，反映着一国电子信息工业发展水平的高低和实力的大小。从20世纪60年代到70年代，我国基本依靠自己的力量走完了电子管、晶体管、中小规模集成电路三代计算机的发展历程，80年代开始向第四代计算机（超大规模集成电路）过渡，并且很快研制出大型电子计算机，成为世界上少数几个能生产大型计算机的国家之一。进入90年代，我国计算机技术的发展日新月异，产业规模迅速扩大。目前，我国已拥有计算机制造企业1 000余家，具备微、小、中型机的开发与批量生产能力，全行业从业人员近100万人，其中软件开发人员已超过15万人。1995年年底，我国第一批国产第六代高能奔腾微机在联想、长城、方正3家集团同时诞生，实现了与全球第一批高能奔腾微机的同步开发，标志着我国PC机开发技术水平走向了世界发展的最前沿。随着2004年每秒峰值运算速度11万亿次的曙光4 000A在上海超级计算机中心正式启动，2008年，我国首台超百万亿次超级计算机曙光5 000A在天津下线；2009年，我国第一台千万亿次超级计算机系统"天河一号"研制成功；2010年11月，国际超级计算机TOP500组织正式发布第36届世界超级500强排行榜，"天河一号"以优异性能位居世界第一，实现了中国自主研制超级计算机综合技术水平进入世界领先行列的历史性突破。2020年"九章"又创造超级计算机最快速度。20世纪末，多媒体、互联网是人们茶余饭后的话题之一。21世纪已进入"e"时代，宽带网已接入千家万户，上网、微博、博客、"QQ"、微信已成为绝大部分人生活中必备的内容，学习、生产和生活与网络紧密相联，成为获取公共服务的新平台。2020年，中国有9.89亿网民，网络视频用户达9.27亿人，手机是人们随身携带的移动网络平台。

此外，原子弹、氢弹爆炸，卫星上天，运载火箭发射成功，正负电子对撞机建成，"神舟"奔月、载人飞船、"天问一号"人造火星卫星，这些代表新中国科技尖端水平的项目，无不聚集了电子信息技术的精华。我国消费类电子产品主要为电视设备。20世纪70年代末，我国就已研制成功了彩电。目前，我国能生产彩色电视机、发射机、差转机等多种产品，已能够适应中央、省、市、县四级办电视的需要。

我国电子信息工业比其他高技术工业分布广，已形成了一线多点的基本格局，即以桂、粤、琼、闽、浙、沪、苏、鲁、津、京、冀、辽等沿海省市组成的电子信息工业带和以川、陕、贵等地组成的多个电子信息工业基地。2019年，我国微型计算机设备产量3.42亿台，移动通信手持机16.96亿台。

2019年，粤、豫、渝、川、京、苏、赣、浙、沪等9省市微型计算机产量均在4 000万部以上，合计产量约占全国总产量的89.12%；是我国计算机生产的中心。北京拥有国内最强的科研开发力量，发展计算机产业条件优越。我国著名的计算机企业联想、长城、方正等的总部均设在北京。

目前，我国软件的骨干企业有紫光、四通利方、用友、王码、联想、方正、蓝通、中软、先锋、瑞星等。软件企业在国内已形成较广泛的分布，但以珠海、北京、上海、深圳、沈阳等城市中数量较多，其中上海和珠海已被国家确定作为我国软件产业的两大基地，我国手机著名品牌主要有华为、小米等，其总部分别设在广东省的东莞和北京。

3.9.3 生物工程、空间技术与海洋开发

我国十分重视生物工程技术的研制，通过攻关，基因工程制药产业已初见端倪，单是"七五"期间就完成了7个品种的工艺中试、临床或大面积试验，特别是基因工程乙肝疫苗的研制成功，标志着我国基因治疗药物的研究进入了国际先进行列。目前，基因工程乙肝疫苗已形成百万人份的生产能力。此外，培育转基因动物及植物工程也迈出了关键的一步，单克隆抗体诊断试剂盒已进入市场，植物细胞工程继续保持国际领先地位。

中华人民共和国成立以来，我国依靠自己的力量，建立和发展了具有世界先进水平的航天事业，成为世界空间技术强国之一。自20世纪70年代以来，我国已成功发射了几十颗不同类型的人造卫星，其中还

有国外卫星。例如，2004年我国就成功发射了"八箭十星"，即八发长征运载火箭，将十颗我国自行研制的卫星成功送入预定轨道。发射入轨的返回式遥感卫星、通信广播卫星和气象卫星等已应用于国民经济各部门，取得了良好的社会效益和经济效益。2007年，我国首次月球探测工程（嫦娥工程）圆满成功，这是继人造地球卫星、载人航天飞行取得成功之后我国航天事业发展的又一座里程碑。实现了中华民族的千年奔月梦想。2016年成功发射天宫二号，在太空完成了航天员中期驻留、推进剂在轨补加和在轨维修技术试验等三大任务。2020年"嫦娥五号"从月球带回月壤。这表明我国载人航天事业的主要任务从探索、突破、掌握载人航天技术，向空间科学实验和应用试验转变，标志我国载人航天工程进入应用发展新阶段，并引领高技术产业蓬勃发展。

【小知识3-6】

中国航空航天事业的巨大成就

2008年"首次进行太空漫步"。9月25日—9月28日，"神舟七号"载人航天飞行获得圆满成功。航天员翟志刚在刘伯明、景海鹏协助下成功完成首次空间出舱任务，并在天空中展示五星红旗。中国成为世界上第三个独立掌握空间出舱关键技术的国家。

2011年"天宫""神八"成功对接。9月29日，中国自主研制的"天宫一号"目标飞行器发射成功。11月1日，"神舟八号"飞船成功发射，3日与"天宫一号"成功实现首次无人交会对接，17日顺利返回着陆。中国从此成为世界上第三个独立完全掌握空间自动交会对接技术的国家。

2012年"首位女宇航员进入太空"。6月16日，载有景海鹏、刘旺、刘洋三位航天员的"神舟九号"载人飞船成功发射，18日和24日先后与天宫一号实现自动和手控交会对接，29日顺利返回着陆。

2013年6月11日成功发射"神舟十号"，3名航天员再次访问天宫一号。

2016年9月15日成功发射"天宫二号"。

2016年10月17日我国又成功发射"神舟十一号"飞船，目的是更好地掌握空间交会对接技术，开展地球观测和空间地球系统科学、空间应用新技术、空间技术和航天医学等领域的应用和试验。

2020年"嫦娥五号"从月球带回月壤；"天问一号"开启火星探测之旅。

海洋开发高技术领域包括海洋资源调查监测和海洋开发两个基本方面。当前，我国在海洋资源调查监测体系的建立、渔业资源和水产养殖、海底矿产资源勘探与采掘、海水化学资源、海洋能源以及海洋空间等方面的开发、利用都取得了可喜的成果。2004年，我国成功研制出可以下潜3 500米的水下机器人，2012年蛟龙号载人潜水器最大下潜深度达到7 062米。"十三五"期间，我国大深度载人潜水器在深海进入、深海探测、深海开发的征程上持续取得进展，载人深潜技术装备能力与自主创新水平显著提升。"奋斗者"号是目前国际上唯一能同时搭乘3人多次往返万米海深作业的载人深潜装备，2020年在首次万米海试中，"奋斗者"号联合"沧海"号深海着陆器，全球首次实现4K高清信号直播，同时获取了一批沉积物、岩石和海底生物样品，为进一步开展深渊科研提供了第一手资料。我国是海陆兼备的国家，随着世界进入海洋经济时代，一个新兴的海洋工业体系即将在我国建立和发展，建设"海洋强国"即将实现。目前，我国的主要海洋产业基地有上海、青岛、广州等，已具有一定的规模。

3.9.4　科技工业园区

科技工业园区是指高新技术产业的集中区域。自1985年7月我国建立第一个科技工业园区——深圳科技工业园至2019年年底，高新技术企业已达14.11万个，从业人员2 213.48万人，总收入达38.56万亿元，高新技术产品出口总额7 307亿美元。事实表明，高技术产业已成为我国经济增长的"闪光点"。

影响高技术产业布局的主要因素是社会经济和科技发展水平。一定的经济与科技实力是建设科技工业园区的基础与后盾。目前，我国除西藏外，各省市区均建有不同级别的高新开发区（科技工业园区），但主要分布在东部沿海和中部地区，其数量约占全部高新开发区数的4/5还多，详见表3-6。

表3-6　　　　**国家级高新技术产业开发区一览表（2019年）**

地区	省区	国家级高新技术产业开发区
东部沿海地区	广西	桂林、南宁、柳州、北海
	海南	海口
	广东	深圳、广州、中山、佛山、惠州、珠海、东莞、肇庆、江门、汕头、湛江、茂名、源城、清远
	福建	福州、厦门、泉州、莆田、三明、漳州、龙岩
	浙江	杭州、宁波、绍兴、温州、萧山、临江、嘉兴、莫干山、衢州、
	上海	张江、紫竹
	江苏	南京、苏州、无锡、常州、泰州、徐州、昆山、江阴、武进、常熟、连云港、南通、淮安、镇江、扬州、泰州、宿迁、盐城
	山东	济南、青岛、淄博、潍坊、威海、烟台、泰安、济宁、临沂、枣庄、德州、莱芜、黄河三角洲
	河北	石家庄、保定、燕郊、承德、唐山
	北京	中关村
	天津	滨海
	辽宁	沈阳、大连、鞍山、营口、辽阳、本溪、锦州、阜新
合计		84
中部地区	湖南	长沙、株洲、衡阳、益阳、湘潭、常德、彬州、怀化
	湖北	武汉、襄樊、襄阳、宜昌、孝感、黄石大冶、荆门、荆州、黄冈、咸宁、随州、仙桃、潜江
	江西	南昌、景德镇、新余、鹰潭、九江、抚州、赣州、吉安、宜春、丰城
	安徽	合肥、蚌埠、芜湖、马鞍山、淮南、铜陵狮子山
	河南	郑州、洛阳、安阳、新乡、南阳、平顶山、焦作
	山西	太原、长治
	内蒙古	包头、呼和浩特、鄂尔多斯
	吉林	长春、吉林、延吉、净月、通化
	黑龙江	哈尔滨、大庆、齐齐哈尔
合计		56

中国经济地理

地区	省区	国家级高新技术产业开发区
西部地区	云南	昆明、玉溪、楚雄
	贵州	贵阳、安顺
	四川	成都、绵阳、自贡、乐山、攀枝花、泸州、德阳、内江
	重庆	重庆、荣昌、永川、璧山
	陕西	西安、宝鸡、杨凌、渭南、榆林、咸阳、安康
	甘肃	兰州、白银
	新疆	乌鲁木齐、昌吉、石河子
	宁夏	银川、石嘴山
	青海	青海
合计		32
总计		172

【小思考3-8】

科技工业园区在地区分布上有何特点?

答:科技工业园区主要分布在东部沿海地区,其中又主要集中在我国经济最发达的珠江三角洲、长江三角洲和环渤海地区。

本章小结

❈ 工业是国民经济的主导力量。它具有技术性、协作性、连续性、广泛性、均衡性等特点,布局一般趋向于原料地、消费地和技术发达地区。改革开放以来,我国工业发展迅速,改革成果显著。

❈ 食品工业是以农副产品为主要原料加工人们食(饮)用产品的生产部门。它包括粮油加工等24个行业。

❈ 粮油加工业的布局趋向于原料地和消费。碾米工业主要分布在南方和东北的稻谷集中产区,且90%的加工能力在县城及其周边地区。面粉工业主要分布在长江以北的小麦主产区和消费区，且一般大型面粉厂都布局在各区的中心城市。植物油脂加工业的布局趋向于各种原料的集中产区。大豆油脂加工业主要分布在东北的一些大城市；花生油加工业主要分布在鲁、粤、闽等省；菜子油加工业主要布局在沿长江两岸的各省市；芝麻油加工业分布在郑州、安阳、武汉等地。制糖工业属产品失重大的产业，所以布局趋向于原料地。蔗糖工业主要分布在桂、滇、粤、琼、闽等五省区，其中广西为我国最大的产糖区，产量约占全国的1/2强；甜菜糖的生产集中于新、黑、蒙、甘四省区，其中新疆为我国最大的甜菜糖加工区。制茶工业分初加工和精加工，前者趋向于采茶区，将鲜茶叶加工成毛茶；后者是把毛茶制成各种商品茶，一般布局在毗邻茶区的城市。按加工方法的不同，茶叶可分为红茶、绿茶、乌龙茶、花茶和紧压茶五类。

❀ 我国盐业资源丰富，东部有海盐，西北有湖盐，西南、中南等地有井盐、矿盐，其中海盐是我国制盐工业的主体。以连云港为界，我国分北方盐区和南方盐区。北方盐区的海盐产量占全国海盐总产量的4/5，著名盐场有长芦、辽东、胶东和苏北等。

❀ 纺织工业主要包括棉、毛、丝、麻纺织和化纤、服装、鞋帽等行业。棉纺织工业是我国纺织工业体系中规模最大、基础最好的一个行业，消费是影响其布局的主导因素。因此，我国棉纺织工业集中分布在长城以南、南岭以北、贺兰山和横断山以东的产棉区和人口集中区。毛纺织工艺包括洗毛、织造和染整等环节，洗毛生产失重大，一般布局在原毛产地；织造和染整生产趋向于消费区。我国毛纺织工业集中分布在东部沿海地区和西北羊毛产地。丝纺织工艺含缫丝、织绸和染整等环节，集中分布于长江三角洲、四川盆地和珠江三角洲，其中杭州、苏州和湖州并称为我国的"三大绸市"。服装是纺织工业的最终产品。目前，我国是世界上最大的服装出口国和消费国，无论在数量、花色、品种还是在款式、档次上均能与世界发达国家的服装业相媲美。其生产地区分布广泛，但大型的服装产销中

182 中国经济地理

心主要集中在东部沿海地区。

❀ 造纸术是中国古代四大发明之一，但近代发展缓慢，至今我国在人均产量和技术等方面仍落后于世界发达国家。造纸工业的生产布局趋向于原料区和水源充足、交通方便的地区。华东地区是目前我国最大的造纸工业产区，原料来源主要有麦秸、稻草、芦苇、棉麻秆和竹木、蔗渣等，主要造纸基地沿江、沿交通干线分布，包括济南、上海、徐州、苏州、扬州、镇江、杭州、宁波、芜湖、南平、赣州等地。其中，宁波是全国最大的白纸板生产基地；南平是与吉林、石砚、广州齐名的新闻纸生产中心；青州（闽）供应全国水泥和化肥包装用纸。东北地区曾是我国重要的造纸工业基地，目前仍是我国新闻纸生产中心。今后，我国造纸工业企业应加强环境保护意识，改进生产工艺，减少污染。

❀ 日用品工业与人们的日常生活密切相关。随着经济的发展和生活水平的提高，人们对各种日用工业品的数量、质量和花色、品种、档次、款式的要求越来越高。东部沿海省份是我国高档日用机械和家电产品的集中产地，尤其是鲁、粤两省的系列家电（名牌）产品畅销全国，如海尔系列品牌产品，科龙和华宝多品牌产品等。品牌的质量、功能、款式和售后服务水平，是今后家电企业竞争胜败的关键。当前，我国家电产业的生产集中度进一步加强，且布局有由南向北、由东向西推进的趋势。

❀ 能源是经济发展的重要物质基础和动力源泉。目前，我国能源工业主要由煤炭工业、石油工业、天然气工业和电力工业构成。煤炭工业主要分布在北方，山西是最重要的煤炭基地，神府东胜煤田是我国已发现的最大煤田。石油工业主要包括陆上东部、西部和海上油田三大产油区，目前，陆上东部油田开采已进入产量自然递减阶段，而西部原油总量在逐年增加，其中准噶尔、塔里木和哈密三大盆地的石油开采量增幅较大，海上油田开发前景光明。电力工业以水电和火电为主，全国有华东、东北等六大电力网。

※ 我国钢铁工业资源丰富，布局分别沿北纬30°和40°分布，重要钢铁工业基地有鞍本、京津唐、上海、武汉等。机械工业是制造各种机械设备的生产部门。目前，我国已形成门类齐全、布局合理、具有相当规模和水平的机械工业体系，其中汽车工业是我国的支柱产业，一汽（产品以中型、轻型卡车和轿车三大系列为主）、二汽（以东风系列产品为主）和上汽（以轿车为主）是我国汽车工业的三大巨头企业。

※ 化学工业属知识和资金密集型产业，我国以无机化工、有机化工和化肥工业为主体。无机化工以生产"三酸二碱"为主；有机化工包括基本有机原料工业和有机合成工业两大类；化肥工业以生产氮肥、磷肥、钾肥和复合肥为主。

※ 改革开放以来，我国高技术工业发展迅速，成就巨大。新能源以核能为主，目前，秦山核电站和大亚湾核电站已产生效益；在建的有连云港、岭澳等四个核电站。电子信息工业是高技术工业的中枢和先导。电子计算机是电子技术的标志，目前，我国已具备微、小、中型机的开发与批量生产能力，PC机的开发技术水平已走在世界的前列。苏、沪、粤是我国微型计算机生产中心。科技工业园区是高技术产业的集中区域，目前已成为我国经济增长的"闪光点"。它集中分布于东部沿海和中部经济发达区。

主要概念

食品工业　纺织工业　造纸工业　一次能源　二次能源　新能源　电力工业　机械工业

知识练习

※ 简答题

（1）影响工业布局的因素有哪些？试举例说明工业布局类型。

（2）钢铁工业布局有何特点？我国有哪些重要的钢铁基地？

　　　　　　　　　　　　　　　　　　　中国经济地理

（3）我国有哪些大型的汽车工业企业？各有什么特色？

（4）简述我国毛纺织工业布局的特点，并分析其形成原因。

✳ 填空题

（1）工业生产具有_____、_____、连续性、_____、均衡性等特点。

（2）我国新能源工业主要指_____，已产生效益的核电站是_____和_____。

（3）白酒被认为是_____的代表。我国著名的白酒有茅台酒、汾酒等，这些名酒的生产主要与产地的传统制作工艺、特种优质原料和特定的水源有关，特别是_____，直接影响着细菌的生长、繁殖和_____及成品风味，是酿造名酒的基本条件。

（4）我国制盐业资源丰富，海盐、湖盐、井盐、矿盐产量最大的省份分别是_____、_____、_____、_____。

✳ 选择题

（1）黄酒营养丰富，是我国最古老的酒种，集饮料、调味、药用于一身。著名黄酒有"加饭酒"，产于（   ）；"沉缸酒"，产于（   ）。

A.福建龙岩　　　　　　　B.浙江金华

C.浙江绍兴　　　　　　　D.湖南韶山

（2）茶叶具有杀菌消炎、提神醒酒、帮助消化等功用，与咖啡、可可并称世界三大饮料。按加工方法不同，茶叶可分为红茶、绿茶、乌龙茶等系列。以下著名茶叶属于乌龙茶的有（   ）；属于绿茶的有（   ）；属于红茶的有（   ）。

A.碧螺春　　　　　　　　B.铁观音

C.祁门红茶　　　　　　　D.武夷岩茶

E.茉莉花茶

（3）织绣是我国最具民族特色的传统工艺。"四大名绣"是指（   ）。

A.苏绣、京绣、瓯绣、湘绣　　B.苏绣、蜀绣、瓯绣、湘绣

C.苏绣、蜀绣、粤绣、湘绣　　D.苏绣、京绣、粤绣、湘绣

（4）下列工业布局不合理的是（   ）。

A.在渔场附近建水产加工厂   B.在水电站附近建炼铝厂

C.在林区建家具厂   D.在城郊建感光器材厂

（5）棉纺织工业布局和石油加工业布局的共同主导因素是（   ）。

A.接近原料产地   B.接近燃料或动力基地

C.接近消费市场   D.接近劳力丰富地区

（6）工业生产与农业生产的共同点在于（   ）。

A.生产和分布都具有季节性和地带性

B.对自然条件都有一定的依赖性

C.都是自然再生产和社会再生产过程

D.都是比较稳定可靠的生产部门

（7）以下属于重工业部门的是（   ）。

A.电子计算机工业   B.冶金工业

C.食品工业   D.家用电器工业

（8）在西藏林芝建毛纺厂的布局原则是（   ）。

A.接近羊毛产地   B.接近能源基地

C.接近消费市场   D.发展少数民族地区经济

（9）以下能源属二次能源的是（   ）。

A.煤炭   B.煤气

C.汽油   D.石油

E.焦炭   F.电能

（10）以下能源属可再生能源的是（   ）。

A.太阳能   B.煤炭

C.风力   D.天然气

E.水能

（11）我国（   ）区煤炭特多，（   ）区水力资源丰富，（   ）
区能源最丰富，（   ）区和（   ）区能源较紧缺。

A.西南   B.西北

C.华东   D.华北

E.中南   F.东北

（12）"海尔"系列家电产品的主要生产基地在（   ）。

A.广东省   B.山西省

C.山东省　　　　　　　　D.江苏省

技能训练

（1）北京某一大商场需进糖、盐、食用植物油、茶叶等货物，试问分别到何地采购较为合理？

（2）某商场需采购茅台酒、沉缸酒、竹叶青等名酒，中华、红塔山等名烟和碧螺春、铁观音、祁门红茶、普洱茶等名茶，试问分别到何地采购？

（3）以表格形式列出我国主要家电产品（如电视机、洗衣机、电冰箱等）中的品牌产品及产地。

观念应用

✳ **案例题**

工业4.0与《中国制造2025》

工业4.0（Industry 4.0），或称第四次工业革命，是由德国政府提出的高科技计划，概念跟美国工业互联网或《中国制造2025》等相似，都是着重提升制造业的数据化、数码化和智能化。工业4.0是未来制造业的趋势，不仅能优化生产流程、为制造业带来更多灵活性，更重要的是，它可为全球制造业者提供一个连接整合的平台。工业4.0是新型分享经济，优点之一是通过各种大数据分析，直接生成满足客户的相关解决方案产品，减少多余成本与浪费等。

在工业1.0、2.0与3.0的变革中，制造业者分别实现工厂机械化、大规模生产装配线，以及广泛利用自动化机器。在工业4.0中，制造业者的目标则是利用智能感控系统及物联网，创建具有适应性、资源效率的智能工厂。

工业4.0九大技术支柱包括工业物联网、云计算、工业大数据、工业机器人、3D打印、知识工作自动化、工业网络安全、虚拟现实和人工智能，将来这九大支柱中会产生无数的商机和上市公司。

《中国制造2025》是中国政府实施制造强国战略第一个十年的行动纲领。李克强总理于2015年3月5日在全国两会上作《政府工作报告》

时首次提出，2015年5月8日国务院正式印发。《中国制造2025》提出，坚持"创新驱动、质量为先、绿色发展、结构优化、人才为本"的基本方针，坚持"市场主导、政府引导，立足当前、着眼长远，整体推进、重点突破，自主发展、开放合作"的基本原则，通过"三步走"实现制造强国的战略目标：第一步，到2025年迈入制造强国行列；第二步，到2035年中国制造业整体达到世界制造强国阵营中等水平；第三步，到新中国成立一百年时，综合实力进入世界制造强国前列。

问题：（1）何谓工业4.0？与传统工业的区别在哪里？

（2）上网查阅《中国制造2025》的内容（重点查阅五大工程和十个领域）。

（3）分析如何对接工业4.0和《中国制造2025》的精神。

❋ **实训题**

（1）从我国棉、丝的产销概况分析棉、丝纺织工业的布局特点（有可能的话，请在你学校所在地做一个棉织品或丝织品销售情况的调查）。

（2）我国造纸工业的布局有何特点？有哪些著名的造纸基地和大型纸厂？

中国经济地理

第4章

交通运输地理

学习目标

知识目标：了解我国交通运输业的特点和布局要求，明确铁路、水路、公路、航空与管道运输的发展与现状，掌握我国主要铁路干线、主要公路（国道）干线和主要水运干线。

技能目标：能够针对各种运输方式的特点，扬长避短，为旅客或货物选择最佳的运输方式。

能力目标：能够根据我国交通运输业的发展现状，运用有关知识与技能，创造性地分析和解决交通运输业在服务工农业生产、巩固国防、对外开放和中西部开发等方面的实际问题。

引例　　　　　　　　我国的高速铁路

　　我国高速铁路的建设始于2004年的中国铁路长远规划，2004年以来根据国务院"引进先进技术，联合设计生产，打造中国品牌"的指导方针，我国大力推进原始创新、集成创新、引进消化吸收再创新，攻克了高速转向架等九大核心技术，成功研制了时速350千米和250千米两种速度等级的高速动车组。

　　2008年8月1日开通运营第一条即时速350千米的京津城际高速铁路。到2019年年底，中国高速铁路营业里程达3.53万千米以上（而快速铁路网达4万千米以上）。中国已经拥有全世界最大规模以及最高运营速度的高速铁路网。"八纵八横"干线基本成型。中国高速铁路运营里程约占世界高铁运营里程的60%，稳居世界高铁里程榜首。

　　资料来源　根据百度百科相关文章整理得来。

4.1　交通运输业概述

　　交通运输业是人类利用各种运输工具，通过各种运输方式，使人或货物沿着特定的线路实现空间位置移动的生产部门。现代交通运输业主要包括铁路、公路、水路、航空和管道运输等五种运输方式。

　　交通运输业属于第三产业，是国民经济的重要组成部分。它是联系生产、分配、交换和消费各个环节的纽带，也是城乡、工农、地区以至国家之间进行社会、经济、文化联系的桥梁，是实现社会劳动地域分工的物质基础，是工农业生产和布局的基本条件与"先行官"。

4.1.1　交通运输业的特点

　　交通运输业是特殊的物质生产部门，它具有与工农业生产所不同的特征。

　　1）交通运输业不能产生新的物质产品

　　交通运输业不能产生新的物质产品，它只能改变货物（或旅客）的空间位置，其唯一产品就是以"人千米"或"吨千米"为单位所表示的客、货定向位移。

中国经济地理

2）交通运输业的产品具有同一性

交通运输业的产品具有同一性，无论何种运输方式，其产品都是定向位移。其数量等于客、货运量与运输里程的乘积，称为客、货周转量。

3）交通运输业的产品不能储存

交通运输业的产品不能脱离生产过程而单独存在，在它生产出来的同时也就被消费掉了，既不能输送、调拨，也不能储存，只能靠储备多余的运力来满足运输量增长的需要。

【小思考4-1】

交通运输业的产品是什么？

答：是以"人千米"或"吨千米"为单位所表示的客、货定向位移。

4.1.2 交通运输业的布局要求

根据交通运输业自身的特点，其布局具有如下要求：

1）保证国民经济发展的需要

交通运输业是国民经济发展的"先行官"，它必须以满足整个国民经济各部门发展的需要为前提，必须与工农业的生产布局和人口分布相适应，保证各种生产原料、燃料的供应，并将产品及时运往消费地。

2）促进综合运输网的形成

交通运输业的各种运输方式必须协调发展，相互衔接，安排好运输枢纽的分布和建设，促进形成全国综合运输网，加快客、货送达时间，提高运输效率，降低运输成本。

3）合理利用自然条件

交通运输业要以科学的客、货运量预测为基础，因地制宜，宜陆则陆，宜水则水，充分发挥各地区的自然和经济优势，选择合理的交通运输方式。

4）有利于巩固国防和城建规划

交通运输业在布局时要通过运输干线和支线使边疆地区的军事要塞和少数民族聚集区相互连接，保证一旦发生战争或自然灾害，这些地区能及时得到救援；同时交通运输业在布局时应尽量少占耕地，并要与城市建设规划相结合。

5）促进对外开放和中西部开发

当前，我国在已形成沿海、沿江、沿边、沿交通干线全方位开放格局的基础上正进行中西部大开发的战略部署。交通运输业的布局既要有利于经济特区和开放城市经济的腾飞，又要有利于中西部落后地区的开发和振兴民族经济，加强民族团结，以带动全国经济的进一步发展。

4.1.3 我国交通运输业的发展简况

中华人民共和国成立以前，我国交通运输业的基础十分薄弱，线路里程少，设备质量差，地区分布不平衡，具有明显的半封建半殖民性质。中华人民共和国成立以来，我国交通运输业发展迅速，"四纵四横"高铁网提前建成，"八纵八横"高铁网加密成型。

1）交通运输网初具规模

目前，我国已初步建立起一个门类比较齐全，以铁路干线和南北海运为骨干，具有一定规模和能力的综合交通运输网。"十三五"期间，全国铁路里程已达13.99万千米，全国公路总里程501.25万千米，管道总长度达12.66万千米，民航线总长度达948.22万千米，沿海主要港口码头泊位达6 426个，内河主要港口码头泊位达18 032个。

2）综合运输能力大大增强

2019年，我国各种运输方式完成货物周转量199 394亿吨千米，旅客周转量30 097.4亿人千米，沿海主要港口货物吞吐量达76.9亿吨。

3）技术装备明显改善

随着全国交通运输网的发展，各种运输方式的装备都得到了很大程度的改善。2019年全国铁路机车数量21 733台，到2020年年底，高速铁路运营里程达到3.79万千米，占铁路客运量比重64.4%；全国等级公路里程501.25万千米，其中全国高速公路里程14.96万千米，比上年末增加0.7万千米。此外，我国各省市区的大型港口均建有集装箱码头，大大提高了机械化装卸水平。

中国经济地理

4）交通运输布局日趋合理

目前，我国已彻底改变了原来交通运输集中于东部的局面。全国各省市区都有铁路，西南、西北两区铁路通车里程已占全国的25.9%；全国各县市区都通公路，98.3%乡镇可通汽车；内河航道的大力整治促进了内地经济的发展；航空运输已基本形成以北京为中心连接国内外主要大中型城市的空中运输网；东北、华北、西北等油田都铺设了管道。

中华人民共和国成立以来，交通运输业的迅速发展对促进和保证国民经济的发展、满足人民群众的物质文化生活需要和加强国防建设都起到了重要作用。但同时我们还必须看到，由于我国交通运输业的建设投资比重偏低，基本建设速度尤其是作为我国交通运输骨干力量的铁路建设速度，落后于国民经济的发展速度，未能做到同步或超前。近年来，在国家投资拉动经济增长的政策推动下，固定资产投资大幅增长，交通运输行业固定资产投资明显加快，超过预期，尤其是在中西部地区的投资增速明显加快。从目前交通运输行业的在建项目以及未来投资计划和政策指引可以看出，政府和私人投资都将继续保持高速增长，交通运输行业将继续保持平稳上升趋势不变。国家在2020年前投入1.2万亿元到交通运输领域，我国交通运输业基础设施将大为改观，百姓出行更为便捷，可选择交通方式更为多样。

【观念应用4-1】

未来"3张网+现代枢纽体系"打造世界一流的铁路设施网络

分析提示：上网查阅"3张网+现代枢纽体系"的内涵，并谈谈你家乡的铁路网。

1）构建现代高效的高速铁路网。实现省会城市和50万人口以上城市高铁通达，相邻区域省会间基本实现3小时高铁圈，同时发展更高时速标准的高速铁路。

2）形成覆盖广泛的普速铁路网。建设以普铁干线为骨架、区域性普铁衔接集散的普铁网，连接20万人口以上城市、资源富集区、货物主要集散地、主要港口及口岸，基本覆盖县级以上行政区。

3）发展快捷融合的城际市域（郊）铁路网。在经济发达、人口稠密的城镇化地区构建多层次、大容量、通勤式、一体化的快捷轨道网，打造城市群综合交通网的主骨干。都市圈超大、特大城市中心城区与郊区、周边城镇组团间发展快速市域（郊）铁路，服务公交化便捷通勤出行。

4）构筑一体衔接的现代综合枢纽。按照"零距离"换乘要求，打造一批以铁路客站为中心的综合客运枢纽，推动干线、城际、市域（郊）铁路、城市轨道交通四网融合和机场高效衔接。

4.2　铁路运输

铁路是我国现代化交通运输网的骨干，在各种运输方式中一直占主导地位。铁路运输具有载运量大、运价低、速度快、受气候和季节变化影响小、连续性强等优点，但工程造价高、占地多、工期长、消耗金属多、短途运输成本高。目前，我国铁路主要承担大宗货物运输和中长距离的旅客运输。我国铁路主要承担大宗货物运输和中长距离的旅客运输。目前我国高铁时速最高350千米，在中国，高铁通达除西藏外的30个省区市。"八纵八横"高铁网基本成型，为全面建成小康社会提供先行保障。

"八纵八横"高速铁路网，即以沿海、京沪等"八纵"通道和陆桥、沿江等"八横"通道为主干，城际铁路为补充的高速铁路网。"八纵八横"可实现相邻大中城市间1~4小时交通圈、城市群内0.5~2小时交通圈。

2020年，国家铁路集团有限公司在《新时代交通强国铁路先行规划纲要》中提出：我国将建成服务安全优质、保障坚强有力、实力国际领先的现代化铁路强国。至2035年，中国铁路网将达到20万千米左右，其中高铁约7万千米；20万人口以上城市实现铁路覆盖，其中50万人口以上城市高铁通达。至2050年，我国将全面建成更高水平的现代化铁路强国，全面服务和保障社会主义现代化强国建设。智慧化和绿色化水平、科技创新能力和产业链水平、国际竞争力和影响力保持领先，形成辐射功能强大的现代铁路产业体系，建成具有全球竞争力的世界一流铁路企业。2019年，我国铁路运输完成货运量43.8亿吨、客运量36.6亿人。

　　　　　　　　　　　　　　　中国经济地理 ▨

【小知识4-1】

世界之最

世界等级最高的高铁——京沪高铁

2011年6月，京沪高铁建成投产，这是世界上一次建成的、线路最长、标准最高的高速铁路。它贯穿北京、天津、河北、山东、安徽、江苏、上海7省市，连接环渤海和长三角两大经济区，全长1 318千米。

世界首条新建高寒高铁——哈大高铁

2012年12月1日，中国首条也是世界第一条新建的跨越高寒地区的哈大高铁投入运营。哈大高铁营运里程921千米，设计时速350千米，纵贯辽宁、吉林、黑龙江3省，全线设23个车站。根据最近30年的气象记录，东北三省全年温差达到80℃，是中国最为寒冷、也是温差最大的地区。

世界单条运营里程最长高铁——京广高铁

2012年12月26日，全球运营里程最长的高速铁路——京广高铁全线开通运营。全长2 298千米的京广高铁，是我国中长期铁路网规划中"四纵四横"高速铁路的重要"一纵"。其北起北京，经石家庄、郑州、武汉、长沙等地，南至广州，全线设计时速350千米，初期运营时速300千米。

世界上一次性建成通车里程最长的高铁——兰新高铁

2014年12月26日，兰新高铁全线贯通。全长1 776千米的兰新铁路是世界上一次性建成通车里程最长的高铁。除此之外，它还享有不少"第一"：一是它途经烟墩、百里、三十里及大阪城等四大风区，同时沿线有塔克拉玛干、古尔班通固特等几处沙漠，是首条穿越沙漠大风区的高铁；二是横穿我国海拔最低的吐鲁番盆地和海拔最高的祁连山隧道，16.3千米的祁连山隧道中的最高轨面海拔为3 607.4米，被誉为"世界高铁第一高隧"。

谱系最全的动车组"大家庭"

我国拥有世界上200千米～500千米各种速度等级的动车组，可谓种类最丰富、谱系最完整。初期引进的CRH1、CRH2、CRH3、CRH5动车组，时速200千米～300千米不等，引进后提升到350千米；后面自主研发的有CRH380系列，时速可达380千米。之后还有CRH380AM（时速500千米）试验车和为城际铁路研发的CRH6系列动车组。

最惊人的高铁运量

2014年，我国有8亿多人次选择高铁出行，其中最繁忙的是京沪高铁，一条线就有过亿人次乘坐。

1）"八纵"通道

（1）沿海通道

大连（丹东）起点，途经秦皇岛、天津、东营、潍坊、青岛（烟台）、连云港、盐城、南通、上海、宁波、福州、厦门、深圳、湛江、北海（防城港）为终点的高速铁路（其中青岛至盐城段利用青连、连盐铁路，南通至上海段利用沪通铁路），连接东部沿海地区，贯通京津冀、辽中南、山东半岛、东陇海、长三角、海峡西岸、珠三角、北部湾等城市群。

（2）京沪通道

京沪通道是东部沿海地区交通大动脉，全长1 318千米。穿越北京、河北、天津、山东、安徽、江苏、上海7省市，跨越海河、黄河、长江、淮河四大水系，途经10座国家级历史文化名城，是世界上一次建成里程最长、运营速度最快、技术标准最高的高速铁路。它以每小时350千米的运营速度成为领跑世界的高铁标杆，也带动了京津冀、长三角等区域经济高质量发展。

（3）京港（台）通道

京港通道，北京－衡水－菏泽－商丘－阜阳－合肥（黄冈）－安庆－九江－南昌－赣州－深圳－香港（九龙）高速铁路；京台通道，由京港高铁江西段接昌福线即南昌－福州（莆田）铁路，另一支线由京港高铁安徽段接合福线即合肥－福州（最终将接台北高速铁路），连接华北、华中、华东、华南地区，贯通京津冀、长江中游、海峡西岸、珠三角等城市群。

（4）京哈-京港澳通道

途经哈尔滨、长春、沈阳、北京、石家庄、郑州、武汉、长沙、广州、深圳、香港高速铁路，包括广州—珠海—澳门高速铁路。跨越了海河、黄河、淮河、长江和珠江五大水系，纵贯京、冀、豫、鄂、湘、粤、港、澳五省一市两特区，是世界上运营里程最长的高速铁路，全程

中国经济地理

只需8小时。沿线人口稠密，城镇广布，工农业发达，客货量极大。连接东北、华北、华中、华南、港澳地区，贯通哈长、辽中南、京津冀、中原、长江中游、珠三角等城市群。

（5）呼南通道

途经呼和浩特、大同、太原、郑州、襄阳、常德、益阳、邵阳、永州、桂林、南宁高速铁路，连接华北、中原、华中、华南地区，贯通呼包鄂榆、山西中部、中原、长江中游、北部湾等城市群。

（6）京昆通道

途经北京、雄安、太原（忻州）、西安、成都（重庆）、昆明高速铁路，包括北京—张家口—大同—太原高速铁路。连接华北、西北、西南地区，贯通京津冀、太原、关中平原、成渝、滇中等城市群。

（7）包（银）海通道

途经包头、延安、西安、重庆、贵阳、南宁、湛江、海口（三亚）高速铁路，包括银川—西安以及海南环岛高速铁路。连接西北、西南、华南地区，贯通呼包鄂、宁夏沿黄、关中平原、成渝、黔中、北部湾等城市群。

（8）兰（西）广通道

途经兰州（西宁）、成都（重庆）、贵阳、广州高速铁路。连接西北、西南、华南地区，贯通兰西、成渝、黔中、珠三角等城市群。

2）"八横"通道

（1）绥满通道

绥满通道。途经绥芬河、牡丹江、哈尔滨、齐齐哈尔、海拉尔、满洲里高速铁路。西端是边境城市满洲里，可与俄罗斯西伯利亚大铁路接轨；东端也是边境城市绥芬河，可通达俄罗斯的海参崴等地。区内三条铁路干线不仅连接东北三省省会，而且与大连、丹东、营口等港口相通，沿线木材、畜产品、粮食等物产丰富，同时也是我国石油、煤炭、钢铁、汽车和重型机器的产地，因此货运十分繁忙。

（2）京兰通道

途经北京、张家口、呼和浩特、银川、兰州四座直辖市及省会城市，线路全长约1 700千米，是沟通华北、西北的最快捷高速铁路，设计速度为250km/h~350km/h，全程采用客运专线级别的双线电气化设计。

（3）青银通道

途经青岛、济南、石家庄、太原、银川高速铁路（其中绥德至银川段利用太中银铁路）。连接华东、华北、西北地区，贯通山东半岛、京津冀、太原、宁夏沿黄等城市群。

（4）陆桥通道

本线东起黄海之滨连云港，经徐州、商丘、郑州、洛阳、潼关、西安、宝鸡、兰州、嘉峪关、哈密、吐鲁番至乌鲁木齐，是我国最长一"横"高速铁路，全长3 422千米陆桥通道。其沿阿拉山口连接哈萨克斯坦的铁路西行，经俄罗斯、波兰、德国等，可达大西洋沿岸的荷兰鹿特丹，该线有"第二亚欧大陆桥"之称，全程10 800多千米，比西伯利亚大陆桥运距缩短了3 000多千米，可节省1/3的运费；比绕道印度洋、苏伊士运河节省1/4的运费，运距和时间缩短1/2，且安全可靠。经济学界认为，新大陆桥对于沟通我国东部和西部、开发大西北、巩固国防、发展国际经贸具有十分重要的作用。

（5）沿江通道

途经上海、南京、合肥、武汉、重庆、成都高速铁路，包括南京—安庆—九江—武汉—宜昌—重庆、万州—达州—遂宁—成都高速铁路（其中成都至遂宁段利用达成铁路），连接华东、华中、西南地区，贯通长三角、长江中游、成渝等城市群。

（6）沪昆通道

途经上海、杭州、南昌、长沙、贵阳、昆明高速铁路。是我国南方与长江平行的一条东西向铁路干线，全长2 590千米。该线除与南北向的数条主干线相交外，连接华东、华中、西南地区，贯通长三角、长江中游、黔中、滇中等城市群。

（7）厦渝通道

途经厦门、龙岩、赣州、长沙、常德、张家界、黔江、重庆高速铁路（其中厦门至赣州段利用龙厦铁路、赣龙铁路，常德至黔江段利用黔张常铁路），连接海峡西岸、中南、西南地区，贯通海峡西岸、长江中游、成渝等城市群。

（8）广昆通道

途经广州、南宁、昆明高速铁路，连接华南、西南地区，贯通珠三角、北部湾、滇中等城市群。是我国首条连接大西南和大湾区的高速铁路，它不仅是一条新的交通大动脉，也是一条改善民生、促进民族团结、东西部融合发展的全面小康之路。

3）台湾地区铁路网

台湾地区主要铁路干线纵贯南北，除东部沿海从花莲到台东的一条铁路线以外，其余多分布在中央山脉以西的平原、丘陵地区。西部主要干线北起基隆，经台北、台中、台南至高雄，沿线物产丰富，工农业发达。在台湾地区的铁路网中，地方支线和森林支线的长度占全省铁路线总长度的80%以上。台湾地区铁路多为窄轨铁路。

4）海峡西岸铁路

根据铁道部和福建省政府在2008年3月发布的《关于推进海峡西岸经济区新一轮铁路建设会谈暨会议纪要》，将建设两条中国大陆连接中国台湾的高速铁路。

京台高速铁路（北京—福州段称京福高速铁路）：北京—蚌埠—合肥—巢湖—铜陵—绩溪—黄山—上饶—武夷山—南平—福州—台北，并预留沿海城市莆田的对台过海隧道出口。

昆台高速铁路（昆明—厦门段称昆厦高速铁路）：昆明—贵阳—桂林—韶关—赣州—龙岩—厦门—高雄，并预留漳州和泉州肖厝港的对台过海隧道出口。

【小知识4-2】

"123交通圈"

"全国123出行交通圈"：都市区1小时通勤、城市群2小时通达、全国主要城市3小时覆盖。

"全球123快货物流圈"：国内1天送达、周边国家2天送达、全球主要城市3天送达。

中国主要铁路干线分布如图4-1所示。

4.2.2　主要铁路枢纽

在铁路网中，铁路干线交叉或衔接处由若干车站、线路及一系列设备组成的运输生产综合体叫**铁路枢纽**。某些铁路干线的终端，由于客货运输繁忙需建专用车站及连接线，也能形成铁路枢纽，如大连铁路枢纽

图 4-1 中国主要铁路干线分布图

中国经济地理

等。铁路枢纽是铁路网的主要组成部分，是铁路运量的集中地和列车交接点，它往往会成为全国或省市区的政治、经济、文化中心、工业基地或水陆联运中心。其布局的合理程度及技术装备的作业能力，会直接影响到运量的大小和行车速度的高低。因此，铁路枢纽的合理布局具有重大的政治、经济意义。

我国铁路枢纽约有500多个，北京、天津、郑州、武汉、上海、广州、兰州、沈阳、哈尔滨、重庆是我国十大铁路枢纽（详见表4-1）。此外，成都、贵阳、西安、长春、石家庄、乌鲁木齐、呼和浩特、济南、柳州、阜阳、株洲、徐州、襄樊、四平等也是我国主要铁路枢纽。

表4-1　　　　　　　　　我国十大铁路枢纽概况

铁路枢纽	交汇铁路通道	备　注
北京	京广、京港、京哈、京沪、京昆、京台等	我国最大的铁路枢纽，呈辐射状通向全国，并与朝鲜、蒙古国、俄罗斯开展了国际贸易联运
天津	京哈、京沪、沿海等	华北最大的水陆联运中心，与塘沽新港连接，是首都北京的外港和门户
郑州	呼南、京哈-京港澳、陆桥等	位于全国铁路网的中心，郑州北站是全国最大的铁路编组站，沟通东南西北十几个省市区，客货转运量很大
武汉	京广、汉丹、武九等	与长江、汉水交汇，是我国中部水陆转运枢纽，素有"九省通衢"之称，武昌、汉口、汉阳是三个最大的车站
上海	京沪、沪昆、沿江、沿海等	我国最大的水陆交通枢纽，连接长江航线，也是我国远洋航运和沿海南北航线的中心，客流量和货流量极大
广州	京哈-京港澳、兰（西）广、广昆等	我国南方最大的水陆交通枢纽，连接珠江航线和黄埔港，大陆同港澳台以及国外沟通、交流、贸易往来的中心，客流量和货流量都很大
兰州	陆桥、京兰、兰（西）广、等	我国西北最大的铁路交通枢纽，客货周转量很大，是"第二亚欧大陆桥"的必经之地，战略地位十分重要
沈阳	京哈-京港澳、沈吉、沈丹、哈大等	东北区南部最大的铁路枢纽，由于过境运输量很大，枢纽内的编组任务特别繁重
哈尔滨	京哈-京港澳、哈大、哈北、哈佳、绥满等	东北区北部最大的铁路枢纽，由于临近俄罗斯，进出口货物运输任务十分繁重
重庆	包（银）海、兰（西）广、京昆、沿江、厦渝等	我国西南最大的水陆交通中心，连接长江和嘉陵江航运的纽带，水陆货物转运量特别大

【观念应用4-2】

上海一批大宗货物急需在较短时间内运往欧洲国家荷兰，应选择哪种运输方式和哪些运输路线最为经济合理？

分析提示：大宗货物从上海运往荷兰，属于长距离运输，本应选择水路最为经济合理。但是水路运输速度慢，而这批货物又急需在较短时间内运到，因此选择具有载运量大、运价低、速度快、连续性强等优点的铁路运输方式最为经济合理。运输路线的最佳选择是取道"第二亚欧大陆桥"，相比西伯利亚大陆桥，运距缩短了3 000千米，并且可节省1/3的运费。

也就是说，该批货物要想在短时间内运抵荷兰，应选择铁路运输方式。货物从上海走京沪线经徐州入"第二亚欧大陆桥"东段陇海线，经兰州走兰新线，经乌鲁木齐走北疆线，到我国边境阿拉山口，沿连接哈萨克斯坦的铁路西行，经俄罗斯、波兰、德国等，最后抵达荷兰。

4.3 水路运输

水路运输是利用海洋、河流、湖泊或人工水体为运输线路的一种运输方式。它一般由港口、航道、船舶和修船厂四个环节构成。水路运输具有载运量大、耗能少、投资省、成本低、少占或不占耕地等优点，但受自然条件限制大，速度慢。因此，水路运输适于承担运量大、运距长，对时间要求不紧迫的沙石、煤炭、粮食等大宗笨重货物的运输。2019年我国水路货物周转量为103 963亿吨千米。

我国河湖众多，水量丰富，众多人工河道与天然河道组成了稠密的河道运输网，对发展内河水运起着十分重要的作用；海岸线绵长曲折，多天然良港，又为发展海洋运输提供了优越的条件。

4.3.1 内河运输

尽管我国内河航运的自然条件优越，水运历史悠久，但在中华人民共和国成立以前，发展缓慢，船舶小，质量差，港口设备十分落后，几乎处于瘫痪状态。中华人民共和国成立后，我国内河航运得到较快发展，大力整治了长江、珠江、京杭大运河、松花江等航道，运输设备和通航条件大大改善，促进了内河客货运量的大幅度增长。目前，我国主要内河航线有以下几条：

1）长江航线

长江航线长、支流多、流域广、水量丰富，是我国通航里程最长、运输量最大的一条内河航线，素有"黄金水道"之称。它发源于青藏高原各拉丹冬雪山，向东流经青、藏、川、滇、渝、鄂、湘、赣、皖、苏、沪等省区市，全长约6 300千米。主要支流有雅砻江、岷江、涪江、嘉陵江、乌江、湘江、汉水、赣江、裕溪河等700多条，干支流通航里程近80 000千米。长江两岸铁路线密集，有成昆线、襄渝线、成渝线、渝黔线、焦枝线、枝柳线、京广线、汉丹线、武九线、京九线、淮南线、宁铜线、皖赣线、京沪线、沪杭线等与之交汇或衔接。

长江水量丰富，近年来航道通过能力不断提高，南京以下可常年通航30 000吨级海船，乘潮通航50 000吨级海船；武汉以下可通航5 000吨级海船和3 000~5 000吨级内河船舶及其组成的船队；水富以下可通航500~3 000吨级的内河船舶。

长江干流航运线上的主要港口有重庆、宜昌、沙市、武汉、黄石、九江、安庆、铜陵、芜湖、马鞍山、南京、南通、张家港、镇江、上海等。重庆、武汉分别是上、中游第一大港，南京是下游重要港口。这些港口多与铁路相连，形成水陆联运的优势，对发展长江流域经济十分有利。

长江流域面积近180万平方千米，占国土总面积的近1/5，人口占全国总数的37.6%，集聚了全国41%以上的经济总量，矿产资源十分丰富，每年都有大量物资通过干支流集散或转铁路和海运发往各地。沿江西运的货物主要有机械设备、纺织品、石油、日用工业品、化工产品和食盐等；东运的货物主要有煤炭、粮食、木材、棉花和矿产品等。

2）珠江航线

珠江是我国南方著名的大河，由西江、北江和东江组成，河道总长

22 000千米，通航里程16 163千米，通航能力仅次于长江，居全国第二位。珠江流域面积约45万平方千米。流域内人口稠密，城镇广布，经济发达，森林资源和矿产资源丰富。

西江西起云南，东达广州，是珠江的主流，沟通两广的交通要道。其支流郁江、贺江、新兴江等也是通航要道。西江运输的货物主要有粮食、食盐、木材、建材、煤炭、石油和有色金属等。贵州六盘水的煤炭通常取道西江运往两广。北江全长460千米，东江全长500多千米，其干流航道均可通航机船。广州和梧州是珠江流域最大的两个航运中心。

珠江水系是华南地区的水运动脉，对加强两广的联系、促进对外贸易和城乡物资交流，均有十分重要的意义。

3）黑龙江航线

黑龙江是我国与俄罗斯的界河，在我国境内干流长达3 420千米，由于冰期长达半年，航运只能在夏季进行。黑龙江水量丰沛，通航条件较好，可通行驳轮，是我国东北地区重要的内河航线。黑河和同江是黑龙江干流上的重要港口。

松花江是黑龙江最长的支流，全长2 308千米，通航里程1 500千米，航运量占我国境内黑龙江流域总运量的90%，运输的主要货物有木材、甜菜、亚麻、大豆、煤炭和粮食等。哈尔滨和佳木斯是松花江干流上的重要港口。

4）淮河航线

淮河位于我国腹地，干流发源于河南省南部的桐柏山，流经河南、安徽、江苏三省，全长1 000千米，通航里程2 831千米。淮河流域是我国经济发达地区，盛产粮、棉及油料，煤炭资源尤为丰富。经淮河—京杭大运河—长江的航道主要运输煤炭、粮食、建材、日用品和食盐等。蚌埠是淮河航线上的最大港口。

5）京杭大运河

京杭大运河在我国历史上是与长城并称的伟大工程，全长1 794千米。它北起北京，经津、冀、鲁、苏、浙四省一市，南至杭州，沟通海河、黄河、淮河、长江、钱塘江五大水系，是世界上最长的人工运河，也是我国东部一条重要的南北向水路交通干线。

中国经济地理

京杭大运河始凿于公元前486年，由于年久失修，其黄河以北河段只能季节性通航。中华人民共和国成立后，经多次治理，通航里程目前已达1 400多千米，其中水深1米以上的通航里程达978千米。京杭大运河各段状况差异很大，黄河以南河段可通100吨级以上的船舶，其中江苏省的邳州到扬州段，可通航2 000吨级的驳船。

京杭大运河跨华北、华东两大地区，腹地辽阔，货源丰富，人口稠密，工农业生产十分发达，沿线主要运送石油、建材、粮食、煤炭、海盐、轻工产品等。

【观念应用4-3】

重庆一批大宗木材运往南京，时间性要求不严，选择哪种运输方式最为经济合理？途中经过哪些城市？

分析提示：水路运输具有载运量大、耗能少、投资省、成本低等优点，虽然运输速度慢，但这批木材时间性要求不严，加之重庆和南京分别是长江上游和下游的河港，水路运输的成本最低，因此选择长江内河航线进行水路运输最为经济合理。途中要经过宜昌、沙市、武汉、黄石、九江、安庆、铜陵、芜湖、马鞍山等城市。

4.3.2 海洋运输

中华人民共和国成立以前，我国海洋运输业发展极为缓慢，港口吞吐能力低下，设备陈旧落后，几乎陷入瘫痪状态。中华人民共和国成立以后，我国海运事业得到迅速发展，海运船舶数量迅速增长，远洋船队从无到有，逐渐发展壮大。

我国面临太平洋，渤海、黄海、东海、南海四大海域面积达472.7万平方千米，大陆海岸线长达18 000千米，有众多天然良港，为海洋运输提供了优越条件。我国海洋运输分沿海运输和远洋运输两种。

1）沿海运输

沿海航线是连接我国沿海各港口之间的航线，是我国最东部的一条纵向运输线，也是我国水路运输网的重要组成部分。我国沿海航线有北方航线和南方航线之分。

北方航线以上海、大连为中心。以上海为中心的航线有：上海—青岛—天津，上海—秦皇岛，上海—连云港等；以大连为中心的航线有：大连—秦皇岛—连云港，大连—石岛—青岛，大连—烟台，大连—龙口，大连—威海，大连—天津等。北方航线主要运输物资有煤炭、石油、钢铁、木材、盐、粮食和金属矿产等。

南方航线以广州为中心，主要航线有：广州—汕头，广州—湛江—北海，广州—海口，广州—厦门—福州—宁波等。南方航线主要运输物资有农产品、盐、煤炭和矿石等。

2）远洋运输

我国远洋航线以大连、营口、秦皇岛、天津、烟台、青岛、日照、连云港、上海、宁波、广州、湛江等海港为起点，分西、南、东、北四条主要航线，通向世界160多个国家和地区的1 300多个港口。

（1）西行航线。西行航线由我国沿海各港口起航向南至新加坡，再向西行，穿越马六甲海峡进入印度洋，出苏伊士运河，过地中海，进入大西洋；或者沿东非，绕过好望角，进入大西洋，可达南亚、西亚、非洲、欧洲等地港口。西行航线运输繁忙，进口物资有各种机械、电信器材、冶金和化工设备、化肥等；出口物资主要有机械设备、棉纺织品、罐头、茶叶、水果等。

（2）南行航线。南行航线由我国沿海各港口南行，通往东南亚、大洋洲地区。本条航线进口物资主要有橡胶等工业原料和其他土特产等；出口物资主要有缝纫机、自行车、棉纺织品、钢材、水泥等。近年来，随着我国与东南亚地区贸易的发展，该航线的货运量不断增长。

（3）东行航线。东行航线由我国沿海各港口东行到日本，并经日本横渡太平洋，抵达北美洲、南美洲各国。近年来，随着我国同日本和北美洲、南美洲各国经济往来的日益频繁，本条航线的地位日益提高，货运量也急剧增加。

（4）北行航线。北行航线由我国沿海各港口北行，可到朝鲜、韩国和俄罗斯远东的符拉迪沃斯托克（海参崴）等港口。

中国主要海港和航线分布如图4-2所示。

3）主要海港

我国主要海港概况见表4-2。

中国经济地理

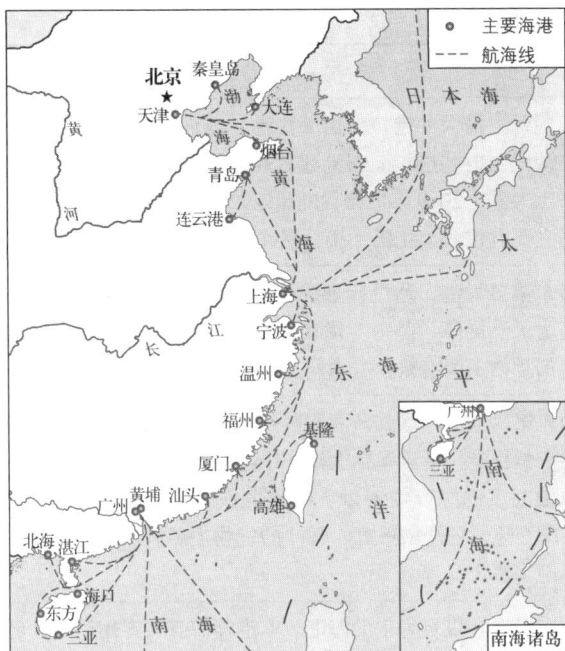

图4-2　中国主要海港和航线分布图

表4-2　　　　　　　　我国主要海港概况

主要海港	备　注
大连港	东北区最大的海港。通过哈大铁路、沈大高速公路和输油管道连接东北腹地。在鲇鱼湾建有巨型原油码头，是一个优良的深水不冻港。2019年货物吞吐量3.66万吨。吞吐的货物主要有石油、木材、钢铁、机械、煤炭、大豆、铁矿石、杂货等
营口港	东北区第二大港，是东北和内蒙古东部最近的出海口，有铁路支线经大石桥市和哈大线连接，东三省的货物从营口港出海比从大连港出海所需的费用要少。吞吐的货物主要有钢铁、矿石、油品、集装箱、粮食、化肥、建材等
秦皇岛港	北方最重要的煤炭、石油输出港，有京哈线、大秦线、京秦线连接东北和内地，地处连接华北和东北必经之路的辽西走廊，是背山面海、港阔水深的天然良港。吞吐的货物主要有煤炭、钢铁、矿石、机械、化肥、建材等

主要海港	备　注
天津港	我国北方最大的港口，由天津港、塘沽港和新港组成，通过京哈线和京沪线与内陆连接。新港建有规模较大的集装箱码头，是国际著名的人工大港。2019年货物吞吐量4.92万吨，排全国的第六位。吞吐的货物主要有粮食、化肥、盐、钢铁和集装箱等
烟台港	山东第二大港，通过蓝烟线连接山东各地，港口北面有芝罘岛和崆峒岛为天然屏障，是一个优良的海港。2019年货物吞吐量3.86万吨，吞吐的货物主要有粮食、水产品、机械产品等
青岛港	山东第一大港，濒临黄海和胶州湾，北依崂山，港阔水深，不冻不淤，为天然良港。港区包括大港、中港和黄岛油港三部分，是以吞吐煤炭、原油为主的综合性港口，经胶济铁路连接各地。2019年货物吞吐量5.77万吨，列全国第五。吞吐的货物主要有煤炭、原油、钢铁、粮食、化肥、水产品等
日照港	山东以吞吐煤炭为主的海港。本港建有煤炭专用码头，经兖石、兖菏、新菏、新焦、太焦线与山西煤炭产地连接，是晋煤东运出海的重要海港。2019年货物吞吐量4.64万吨。吞吐的货物主要有煤炭、化肥、粮食、成品油、铁矿石、集装箱、钢材、水泥等
连云港	江苏北部大港，位于"第二亚欧大陆桥"的东端，有"东方鹿特丹"之称。经陇海铁路和兰新铁路连接郑州、西安、兰州、西宁、乌鲁木齐，是距河南、陕西、甘肃、新疆、青海等省区最近的出海口。吞吐的货物主要有煤炭、食盐、化肥、轻工产品、建材、矿石、杂货等
上海港	我国最大的海港和水陆交通枢纽，地处我国海岸线中点，扼长江入海咽喉，背靠人口稠密、物产丰富的长江三角洲，在国际上仅次于荷兰鹿特丹港和新加坡港而居世界第三位。上海港可通过京沪线、沪杭线、浙赣线连接我国腹地。2019年货物吞吐量6.64万吨，列全国第三。吞吐的货物主要有矿石、煤炭、钢铁、粮食、化肥、原油、木材、轻工产品等
宁波港	浙江最大的海港，可通过杭甬线在杭州连接沪杭、浙赣线与内陆相通，是我国著名的深水港。2019年货物吞吐量11.20万吨，居全国第一位。吞吐的货物主要有矿石、煤炭、化肥、原油、成品油、粮食、木材等

中国经济地理

主要海港	备　注
广州港	我国南方最大的外贸口岸和水陆交通枢纽。广州港地处珠江三角洲，有京广线、广九线、广湛线、广梅汕线和内陆连接。腹地人口稠密，物产丰富，经济繁荣，对外贸易发达，货物吞吐量大。广州内港是两广地区的内河航运中心，黄埔港是外港。2019年货物吞吐量6.05万吨，列全国第二，货物和集装箱吞吐量居世界前五。吞吐的货物主要有铁矿石、煤炭、原油、化肥、粮食、机械等
湛江港	广东第二大港。它位于雷州半岛的广州湾内，经广湛线、黎湛线和内陆连接，是海南岛联系内陆最近的港口，也是我国与东南亚、欧洲、非洲各国联系最近的海港。湛江港内水域宽深，港外有天然岛屿作屏障，是中南区最大的深水良港。吞吐的货物主要有铁矿石、原油、煤炭、化肥、蔗糖、蔬菜、杂货等

【小思考4-3】

我国水运有什么优越条件？

答：河湖众多，水量丰富；众多人工河道与天然河流组成稠密的河道运输网，对内河水运起着十分重要的作用；海岸线绵长曲折，多天然良港，又为发展海洋运输提供了优越的条件。

4.4　公路运输

公路运输是交通运输业中重要的运输方式。它具有速度快、投资小、机动灵活、周转迅速、对不同的自然环境适应性强等优点，但运输成本高、耗能大、运量小、劳动生产率低，因而适合于客货的短途运输。公路配合铁路、水路集散客货，在城乡经济交流中起着重要作用。目前，我国已形成以国道主干线为主，省道、县道和高速公路纵横交错的全国公路网。2019年年底，全国公路总里程501.25万千米，尤其是高速公路的发展和集装箱运输的崛起，使公路运输的地位不断提高。

我国的公路干线很多，分为等级公路和等外公路。根据中国2019

年统计年鉴，截至2019年年末，等级公路469.87万千米，其中全国高速公路里程14.96万千米，比上年末增加0.7万千米；一级公路11.7万千米；二级公路40.53万千米；等级公路里程比重占93.7%。等外公路31.37万千米。

【观念应用4-4】

从火车站快送50吨大米到20千米远的市区各仓库，应选择哪种运输方式最为经济合理？

分析提示：公路运输具有速度快、投资小、机动灵活、周转迅速等优点，但运输成本高、耗能大、运量小、适合短途运输。汽车的速度适合快运，50吨大米运量不大，20千米距离不远，在公路运输中的成本不高，而且适合到市区各仓库的门对门运输，因此，应选择公路运输方式最为经济合理。

4.4.1 国道主干线

1）国道的组成

国道即国家级公路。我国的国道主要由以下公路组成：

（1）北京通向全国各省省会、自治区首府、直辖市或人口超过30万人的中等城市的干线公路。

（2）各大城市通向重要港口、铁路枢纽和重要工农业生产基地的干线公路。

（3）各大城市通向重要对外口岸、开放城市、历史文化名城等重要风景名胜区的干线公路。

（4）具有重要国际意义的国际公路。

2）我国国道主干线

我国的国道按方向可分为三类：

第一类是以"1"字开头的、以北京为中心作扇形辐射的公路，共12条，约24 000千米。它们是国道101线（北京—承德—沈阳），国道102线（北京—山海关—沈阳—长春—哈尔滨），国道103线（北京—天津—塘沽），国道104线（北京—济南—徐州—南京—杭州—福州），国道105线（北京—九江—南昌—赣州—广州—珠海），国道106线（北京—兰考—黄州—广州），国道107线（北京—石家庄—郑州—武汉—长沙—广州—深圳），国道108线（北京—太原—西安—成都—昆明），国道109线（北京—银川—兰州—西宁—拉萨），国道110线（北京—呼和浩特—银川），国道111线（北京—通辽—乌兰浩特—加格达奇），国道112线（北京环线，宣化—唐山—天津—涞源）。

第二类是以"2"字开头的南北向公路，共28条，约39 000千米。

第三类是以"3"字开头的东西向公路，共30条，约53 000千米。

这些国道主干线几乎连接了全国所有大、中城市，形成了我国公路网络的骨架。

【小知识4-3】

中国桥梁之最

"十三五"期间，我国设计建造的桥梁创下多个世界第一，毕都北盘江大桥是世界最高桥梁，杨泗港长江大桥是世界最大跨度双层公路悬索桥，沪苏通长江公铁大桥是世界首座跨度超千米公铁两用斜拉桥；正在建设的常泰长江大桥，是世界上首座集高速公路、城际铁路、一级公路为一体的过江通道，并将刷新斜拉桥跨度的世界纪录。

全长16.3千米的平潭海峡公铁大桥是我国首座、世界最长的跨海公铁两用大桥。2018年建成的港珠澳大桥集桥梁、隧道和人工岛于一体，是世界目前里程最长、投资最多、施工难度最大、设计使用寿命最长的跨海公路桥梁。

4.4.2　进藏公路

西藏铁路营运里程短，铁路网密度低，公路对西藏的交通运输显得十分重要。进出西藏的主要公路有5条，分别从西藏的4个相邻省区进入。

1）川藏公路

从四川进入西藏的公路有两条，一条是国道317线，另一条是国道318线。国道317线从成都向西经甘孜、昌都到那曲。沿此线从那曲接通拉萨为川藏公路，全长2 413千米，又称川藏北路。川藏北路从四川向西跨过地形崎岖的横断山区，沿途翻越了二郎山、折多山、雀儿山、甲皮拉山、色霁山等14座海拔3 200~5 000米的大山，跨越了大渡河、金沙江、澜沧江、怒江等10多条水流湍急的大河。川藏北路工程复杂，沿线气候恶劣，在国内外均属罕见，因此，很难保证全年通车。国道318线从上海向西经武汉、成都、康定、那曲、拉萨，到中国和尼泊尔的边界聂拉木，其中从四川康定到西藏拉萨段的川藏公路，全长2 161千米，又称川藏南路。

川藏公路运输的主要货物是来自我国东部各省区市支援西藏的纺织品、日用工业品、家用电器、粮食、机械产品、茶叶、卷烟等；出藏的主要货物是西藏生产的药材、矿产品、畜产品等。

2）青藏公路

青藏公路是指从北京经银川、兰州、西宁、格尔木到拉萨的国道109线中的西宁到拉萨段，全长1 937千米。青藏公路修筑在平均海拔4 000米以上的高山草原上，从格尔木向南，翻越了海拔4 000~5 000米的昆仑山和念青唐古拉山等高山，还越过几百千米的冻土地带，地质复杂，空气稀薄，是我国公路建设工程规模最大、通车里程最长的国道。由格尔木向北，穿越柴达木盆地和当金山口，经敦煌在柳园与兰新铁路连接。青藏公路是青海和西藏两省区联系的主要通道。

青藏公路格尔木到拉萨段是最重要的路段。由祖国内陆运往西藏的大量货物，都要经格尔木运往拉萨，该路段承担了进出藏货物运量的80%。沿青藏公路进藏的货物主要是日用消费品、纺织品、建筑材料、机械产品等；出藏的货物主要是矿产品、土特产品和畜产品等。

3）新藏公路

新藏公路北起新疆南部的叶城，经西藏的噶尔到拉孜（国道219线），全长2 139千米，沿此线从拉孜向东经西藏第二大城市日喀则到西藏首府拉萨。全线平均海拔在4 200米以上，建在地势高峻的青藏高原上，沿途又翻越了喀喇昆仑山，是世界上海拔最高的公路之一，是联系西藏和新疆的主要交通干线。这条公路对促进新藏两区的物资、文化交流和巩固国防都有重要意义。

4）滇藏公路

国道214线从青海省会西宁南下经玉树、昌都、芒康、大理到云南

中国经济地理

南部西双版纳的景洪，其中昌都到大理段被称为滇藏公路，长800千米。它对加强滇藏两省区的政治、经济交流和巩固国防建设具有重要作用。

4.4.3　高速公路

高速公路是指汽车专用、时速在100千米左右、路面平坦、坡度小、中间有隔离道、全封闭、全立交、至少有4个车道的高等级公路。它具有通过能力大、行车速度快、交通事故少、经济效益高、安全舒适等优点。一个国家高速公路的多少是衡量其交通运输是否发达的重要标志之一。

【小知识4-4】

高速公路的优点

（1）没有交叉车道，只有在汽车更换线路时才有进出车道。

（2）在相向行驶的车道之间，有中央分隔带，除救援车外，其他汽车不允许越过隔离带。

（3）与其他公路、铁路、人行道之间采用立体交叉隔开。

（4）公路两侧用栏杆隔开，不允许人员、动物进入路面。

（5）行车道右边有紧急停车带，靠中央隔离带有应急车道，在紧急情况下，供交通警察使用。

（6）一般路面有4~8个车道，大城市附近有12个车道。

（7）交通设施完备，标志齐全，如地面标线十分醒目，侧面有可变限速板和可变情报板，有专用广播电台。

（8）有先进的通讯监控手段，沿路安装有很多电话和计算机网络，管理部门的中央控制室能随时掌握全路的行车状况，以便收集信息、分析信息、控制车流。

（9）有健全而严格的管理办法，如不能随意停车、调头、逆行、右超车、穿越隔离带等。

（10）有完善的环保措施并用机械养护道路，为保持生态平衡和防止水土流失，在公路两侧广泛种植青草和灌木丛。

由于高速公路运输快速、高效，既缩短了运输时间，又提高了运输的稳定性和交通的方便性。因此，不少高新技术产业都建在高速公路附近。

我国自1988年开始建设高速公路以来，其发展突飞猛进，至2019年我国高速公路总里程已达14.96万千米，东部各省份及其大中城市之间均有高速公路相连。但其与我国高速发展的国民经济还不相适应，远远不及发达国家的水平。

当前，我国正加快高速公路的建设步伐，在原有高速公路的基础上延伸，沿原有国道建设快速通道。目前同江至三亚线、北京至福州线、北京至珠海线、二连浩特至河口线、重庆至湛江线，绥芬河至满洲里线、丹东至拉萨线、青岛至银川线、连云港至霍尔果斯线、上海至成都线、上海至瑞丽线、衡阳至昆明线等"五纵七横"国道主干线总长约35 000千米，于2007年底基本贯通，其中高速公路里程约占公路总里程的76%。"五纵七横"覆盖了全国所有人口在100万人以上的特大城市和93%的人口在50万人以上的大城市，从而使我国公路的面貌大为改观。

4.5 航空与管道运输

航空运输最快捷，管道运输是一种既古老又新型的现代运输方式。随着我国经济的发展，这两种运输方式对改善运输结构、完善全国综合运输网具有十分重要的意义。

4.5.1 航空运输

航空运输具有速度快、机动灵活性高、开辟航线方便等优点，但运量小、运价高、耗能大，一般适于长途旅客、邮件、贵重物品和鲜活商品的运输。2019年我国航空运输完成货邮量753.74万吨，比上年增长1.9%，客运量65 993万人次，比上年增长7.87%。今后，随着人们生活水平的不断提高，人们对旅途舒适程度的要求也越来越高，因此，航空运输以它特有的优越性将越来越被旅游者所青睐。

中国经济地理 ■

1）我国民航的国内航线

我国幅员辽阔，沿海与内陆、南方与北方距离遥远，自然和经济条件差异很大。随着我国经济建设的飞速发展和国际交往的日益频繁，建设一个发达的航空运输网显得尤为重要。目前，我国已建立起以北京为中心连接全国各省省会、自治区首府、各直辖市以及其他经济中心城市、主要旅游城市、沿海开放城市和一部分边远城市的航空运输网。上海、广州、香港、哈尔滨、乌鲁木齐、昆明、沈阳、成都等都是我国重要的航空运输中心。民航班机已成为西藏和新疆的重要交通工具，其大大改善了西南和西北地区的交通落后状况。我国民用航空线分布如图4-3所示。

据中国统计年鉴，2020年民用飞机架数6 134架，其中大中型飞机3 626架。目前，我国内地地区定期航班通航机场达237个，定期航班航线总数有5 521条，其中国内航线4 568条，连接港澳两地的地区航线有111条。

我国主要的国内航空线有北京至上海、广州、乌鲁木齐、哈尔滨、福州、成都、昆明、合肥等；上海至北京、昆明、沈阳、兰州等；广州至哈尔滨、厦门、上海等；香港至北京、广州、南京等；沈阳至南京、广州等；西安至重庆、桂林等；成都至武汉、西安、拉萨等。

我国主要的国际航空港有北京的首都机场、广州的白云机场、上海的虹桥机场和浦东机场、成都的双流机场、西安的咸阳机场、深圳的宝安机场、昆明的巫家坝机场、厦门的高崎机场、福州的长乐机场、海口的美兰机场等。

此外，我国民航还发展了航空摄影、航空探矿、航空调查、农业播种、施肥、除草、灭虫、人工降雨、护林、防火、石油普查、空中广告、侦察鱼群、海洋监测、气象探测等100多个作业项目，作业区遍及除台湾省以外的全国各省市区，直接为工农业生产和国防服务。

【小知识4-4】

世界大地坐标系统（WGS—84）

世界大地坐标系统作为全球民用航空领域普遍使用的测量基准，有利于促进卫星导航、区域导航、增强近地告警等空中航行新技术的全面应用和充分发挥飞机先进机载设备的作

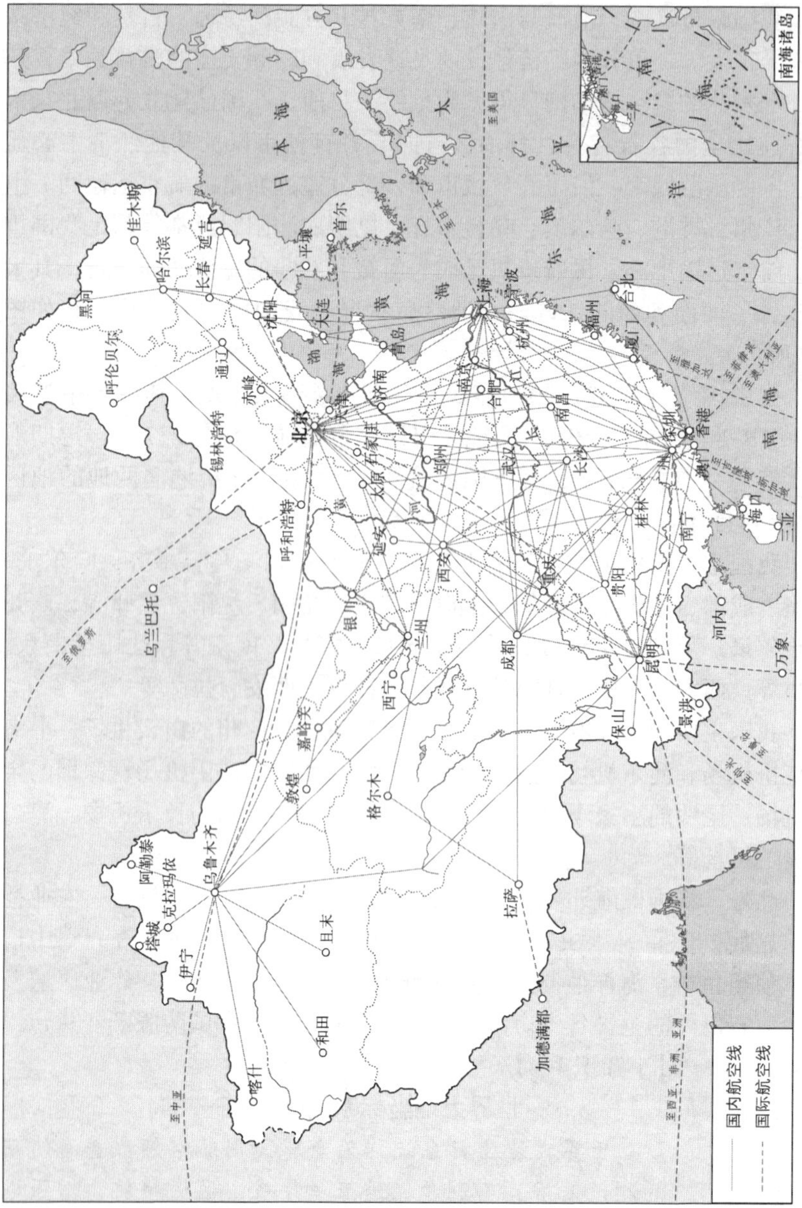

图 4-3 中国民用航空线分布图

国内航空线
国际航空线

中国经济地理

用。中国民航自2007年7月1日起正式使用该系统，这对于我国西部地形复杂机场的安全运行和提高东部地区有限空域资源的使用效率大有裨益。

资料来源　佚名. 世界大地坐标系统（WGS—84）［J］. 航空知识，2007（6）.

2）国际航空运输网

随着我国综合国力和国际地位的不断提高、国际交往和旅游事业的高速发展，我国民航国际航线和国际业务发展迅速。2019年我国共有953条国际航线，国际定期航班通往世界五大洲的55个国家的137个城市。我国的主要国际航线向东有中朝（北京—平壤）、中韩（北京—首尔）、中日（北京—上海—东京—大阪）、中美（北京—上海—旧金山—纽约）等；向西有中英（北京—法兰克福—伦敦）、中俄（北京—乌鲁木齐—莫斯科）、中法（北京—沙迦—巴黎）、中德（北京—莫斯科—柏林）、中塞（北京—卡拉奇—贝尔格莱德）等；向南有中澳（北京—广州—墨尔本）、中新（北京—上海—新加坡）、中菲（北京—广州—马尼拉）、中缅（北京—昆明—仰光）等。

【观念应用4-5】

由上海调遣一批名医和贵重药品到云南地震灾区帮助重伤灾民，应选择哪种运输方式最为经济合理？

分析提示：上海与云南距离远，抢救重伤灾民要求的时间性很强，一批名医和贵重药品给运输造成的载重量不大。航空运输的特点是速度快和运量小，最适合远距离的客运和贵重物品的运输，即使运输成本高些，与争分夺秒、救死扶伤相比，无疑是后者事关重大，因此选择航空运输方式最为经济合理。

4.5.2　管道运输

管道运输与其他运输方式相比，具有占地少、建设工期短、投资小、成本低、自动化程度高、安全可靠等优点，但其无法承担多种货物的运输，且铺设管道需大量钢材。早在公元前2世纪，我国劳动人民就开始使用竹管送水。后来，四川南部内江、自贡地区的劳动人民还将竹管连接起来输送天然气和盐卤水。现代化的管道运输是以铺设在地下的管道作为运输线路的新型运输方式。管道系统由大型钢管、泵站、加压设备组成。1958年，我国修建的第一条原油干线管道是从克拉玛依油田到独山子炼油厂。随着我国石油工业的发展，我国的运输管道建设也不断发展，减轻了其他运输方式的压力，为我国的石油运输业作出了巨大贡献。2019年，我国输油（气）管道里程达12.66万千米，货运量91 261万吨，2019年我国管道货物周转量5 350亿吨千米。

1）输油管道

我国大油田主要分布在东北、华北和西北地区，而炼油厂主要分布在消费区，从而形成了北油南运和西油东运的局面。因此，我国输油管道的发展和布局，也就具有了相类似的基本特征。我国的输油管道主要分布在东北、西北、华北、华东北部的石油产区，把各大油田和各大油港以及主要炼油基地连接起来，形成了我国原油输油管道的运输网。

我国原油输油管道主要有：庆铁线、铁大线、铁抚线、铁秦线、秦京线、东黄线、鲁宁线、甬沪宁线、仪长线、阿独线、克乌线、独乌线、乌兰线、兰成渝线等。

除输送原油的管道外，我国还修建了一部分成品油输送管道。这些成品油输送管道大多连接各炼油厂与油库或油码头，一般距离较短。

我国成品油输送管道主要有：克乌线、独乌线、乌兰线、兰成渝线、抚营线、茂昆贵线、鲁皖线、镇杭线和珠江三角洲成品油管道线等。

2）输气管道

我国第一条输送天然气的管道是1963年修建的，从四川石油沟到重庆。2015年我国天然气管道总长8.5万千米，近十年，中国天然气管道长度年均增长约0.5万千米，进入2015年，天然气管道业仍保持快速发展势头。输气管道主要分布在四川、陕西、山西、山东、河南、重庆、黑龙江、新疆、甘肃、辽宁等省（区）。此外，我国各大油田及许多大炼油厂还修建了一些短距离、小管径的输送石油伴生气的输气管道。国家重点工程"西气东输"于2002年7月开工，西起新疆，东到上海，全长约4 000千米，2004年年底全线供气，满足了长江三角洲地区和沿线各省区的工业和居民用气。西气东输二

中国经济地理

线工程于 2008 年 2 月开工，2012 年 12 月 30 日西气东输二线工程 1 条干线 8 条支干线全部建成投产。气源是来自中亚的天然气，二线西起新疆霍尔果斯，东达上海，南抵广州、香港，横贯中国东西两端，横跨 15 个省区市及特别行政区，工程全长 8 704 千米。年输气能力达 300 亿立方米，可稳定供气 30 年以上。西气东输三线于 2014 年 8 月 25 日全线贯通，以中亚天然气为主供气源，西气东输三线工程途经新疆、甘肃、宁夏、陕西、河南、湖北、湖南、江西、福建、广东等 10 个省（区），总长度约为 7 378 千米，设计年输气量 300 亿立方米。

我国天然气输送管道主要有新沪线、陕京 1 线和 2 线、忠武线、涩宁兰线、冀宁线、淮武线等。琼崖—香港输气管道是我国首条海底长距离输气管道，已安全运行 20 余年。当前，川渝、华北、长江三角洲区域性管道网络已初具规模，中南、珠江三角洲区域性管网即将形成。

2019 年，国家管网集团成立，全国主要油气管道实现并网运行。目前，国家管网统一调度运营管理的油气干线管道达 9 万千米，实现了油气资源在不同管道间的灵活调配。

3）固体输送管道

输送固体的管道是我国 20 世纪 80 年代才发展起来的一项新技术，早期只有几条短距离的固体输送管道，如滇北东川铜矿的铜精矿自流管道和粤、甘、皖、辽等省一些矿区输送矿石的管道等。以后我国开始规划与建设长距离的固体输送管道，如从山西平朔煤矿经保定到山东潍坊输送煤炭的固体输送管道，以及太钢尖山铁矿 100 千米和昆钢大红山铁矿 170 千米的铁精矿输送管道，宜昌 110 千米的磷精矿输送管道，年运量 3 000 万吨、995 千米长的长城输煤管道，年运量 1 500 万吨、838 千米长的长江输煤管道等。

当前，管道运输已成为我国货运的重要组成部分，但由管道担负的运量所占比重尚小，我国管道长度与原油产量很不相称。今后，要加快修建和完善各油田的管道系统，对现有管道进行改造，采用新技术、新工艺逐步把全国各大油田的管道连接成网，保证原油供应畅通无阻。同时，还要积极发展成品油管道、输气管道和固体输送管道。

本章小结

❋ 交通运输业是发展工农业生产及其他各行业的"先行官"。目前，我国综合运输网已初具规模，布局日趋合理，技术装备大大加强，运输能力日益提高。

❋ 铁路运输是我国综合运输网的骨干，担负着大宗货物和旅客的中长途运输。我国铁路运输以北京为中心，以"八纵八横"通道为骨架，联系众多支线，通达全国各省市区。同时，我国高铁运营总里程居世界第一。水路运输运量大、运价低；长江是内河运输的主力，素有"黄金水道"之称。海洋运输分为沿海航线运输和远洋航线运输，沿海航运发展迅速，承担着重要的货运任务；远洋运输船队从无到有，目前航线通向世界160多个国家和地区的1 300多个港口，成为我国对外贸易最重要的运输方式。

❋ 公路运输适合于地方或城乡客货的短途集散。我国现已形成以国道主干线为主，省道、县道和高速公路纵横交错的公路网。

航空运输是速度最快捷的运输方式，目前我国已建立起以北京为中心，连接全国各省省会、自治区首府、各直辖市以及其他部分旅游城市、开放城市和边远城市的航空运输网，并与世界55个国家的137个城市有定期航班往来。

管道运输是一种既古老又年轻的运输方式。我国目前有12.66万千米长的油气输送管道，把主要油气田、炼油厂、石化厂和消费地紧密联系在一起。

主要概念

交通运输业　铁路枢纽　水路运输　高速公路

中国经济地理

知识练习

❀ **简答题**

（1）简述我国交通运输业的布局要求。

（2）京广线纵贯我国哪些省、市、区？

（3）长江航线运输的货物结构是怎样的？

（4）我国有哪几条进藏公路？试述其起点和终点。

（5）试对航空运输和管道运输进行经济评价。

（6）有批货物要从上海经"西行航线"运至法国马赛，途中主要经过哪些海洋和海峡？

❀ **填空题**

（1）现代交通运输业主要包括_____、_____、_____、_____和_____运输等五种运输方式。

（2）京沪线由北向南跨越_____、_____、_____和_____四大流域。

（3）水路运输一般由_____、_____、_____和_____四个环节构成。

（4）我国国道按方向可分为三类：第一类是以_____字开头，以_____为中心作扇形辐射的公路；第二类是以_____字开头的_____公路；第三类是以_____字开头的_____公路。

（5）我国主要的国际航空港有北京的_____机场、广州的_____机场、上海的_____机场和_____机场、成都的_____机场、西安的_____机场、深圳的_____机场、昆明的_____机场、厦门的_____机场、福州的_____机场和海口的_____机场等。

❀ **选择题**

（1）陆桥通道、呼南通道、京哈-京港澳通道分别途经位于中原的（　　）是超级枢纽。

A.北京　　　　　　　　　　B.上海

C.郑州　　　　　　　　　　D.广州

（2）（　　　）分别是我国长江上游、中游和下游最大的港口。

A.重庆、武汉、上海

B.水富、武汉、镇江

C.重庆、沙市、南京

（3）（　　　）是我国铁路最后通车的省区。

A.内蒙古　　　　　　　　　　B.新疆

C.台湾　　　　　　　　　　　D.西藏

E.青海

（4）机动灵活、周转速度快、装卸方便、对自然条件适应性强的运输方式是（　　　）。

A.铁路　　　　　　　　　　　B.水路

C.公路　　　　　　　　　　　D.航空

E.管道

（5）我国向东的主要国际航空线有（　　　）等。

A.中朝、中韩、中日和中美

B.中澳、中菲、中新和中缅

C.中英、中俄、中法和中德

（6）（　　　）是铁路运输的优点。

A.速度快　　　　　　　　　　B.工期短

C.运价低　　　　　　　　　　D.运量大

E.占地少　　　　　　　　　　F.机动灵活

（7）水路运输的不足之处是（　　　）。

A.运量少　　　　　　　　　　B.速度慢

C.成本高　　　　　　　　　　D.受自然条件限制大

（8）京杭大运河是历史上与万里长城共名的伟大工程，它北起北京，经（　　　）四省一市，南至杭州。

A.天津　　　　　　　　　　　B.河北

C.河南　　　　　　　　　　　D.山东

E.安徽　　　　　　　　　　　F.江苏

G.上海　　　　　　　　　　　H.浙江

（9）我国山西省北部的煤通过铁路运到（　　　）两个海港输出最为

方便。

 A.大连   B.营口

 C.秦皇岛   D.天津

 E.青岛   F.烟台

 G.日照

（10）宁波港现已成为华东沿海矿石中转基地、原油中转运输和储备基地、战略物资储备基地、外贸物流基地和临港工业的天然良港。其在上海国际航运中心集装箱运输体系中的作用显著增长。这说明了（ ）。

 A.上海港的经济腹地在急剧缩小

 B.黄浦江的水深不足限制了上海港的进一步发展

 C.上海是国际航运中心

 D.宁波一带矿石和石油资源丰富

技能训练

（1）在地图上找出我国铁路骨架"八纵、八横、二网和关内外三线"中主要铁路干线及其起终点，并在中国地理填充图上填注"八纵、八横"中每条铁路干线的名称及起终点的地名。

（2）将一批粗铜矿石以最经济合理的水陆联运方式，由昆明运到上海精炼。在地图上选择水陆运输线路，并将这条水陆运输线路的名称及其起终点的地名以及它所经过的省会城市、自治区首府和直辖市的地名一起填注在中国地理填充图上。

观念应用

❋ **案例题**

（1）青岛海鲜运往济南，六盘水煤炭调运两广，北京报刊、邮件发运乌鲁木齐，通常应分别选择哪种运输方式最为合理？为什么？

（2）目前，无论是政府还是民众，对汽车社会的到来都还没有做好心理上的调适以及文化、政策和管理上的准备。对于汽车数量膨胀引起的交通、能源、环境等问题，都是一些"头痛医头、脚痛医脚"之类的短期适应性的政策调整，特别是没有从长期和战略高度设定清晰而富有远见的汽车产业战略目标，并试着去处理政策引导与居民自主选择、公共交通与私人交通、汽车消费与能源环境、大众汽车消费与基础设施及社会进步等汽车社会必然要面临的全局性重大关系。汽车产业越是发展，汽车数量越是庞大，其对社会的负面影响越大。我们亟须做好应对汽车社会到来的必要准备。

问题：要做好应对汽车社会到来的必要准备，你觉得必须采取哪些措施？

❋ **实训题**

调查了解你所在省、市、区（或县、市、区）交通运输业发展和客货运量的现状，并就合理利用当地自然和经济优势加强交通基础设施建设谈谈你的具体建议。

中国经济地理 ■

第5章

贸易地理

学习目标

知识目标：了解贸易在国民经济发展中的地位与作用，掌握我国商品购销的地域差异、商业中心分布特点及形成、对外贸易的地区分布。

技能目标：能够从网上或图书馆查阅最新贸易信息和相关统计资料，了解我国商品货源市场、销售市场、餐饮市场、商业中心和外贸市场的现状，积极参加区域经济合作和贸易交流。

能力目标：能够运用有关知识与技能，分析我国国内贸易和对外贸易的规模、结构和地域特点，监测市场运行和商品供求情况，有效组织商品流通工作。

引例 中欧班列——往来于中国与欧洲之间的集装箱国际铁路班列

截至 11 月 5 日，今年中欧班列开行 10 180 列，超过 2019 全年 8 225 列，运送货物量同比增长 54%，还送了 6 万多吨的抗疫物资。未来欧洲的货物可以通过"渝新欧"运到重庆，再通过空运中转到曼谷、吉隆坡、大阪等距离重庆 4 小时航空半径的亚洲城市，形成以重庆为核心的"四小时航空经济圈"，运输成本将大幅降低。

重庆开启了中欧班列的"范式"。就在重庆首开"渝新欧"班列后，国内一些城市紧跟其上，"汉新欧""郑欧""蓉欧快铁""义新欧""苏满欧"蜂拥而来，相继开出。

在 2016 年 6 月，中国铁路总公司正式启用统一品牌，把中国开往欧洲的货运集装箱专列命名为"中欧班列"，实行统一组织、统一管理。完成第一个 1 000 列，中欧班列用了 54 个月，第二个 1 000 列用了 8 个半月，第三个 1 000 列用了 5 个半月，第四个 1 000 列用了 4 个半月，第五个 1 000 列用了 3 个月，第六个 1 000 列只用了两个半月时间。

直到今天，渝新欧依然保持着中欧班列的领军地位，包括重庆在内的 TOP 5 城市占了中欧班列 86.3% 的开行量。2020 年前 7 个月，历史上中国首次成为欧盟第一大贸易伙伴，超过欧美之间的贸易额。

"十三五"以来，中欧班列国际化运输服务能力不断提升。国内开行城市已经达到 20 个，通达欧洲 18 个国家 57 座城市，货运量年均增长 71%。

资料来源 根据历程 iExperience 2020-12-21 相关文章整理得来。

5.1 贸易概述

贸易是一个以从事商品流通为主的行业，属第三产业范畴，是市场经济不可缺少的重要环节。一国贸易按其地域特征可分为从事国内商品与劳务交换的国内贸易和从事本国与其他国家（地区）之间的商品与劳务交换的对外贸易。国内贸易与对外贸易是一个有机整体。由于受意识形态及经济体制等诸多因素的影响，中华人民共和国成立后一个较长的时期内，我国国内贸易和对外贸易一直处于被分割的状态。即使在社会

中国经济地理

主义市场经济体制基本建立的20世纪90年代，内外贸易的管理体系仍然没有融合。这种状况已很难适应加入世贸组织新形势的需要及建立和健全统一、开放、竞争、有序的现代市场体系的要求。2003年商务部成立后，我国内外贸分割、国内外市场分割和进出口配额分割的管理体制终结。

【小知识5-1】

技术性贸易壁垒

技术性贸易壁垒是一个国家（地区或区域组织）的政府机构或非政府机构以维护国家安全、防止商业欺诈、保护人类健康或安全、保护动植物的生命或健康、保护环境为理由，以《技术性贸易壁垒协定》《实施卫生与植物卫生措施协定》等有关WTO协议为法律依据，以技术法规、标准及合格评定程序为手段，对外国商品设置的强制性或非强制性的进口限制措施，属于非关税壁垒的范畴。

资料来源　佚名. 技术性贸易壁垒［J］. 中外经贸信息，2007（20）.

5.1.1 贸易在国民经济中的地位

贸易是我国国民经济的重要组成部分。从"十二五"末的2015年到2019年，第三产业增加值占国内生产总值的比重从50.8%增加到了53.9%。国内贸易是我国第三产业的支柱行业之一，占第三产业的17.94%，占国内生产总值的9.7%。

国内贸易的主要任务是把商品从生产者手中送到消费者手中，最终实现商品的价值和使用价值，使整个社会再生产过程得以顺利进行。因此，它是联系生产和消费的桥梁，直接影响着商品生产的规模与水平，制约着整个国民经济的发展与繁荣，还关系到人们物质需求和精神需求的满足程度以及社会的安定。

对外贸易指一国或一地区以本国或本地区为主体，同世界其他国家或地区进行的商品和劳务的交换活动。对外贸易扩大，不仅能带动国内生产，使国内生产的产品通过出口在国际市场上实现价值，获得比较利益，而且还能引进国内经济建设需要的资金、技术、原材料和管理经验，创造更多的就业机会，增加国家税收和外汇收入，带动相关产业的发展。此外，外贸发展对促进国民经济结构优化、提高经济效益和促进世界和平与发展也具有重要意义。

5.1.2　影响贸易布局的因素

与其他经济部门一样，贸易的布局深受自然、社会经济和科学技术等因素的影响，尤其是社会经济因素对贸易布局具有决定性影响。

1）自然因素

自然因素直接影响着商品销售，尤其以地形和气候的影响为最大。寒冷地区与温暖地区、湿润地区与干旱地区、高山地区与平原地区的人们的生产和生活方式不同，消费习惯也有着较大的差异，从而产生了商品销售的地区差异，影响着贸易的地区布局。

自然因素还通过影响商品生产、交通运输和人口等社会经济因素，间接地影响贸易布局。如自然因素不同的地区，所产的物品有较大的差异，因而需要购销的商品不同。此外，自然因素还影响商品的采购和储运，如农产品收购受气候的影响，具有明显的季节性，会出现商品季节收购与全年供应的矛盾。不同的气候条件对商品仓储和运输也有不同的要求，如在炎热多雨地区，商品运输要注意防霉烂、防雨淋，仓储时要注意防暑降温；在寒冷地区，某些商品的储运要重视冻害的防治。灾害性的天气还会影响商品运输的连续性。此外，各地人口数量、分布的差异还影响着贸易的规模。

2）社会经济因素

商品是贸易存在的物质基础。商品生产的规模、发展水平和布局直接影响着贸易的规模、发展水平和布局。商品生产的地区差异决定着商品购进的地区差异。各地由于自然条件和社会经济条件千差万别，在现代化大生产条件下，往往会扬长避短，开展专业化生产，实行劳动地域分工，因而各地区所需的商品不可能完全实现自给。这就需要贸易部门一方面从区外购入部分商品，或弥补不足，或调剂品种，以满足当地需求；另一方面要把区内有余的商品往外销，以保证再生产的正常进行。商品从货源地到消费地的流向，亦深受商品生产布局的影响。商品生产的地域性越强，商品流动的可能性就越大，流向就越复杂；商品生产的专业化程度越高，不仅商品流向的可能性越多，而且流动的半径也越大。

中国经济地理

人既是生产者，也是消费者。一方面，贸易活动需要作为生产者的人来组织和管理，从而使贸易顺利进行；另一方面，人口因素影响着贸易活动规模的大小，是贸易网点设置密度的前提条件；而人口的性别、年龄、职业、文化程度、经济收入、民族等属性又决定了消费水平、消费结构的不同，进而影响着贸易网点的种类和经营商品的范围。

交通是商品集散的必要手段，一国或地区只有拥有发达的交通运输业，才有可能发展大规模的贸易。交通运输线路的分布不仅影响着商品贸易规模和商品的流向，而且制约着贸易企业、商业中心的地区分布。

此外，社会经济制度、历史基础和旅游业的发展等也影响和制约着贸易布局。

3）科学技术因素

科学技术因素直接影响贸易工作的效率和经济效益。先进的通信技术、包装技术、保鲜技术、销售设施、促销手段等是贸易工作效率和效益提高的重要保证，也能在一定程度上改变贸易的地区分布格局。此外，科技条件还通过影响商品生产规模、商品生产地区结构和交通运输线路建设等间接影响贸易的地区布局。

【小思考5-1】

为什么说人是影响贸易活动的重要因素？

答案提示：从人既是生产者又是消费者、具有角色的两重性方面进行分析思考。

5.2　国内贸易

5.2.1　国内贸易发展概况

我国是一个历史悠久的国家，曾经是世界上国内贸易最繁荣的国家之一，各历史名城均曾是巨大的商业市场。1840年鸦片战争后，我国沦为半殖民地半封建社会。虽然在当时出现了近代意义上的国内贸易，但带有明显的半殖民地半封建性质，发展畸形。其主要表现在国内贸易规模不大，主要由帝国主义和官僚买办资产阶级所控制和垄断，贸易的地区分布偏集于东北和东部沿海地区，以适应帝国主义掠夺资源、倾销商品的需要。

中华人民共和国成立后，我国的国内贸易发生了根本性变化。十一届三中全会以后，我国逐步由计划经济体制向社会主义市场经济体制转变，国内贸易体制发生了根本性变化，国内贸易取得了巨大成就。

1）国内贸易规模迅速扩大

随着我国社会主义市场经济体制的逐步建立及商品生产的发展、交通运输条件的改善和人口的增长，国内贸易规模日益增大。截至2019年年底，全国限额以上批发和零售业、住宿和餐饮业产业活动单位已达296 255个，从业人员达1 648.64万人。2019年全国社会消费品零售总额为408 017.2亿元，比2018年增长了8%。随着人们生活观念和生活水平的不断提高，人们在外就餐的次数逐渐增多，开支不断增长。近年来，我国餐饮服务业发展迅速，2019年全国餐饮业营业额达5 886.6亿元，是2018年的1.17倍。2015—2019年我国社会消费品零售总额及其增长速度情况如图5-1所示。

图5-1　2015—2019年我国社会消费品零售总额及其增长速度情况

2）国内贸易结构有了较大改善

从经济类型看，改革开放后，我国以国有经济为主导，以集体经济为辅助、个体经济为补充的国内贸易结构已不复存在，私营企业和外资企业已成为国内贸易的重要组成部分。在2019年限额以上批发业商品销售总额中，国有企业占2.81%，集体企业占0.1%，有限责任公司占41.25%，股份有限公司占2.81%，私营企业占34.06%，港澳台及外商投资企业占4.81%。在2019年限额以上零售业商品销售总额中，国有企业

中国经济地理

占 0.92%，集体企业占 0.43%，有限责任公司占 41.5%，股份有限公司占 12.79%，私营企业占 43.96%，港澳台及外商投资企业占 7.68%。

从城乡构成看，近年城镇的批发、零售、餐饮业发展较快，2019年市和县消费品零售总额稳步增长。伴随着城市化脚步的加快，城镇贸易所占的比重必然会越来越高，但中国农村市场的巨大消费潜力也是不应忽视的。

从行业看，批发零售贸易仍占绝对主导地位。2019 年，在社会消费品零售总额中，批发零售贸易业占 97.31%，餐饮业占 1.6%，其他行业占 1%。

3）商品市场体系日趋完善，并逐步走向现代化

随着商品流通体制改革的不断深化，作为连接产需的内贸部门，正逐步从传统的末端行业发展成为先导性行业。市场机制已逐步成为商品资源配置的基础和核心，多元化的市场竞争格局已经形成，多样化的市场流通形式和新型业态方式不断涌现，以连锁经营为代表的现代流通组织形式发展迅速，一个包含无形市场、期货市场与现货市场、批发与零售市场、城市市场与农村市场的商品市场体系已基本形成。我国的零售商业一改过去都是传统百货店的形式、业态比较单一的状况，国际上主要的零售商业业态，如购物中心、综合百货商场、大卖场、标准超市、便利店、折扣店等都已在我国出现。

发展连锁经营、物流配送和电子商务是一国贸易走向现代化的重要标志，也是我国现阶段推进内贸现代化的重要政策措施。近年来，连锁经营在我国零售业和餐饮业中发展迅速，并不断向多业态、多业种、多方式方向发展，从大中城市向小城镇和农村市场延伸，物流业增加值稳步上升。2020 年上半年全国社会物流总额 139.5 万亿元，按可比价格计算，同比增长 6.1%。总体来看，去年我国物流需求规模增速减缓，物流业转型升级加快，社会物流总费用与 GDP 的比率有所下降。2019 年上半年社会物流总费用 6.6 万亿元，同比增长 8.0%。其中，运输费用3.4 万亿元，同比增长 7.4%，占社会物流总费用的比重为 51.5%；保管费用 2.3 万亿元，同比增长 8.9%，占社会物流总费用的比重为 34.8%；管理费用 0.8 万亿元，同比增长 8.3%，占社会物流总费用的比重为12.1%。社会物流总费用与 GDP 的比率为 16.6%，比一季度下降 0.3 个百

分点。

与此同时，物流业总收入平稳增长。数据显示，2019年物流业总收入10.3万亿元，同比增长5.9%。这说明由于2019年货运量、货物周转量的调整以及GDP的修订，社会物流总费用及与GDP的比率、物流业总收入也进行了相应调整。

随着信息技术的迅速发展，互联网快速普及，网上采购、网上销售、网上会展以及提供网上招商、网上交易平台、网上广告等服务的多种形式的电子商务不断发展，已成为当今经济领域蓬勃发展的潮流。2009年中国B2B电子商务交易规模为1.86万亿元，同比增长18.5%；具有电子商务应用能力的中小企业数量已经达到3 995.6万家，其中使用第三方B2B电子商务服务的中小企业数量为1 702万家，占中小企业的比例为42.6%。在B2B电子商务的大浪裹挟之下，占中国企业总数99%的中小企业正成为B2B类电子商务网站的"金矿"。"十三五"期间，我国电子商务、移动支付等业务发展引领全球，2019年我国网上零售额达10.6万亿元，是2015年的近3倍，移动支付交易规模达347万亿元，是2015年的15倍。

【小知识5-2】

连锁经营、物流配送、电子商务

连锁经营是指由在同一经营字号的总部统一领导下的若干分支机构或分支企业组成的联合体所进行的生产经营活动。它是一种企业组织形式和经营制度，其主要特征是总部负责采购、配送，分支机构负责销售，并通过企业形象的标准化、经营活动的专业化、管理方式的规范化及管理手段的现代化，使复杂的经营活动在职能分工的基础上，实现相对的简单化，以获得规模效益。

现代物流配送是指物流企业采用网络化的计算机技术和现代化的硬件设施、软件系统及先进的管理手段，针对社会需求，严格地、守信用地按用户的订货要求，进行一系列分类、编配、整理、分拣和配货等工作，定时、定点、定量地将商品送达各类用户，以满足其对商品的需要。

电子商务是指利用Web提供的通信手段在网上进行的商业交易活动。通过Internet实现企业、商户及消费者的网上购物、网上交易及在

中国经济地理

线支付等一系列商务活动，是一种不同于传统商业运营模式的新型商业运营模式。广义的电子商务包括基于Web的全部商业活动，即电子化的商务活动。

4）以新业态新模式适应多变的新需求

零售业态随着消费者生活方式的改变不断演变，同时无人零售、无接触配送、智慧商店、网上超市、直播零售等新兴模式快速发展。2019年中国零售百强企业销售规模8.6万亿元，同比增长17.3%。百强企业销售规模占社会消费品零售总额的20%。2019年中国零售百强企业排名中，天猫以销售额2 612亿元名列第一，京东以销售额2 085.4亿元位居第二，拼多多以销售额1 006.6亿元位居第三。2019年电商保持较快增长，成为百强增长主动力。

5）3C认证正式实施

为保护广大消费者的人身安全和动植物生命安全、保护环境、保护国家安全，我国自2003年8月开始正式实施强制性产品认证制度。中国强制性认证（China Compulsory Certification，CCC，简称"3C认证"）是我国政府为了履行加入世界贸易组织的承诺，实现强制性产品认证的"四个一"要求（统一目录、统一标准技术法规和合格评定程序、统一标志、统一收费）所做的一次国家认证制度的改革。强制性产品认证（CCC标志）将取代原进口商品安全质量许可证书（CCIB标志）及安全认证合格证书（CCEE标志）。"3C认证"制度是对过去长期以来我国强制性产品认证存在着的对内、对外两套认证管理体系的统一。

6）内贸地区分布逐步趋向合理

中华人民共和国成立以前，我国的贸易网点基本上集中在东部地区，东部地区国内贸易的发展水平也比西部地区高。中华人民共和国成立后，国家十分重视内陆地区商品流通网络的建设，内陆省区的贸易机构数、社会消费品零售总额都有了较大幅度的增加，同时进一步挖掘下沉市场激发消费潜力。中国农村、低线城市具有庞大的人口基数，随着居民收入水平提高和信息互联互通，这些居民升级生活方式的愿望非常强烈，正在成为新一轮消费升级的重要力量，下沉市场将是零售企业、品牌企业和电商激烈争夺的新战场。

5.2.2 商品市场

市场是商品交换的场所。由于我国各省区市的自然条件、经济发展水平、产业结构、人口数量和结构、消费需求和购买力水平等各不相同，因此，我国商品市场的地域差异明显。

1）商品货源市场的地区分布

商品货源丰富与否与经济发展水平密切相关，商品货源市场的地区分布与各地区经济发展水平，尤其是工业发展水平和农业商品率的高低有较高的相关度。受商品生产发展水平、地理位置（特别是外贸地理位置）等因素的影响，我国商品货源市场偏集于东部沿海地区。

商品购进总额是指从本企业（单位）以外的单位和个人处购进（包括从境外直接进口）作为转卖或加工后转卖的商品的总额。它反映批发零售贸易业从国内和国外市场上购进商品的总量。我们现通过限额以上批发零售贸易业商品购进总额地区差异状况来分析我国商品货源的地区差异。2019年，土地面积不到国土总面积12%的沿海12个省区市的限额以上批发零售贸易业商品购进总额达547 679.1亿元，占到全国限额以上批发零售贸易业商品购进总额的77.19%。各省区市限额以上批发零售贸易业商品购进总额占全国比重见表5-1。

表5-1　　　商品购进总额占全国比重表（2019年）

省区市名称	比重（%）	省区市名称	比重（%）	省区市名称	比重（%）	省区市名称	比重（%）
北京	9.52	上海	15.42	湖北	2.51	云南	1.38
天津	4.08	江苏	9.52	湖南	1.46	西藏	0.04
河北	1.63	浙江	10.04	广东	13.13	陕西	2.07
山西	1.53	安徽	1.74	广西	1.35	甘肃	0.77
内蒙古	0.64	福建	4.86	海南	0.39	青海	0.15
辽宁	2.19	江西	0.83	重庆	1.73	宁夏	0.26
吉林	0.43	山东	5.07	四川	2.38	新疆	1.50
黑龙江	0.69	河南	2.00	贵州	0.71	—	—

资料来源　根据《2020年中国统计年鉴》有关内容整理得来。

中国经济地理

根据限额以上批发零售贸易业商品购进总额的大小，可把商品货源市场分为四类。

（1）最重要的商品货源市场。沪、粤、浙、苏、京、鲁、闽等7个省市是我国最为重要的商品货源市场，限额以上批发零售贸易业商品购进总额年均在34 000亿元以上，占全国的比重均在4.86%以上。全国限额以上批发零售贸易业商品购进总额约67.55%来自这7个省市，它们每年都为我国市场提供种类繁多、数量庞大的商品。

（2）重要商品货源市场。津、鄂、川、辽、陕、豫、皖、渝、冀、晋、新、湘、云、桂、赣、甘、黔等17个省区市限额以上批发零售贸易业商品购进总额年均在5 000亿元以上，占全国的比重均在0.71%以上，为我国重要的商品货源市场。

（3）一般商品货源市场。黑、蒙、吉、琼等4省区限额以上批发零售贸易业商品购进总额不大，年均在2 700亿~4 900亿元之间，占全国的比重在0.39%~0.69%之间，其中蒙、贵等省区是全国重要的煤炭调出区；贵州省的烟草、酒，江西省的中药材、山林特产等在全国也占较重要地位。

（4）较小商品货源市场。宁、青、藏等3省区生产发展水平低，能够提供的商品除畜产品外，其他数量甚少，限额以上批发零售贸易业商品购进总额每年都在1 800亿元以下。

2）商品销售市场的地区分布

商品销售市场的地区分布深受经济发展水平、人口数量和结构、生活观念与习惯等因素的影响。商品销售总额是指对本企业（单位）以外的单位和个人出售（包括向境外直接出口）的商品的总额。它反映批发零售贸易业在国内市场上销售商品及出口商品的总量。我们现通过限额以上批发零售贸易业商品销售总额地区差异状况来分析我国商品销售的地区差异。

我国商品销售的地区分布呈现如下特点：一是地区分布不平衡，2019年限额以上批发零售贸易业商品销售总额最多的上海市高达120 468.2亿元，而最少的西藏则只有443.3亿元，高低相差271.75倍；二是沿海、沿江经济开放地区的商品销售市场较为发达，西北内陆、青藏高原及边远地区则较为落后。各省市区限额以上批发零售贸易业商品销售总额占全国的比重见表5-2。

表5-2　　　　　各省区市限额以上批发零售贸易业商品
销售总额占全国的比重表（2019年）

省区市名称	比重（%）	省区市名称	比重（%）	省区市名称	比重（%）	省区市名称	比重（%）
北京	9.20	上海	15.39	湖北	2.61	云南	1.48
天津	3.92	江苏	9.28	湖南	1.52	西藏	0.06
河北	1.70	浙江	9.94	广东	12.98	陕西	2.11
山西	1.52	安徽	1.80	广西	1.33	甘肃	0.76
内蒙古	0.67	福建	4.92	海南	0.39	青海	0.15
辽宁	2.19	江西	0.95	重庆	1.78	宁夏	0.23
吉林	0.45	山东	5.10	四川	2.42	新疆	1.47
黑龙江	0.70	河南	2.08	贵州	0.89	—	—

资料来源　《2020年中国统计年鉴》有关内容整理得来。

按限额以上批发零售贸易业商品销售总额的大小，可把我国商品销售市场分为四类。

（1）最重要的商品销售市场。沪、粤、浙、苏、京、鲁、闽等7省市经济发达，人口众多，消费者货币收入增长迅速，社会购买力强，限额以上批发零售贸易业商品销售总额年均在38 400亿元以上，为全国最重要的商品销售市场。这7省市限额以上批发零售贸易业商品销售总额合计约占全国的66.81%。

（2）重要商品销售市场。津、鄂、川、辽、陕、豫、皖、渝、冀、晋、湘、滇、新、桂、赣、贵、甘等17个省区市也是我国经济较发达、人口较多的省区市，为全国重要的商品销售市场，限额以上批发零售贸易业商品销售总额年均在5 900亿元以上。

（3）一般商品销售市场。黑、蒙、吉、琼等4个省限额以上批发零售贸易业商品销售总额年均在3 000亿～5 500亿元之间，为一般商品销售市场。

中国经济地理

（4）较小商品销售市场。限额以上批发零售贸易业商品销售总额年均在1 830亿元以下的省区有宁、青、藏。这3个省区人口稀少，相对购买力较低，商品销售规模较小。合计限额以上批发零售贸易业商品销售总额只占全国的0.45%，只相当于一般销售市场中排倒数第二位的吉林省的销售规模。

3）餐饮市场的地区分布

餐饮业的发展深受经济发展水平、收入水平、人口数量、生活方式、习惯、观念等诸多因素的影响。由于我国各地经济发展水平、人口数量、生活观念等存在着明显的地区差异，我国餐饮业地域差异明显，地区分布也很不平衡。沿海地区的餐饮业较为发达，西北内陆、青藏高原及边远地区的餐饮业较为落后。餐饮业最发达的广东省，2019年限额以上餐饮业主营业务收入高达1 027.4亿元，最低的西藏只有1.9亿元，高低相差540.73倍。各省市区限额以上餐饮业主营业务收入占全国的比重（2019年）见表5-3。

表5-3　各省市区限额以上餐饮业主营业务收入占全国比重表（2019年）

省区市名称	比重（%）	省区市名称	比重（%）	省区市名称	比重（%）	省区市名称	比重（%）
北京	1.34	上海	14.62	湖北	4.57	云南	0.97
天津	1.96	江苏	7.73	湖南	2.86	西藏	0.02
河北	0.78	浙江	6.82	广东	15.66	陕西	3.43
山西	0.91	安徽	2.70	广西	0.96	甘肃	0.53
内蒙古	0.82	福建	4.40	海南	0.21	青海	0.73
辽宁	1.71	江西	0.92	重庆	2.81	宁夏	0.10
吉林	0.27	山东	3.27	四川	4.57	新疆	0.32
黑龙江	0.15	河南	1.52	贵州	0.70	—	—

资料来源　根据《2020年中国统计年鉴》有关内容整理得来。

按限额以上餐饮业主营业务收入的大小，可把我国餐饮业市场分为三类。

（1）发达餐饮市场。粤、沪、苏、浙、鄂5省市人口稠密，经济发达，居民收入水平较高，餐饮消费能力较强，餐饮业较为发达。2019年限额以上餐饮业主营业务收入均在300亿元以上，5省市合计限额以上餐饮业主营业务收入占全国的49.42%。

（2）较发达餐饮市场。川、闽、陕、鲁、湘、渝、皖、津、辽、豫、京、滇等12省市的餐饮业也较为发达，2019年限额以上餐饮业主营业务收入均在63亿元以上。

（3）一般餐饮市场。桂、赣、晋、蒙、冀、贵、甘、新、吉、琼、黑、宁、青、藏等省区人口密度不高，相对消费水平较低，餐饮业发展水平不高。

5.2.3　主要商品流向

商品的流通必然伴随着商品在空间位置上的移动。**商品流向是指一定时期内一定品种和数量的商品在地域上的运转线路和方向**。商品品种、商品的运转线路和商品的运转方向是商品流向的三要素。商品流向的形成取决于商品生产的地区分布、商品销售的地区差异和运输线路的走向。

1）粮食

我国传统的粮食基本流向是南粮北运、东粮西运、关外粮食进关。近几年来，由于历史上多灾的黄淮海地区已发展成为我国最大的商品粮基地，而南方的不少地区（如粤、浙、闽、琼、黔、川等省区）不仅不能再调出粮食，而且需调入，这在一定程度上改变了我国南粮北运的格局。北粮南运已成为粮食运销的主流。目前，我国调运量最大、运距最远的商品粮流向主要有两个：一是东北的粮食经哈大—京沈铁路或海运入关，一部分运销关内各省市区，一部分转京包或陇海铁路线运往西北各省区；二是黄淮海商品粮基地生产的粮食经京广、京沪、陇海等铁路线运至长江下游、华南、西南和西北各省区市。

2）棉花

长江流域和黄河流域是我国最大的产棉区，西北地区是我国长绒棉的主产区，东北、西南和华南地区是主要的缺棉区。因此，我国棉花的基本流向是北棉南运、西棉东运、关内地区的棉花出山海关供应东北地区。黄河流域的棉花一路出关供东北地区，一路南下销华东和华南地区，一路流向西南地区。长江下游地区的棉花主要满足当地纺织生产所需。长江中游地区的棉花或东运至长江下游地区，或西运供西南地区，亦有部分运销华南地区。西北地区的长绒棉主要是东运，供我国东部沿海地区的纺织工业中心生产高档棉纺织品。

3）糖

我国糖的生产集中分布在南方的桂、粤、闽、滇、琼、赣、川和北方的新、黑、蒙、吉等省区，形成了食糖从南北产地流向中部地区的运销格局。桂、粤糖自南而北流向全国大部分地区，闽糖以供华东地区为主。目前，新疆已发展成为我国最大的甜菜糖生产基地和北方最大的糖调出区。

4）盐

我国食盐以海盐为主。北方沿海地区有大量的海盐外运；西北地区的湖盐产量虽远不如东部，但区内人口稀少，工业生产尚不发达，对盐的需求量不大，自给有余；西南地区有井盐生产，只贵州省需调入。因此，我国盐的基本流向是东盐和西盐中运、北盐南运、关内盐流向关外。长芦盐场的盐一路北上供东北地区，一路南下供东南沿海省市；鲁、苏盐除南下供应华东各省市外，还有一部分运销中原地区和长江沿岸地区；西北地区的盐沿陇海线至郑州南下供应中南各地。

5）煤炭

由于我国煤炭资源蕴藏丰度与经济发达程度的逆向分布，煤炭的基本流向长期以来一直是北煤南运、西煤东运、关内煤出关供东北地区。以山西为中心，包括豫西、陕北、宁夏、内蒙古等省市区在内的北方煤炭基地是我国最大的煤炭调出区。这里的煤炭一路经东西向铁路线运往北方沿海各港口转海运南下供应南方沿海各省市；一路出关供应东北地区；一路经南北向铁路线南下转长江航道运销长江流域各省市。贵州的煤炭主要经铁路和水运供两广地区。以徐州、淮南、淮北、兖州为中心的华东北部煤炭基地生产的煤主要南运至苏、浙、沪等地。

6）石油

我国原油生产集中在东北、华北和西北地区，而长江沿岸和沿海各省市分布着众多的炼油工业中心，因此，我国原油的基本流向是北油南运、东油和西油中运、关外油进关。我国东部地区的原油（以各大油田为中心）经管道输向大连、秦皇岛、青岛和南京（仪征）四大港口，后转海运或长江航道运至沿海和沿江各大炼油中心；西北克拉玛依的原油经管道运至乌鲁木齐和石河子炼油基地；玉门油田的原油经管道运输至兰州炼油厂。

我国成品油运输以铁路为主。由于炼油厂集中分布在沿江、沿海地区，因此，我国成品油的基本流向以长江为界，以南是东部成品油西运，以北是东北和华北的成品油南运。

7）木材

我国木材生产集中于东北、西南和江南地区。木材的基本流向以陇海线为界，以北为北木南运、东木西运；以南为西木东运、南木北运。东北地区的木材一路经铁路入关供陇海铁路沿线地区，一路经由大连出海，供关内沿海各省市区；西南地区的木材一路经长江水运供长江沿岸地区，一路经铁路北运进而折向西运销西北地区；闽、湘等省区生产的木材主要运销陇海线以南的鄂、沪、浙、苏等省市。

8）化肥

化肥主要有氮肥、磷肥和钾肥三大类。我国氮肥生产分布广泛，以东北、华东和西南地区为主产地。其基本流向是南方地区的氮肥北运，销往北方地区；东北地区的氮肥进关，供关内地区使用。磷肥生产集中于南方地区，因此，磷肥自南向北流向全国各地，形成了"南磷北运"的运销格局。钾肥生产集中于西部地区，尤其是青海省，因此，我国钾肥的基本流向是西钾东运、北钾南运、关内钾肥运销东北地区。

9）钢铁

我国钢铁的基本流向是自北向南、自东向西和由关外向关内。各类钢铁产品的具体流向比较复杂。炼钢用的生铁主要是经海运和铁路自北向南、自西向东运，从铁矿型的钢铁工业基地调向市场型的钢铁工业基地；铸造用的生铁主要由东北和华北地区流向南方地区；钢材由东北、华北和华东地区运往西南和西北地区。

5.2.4 商业中心

商业中心是指组织一定地域范围内的商品流通的枢纽。它通过各种

中国经济地理

职能机构、经过多种渠道将各地生产的商品源源不断地运输进来供应本地，把本地生产的商品输送到区外。此外，它还承担着各种过路商品的中转任务。

1）商业中心的形成条件

商业中心要组织商品流通，不仅要有比较固定的商品货源地、商品销售市场和方便的运输条件，而且还必须拥有包括商品采购、储运、批发、零售等在内的一系列网点。纵观我国商业中心的兴衰演变，可以发现它的形成深受交通、商品生产、人口和行政建制等因素的影响。

（1）地理位置和交通条件。地理位置和交通条件是商业中心形成的首要条件。只有地理位置适中、交通便利的地区，才可能有发达的商品生产和商品贸易，才可能承担起组织商品流通的功能，成为商业中心。古今中外，商业中心大多沿海、沿江、沿铁路和沿公路等交通线分布。如武汉、上海、广州、天津、沈阳和重庆等商业中心的繁荣，都与其优越的地理位置和方便的交通条件分不开。

地理位置和交通条件不仅影响着商业中心的形成，而且决定着商业中心的兴衰。例如，古代商业发达的扬州，由于津浦铁路的通车及京杭大运河的淤塞，其商业中心的地位如今便让位于地理位置和交通条件更为优越的上海了。

（2）商品生产的发展水平。发达的商品生产是商业中心形成的物质基础。商品生产的发展水平既直接影响着商业中心的形成和发展，也制约着商业中心的规模。在一般情况下，商品生产越发达，向商业中心提供的商品货源就越充足，商业中心的规模就越大。

商业中心所集散的商品主要来自商业中心城市及其附近区域。商业中心，尤其是大型的商业中心，大多分布在综合性工业品生产基地，邻近区域农村经济发达，能够为商业中心提供丰富的农产品。上海是我国最大的工业中心，背靠的长江三角洲物产丰富，是全国经济最发达的区域，这就为上海成为我国最大的商业中心奠定了雄厚的物质基础。

（3）区域人口的密集程度。人口集聚是商业中心形成的重要条件。一方面，商业中心要组织商品流通，除需要本身固有的职能部门外，还需商品生产、交通运输、邮电通讯和金融等部门和行业的协调与配合，而这些社会经济活动须通过人的组织和管理才能实现；另一方面，人是消费者，人口密集的地区需要消费大量的商品，因而需要组织流通的商品量就大。这也是商业中心都出现在人口稠密地区的主要原因。我国各大商业中心如武汉、重庆、上海、天津、沈阳和广州等，无一不是人口集聚的大城市，其邻近区域往往也是人口稠密的地区。

（4）行政区划的建制和变更。行政区划的建制和变更对商业中心的形成和发展有着重要影响，在特定条件下，甚至可能起决定性作用。各级行政中心的区位选择除考虑其战略地位和行政辐射范围外，还要考虑该中心的商品生产和交通情况。行政中心一般是该行政区内经济发达、交通方便的城市。与区内的其他城市相比，往往拥有较高的商品生产能力和组织商品流通的能力。此外，当一个城市成为行政中心后，往往会在政权机关的作用下大力发展各项经济建设事业，商品生产能力就会在原有的基础上大大提高，人口会迅速增加，交通条件会得到不断改善，商品流通规模也会随之增长，这就在客观上为商业中心的形成和发展提供了有利条件。

此外，商业中心具有历史继承性。有的城市历史上就是商品集散中心，直至今天仍在承担着商业中心的功能。

除上述因素外，国家经济政策、金融服务机构的设置、旅游资源的开发以及国际经济政治形势的变化等都会在一定程度上影响商业中心的形成和发展。

2）商业中心的地理分布

商业中心是一定历史发展阶段的产物。我国几千年的历史，尤其是近代经济的发展变化，对我国商业中心的建立和发展有着重要的影响。

我国商业中心的萌芽出现于先秦时期，早期的商品集散中心集中于黄河流域。隋唐以后，由于我国经济重心由黄河流域移向长江流域，南方地区的商品集散中心迅速兴起。近代，随着商品经济的发展，封建时代的商品集散中心逐渐演变发展成为商业中心，但当时我国商业中心的分布偏集于东部沿海地区。中华人民共和国成立后，我国商业中心这种不合理的布局状况得到了很大程度的改善。

（1）商业中心的分布特点。

①地区分布不平衡，集中于东部沿海地区。东部沿海地区的商业中心不仅数量多，而且规模大。例如，沿海12个省区市和北京，土地面

中国经济地理

积只占全国土地总面积的11.34%，却集中了全国1/3以上的商业中心城市。上海、北京等8个大型商业中心有5个地处东部沿海地区，且东部沿海地区的商业中心城市呈集中、群体发展的趋势，主要集中在长江三角洲和珠江三角洲及辽中南等地区。西部内陆地区的商业中心的密度远不如东部沿海地区，如土地面积占全国总面积31%的西北广大地区，只有西安一个大型商业中心。产生这种分布状态的主要原因是东部沿海地区商品生产发达、交通方便、人口稠密，具有良好的商业中心形成条件。

②沿交通干线分布。方便的交通是商业中心形成的首要条件。铁路、沿海航线和内河航道是我国主要的交通运输干线，从而使我国的商业中心具有明显的沿铁路、沿海和沿河分布的特征。沿海各大港口都已发展成为商业中心；长江沿岸分布着上海、南京、武汉、重庆等多个大中型商业中心；在京广、陇海、津沪、京沈和哈大铁路线上集中了全国1/3左右的商业中心，如京广沿线仅河南省境内就有信阳、漯河、许昌、郑州、新乡和安阳等商业中心。

③以行政建制为基础形成多层次分布。我国大型商业中心均分布在经济发达、交通方便、人口稠密的特大城市，从行政建制上看均为直辖市或省会；中型商业中心大多是生产较发达、交通较便利的省辖市；小型商业中心大多为条件一般的地级市或具有一定商品生产规模和交通条件的县级市。

（2）商业中心的地区分布。根据商品流通规模的大小，可把商业中心分为大型、中型和小型三大类。

①大型商业中心。它是指承担全国或跨省区较大地域范围的商品流通组织功能的商业中心。其大多分布在交通十分发达和经济地理位置优越的地区，自身拥有较高的商品生产能力，多与全国性的经济中心相结合，商业服务设施齐全，在全国贸易发展和商品流通中具有举足轻重的地位。大型商业中心有上海、北京、天津、沈阳、武汉、广州、重庆和西安等8个，基本情况见表5-4。

其一，上海。上海地处我国大陆海岸线的中点、长江入海口，是著名的水陆交通枢纽；上海也是人口超千万的特大城市，为我国最大的工业品生产基地，邻近的长江三角洲物产丰富。正是凭借这些有利条件，

表 5-4　　　　　　大型商业中心基本情况一览表（2019年）

商业中心名称	年底总人口（万人）	国内生产总值（亿元）	工业总产值（亿元）	客运量（亿人）	货运量（亿吨）	社会消费品零售总额（亿元）	商品购销总额（亿元）
上海	2 428	38 155.32	22 035.4	1.64	12.11	15 847.6	12 306.96
北京	2 153.6	35 371.28	4 241.1	7.21	2.44	15 063.7	27 318.9
天津	1 562	14 104.28	8 602.0	1.76	5.00	4 218.2	596 224
沈阳	832.2	6 470.3	5 456.6	1.64	1.93	4 479.6	1 664.3
武汉	1 121.2	16 223.21	4 539.11	2.53	6.75	7 449.64	7 449.64
广州	1 530.59	23 628.6	19 201.01	18.55	6.25	7 346.95	3 744.04
重庆	3 124	23 605.77	8 678.92	6.01	11.29	11 631.7	26 214.8
西安	869.76	9 399.98	6 200	11.45	2.74	3 505.30	2 788.61

資料来源　根据《2020年中国统计年鉴》有关内容整理得来。

上海才发展成为我国最大的商业中心。浦东的开发为上海这个商业中心的进一步发展奠定了良好的基础。上海不仅要承担收购本市及附近地区生产的商品和从全国其他地区购入商品，以供应本市及附近地区的功能，而且还要把收购和储存的商品源源不断地运往全国各地。上海商业服务设施齐全，设有百货、五金、针织、纺织和交电等全国性批发企业，批发和零售商业极其发达。2019年上海市社会消费品零售总额和商业从业人员数均居全国第一位。淮海路、南京路和城隍庙等都是上海著名的繁华商业区。

其二，北京。北京位于华北平原的北端，是全国政治、文化中心，是我国铁路和航空运输总枢纽，也是我国重要的工业品生产基地。商品货源充足、商业设施齐全、商业网点众多、零售商业规模大为其突出的优势。王府井大街、西单、东单、前门等都是著名的繁华商业区。

其三，天津。天津地处海河五大支流交汇处，毗邻渤海湾，是我国北方著名的水陆交通枢纽。天津是我国著名的轻工业品生产基地和接收进口商品的重要港口，以批发商业为优势，设有百货、化工、纺织、石

中国经济地理

油、五金和交电等全国性批发商业网点，其商品辐射范围较大。天津的零售商业规模远不及北京，但随着京津塘高速公路的建成，北京和天津的相对空间距离缩短了，京津联合正在加速。和平路和食品街等是天津著名的繁华商业区。

其四，沈阳。沈阳位于辽河平原中部、浑河北岸，地处京沈、哈大、沈丹、沈吉等铁路线的交会处，是东北最大的陆路交通枢纽。沈阳是一个以重工业为主的工业城市，也是东北地区最大的经济中心。正是这些优越条件使沈阳成为东北地区最大的商业中心，承担着东北地区商品流通的组织工作。它既要把东北地区生产的木材、纸张、粮食、机械、石油及其制品、亚麻织品等运往全国各地，又要把关内地区生产的商品源源不断地运入。沈阳最繁华的商业地段是太原街。

其五，武汉。武汉地处我国中部地区，地理位置适中，与我国各大商业中心的距离基本相等。它所毗邻的长江中游地区的工农业生产发达、物产丰富，武汉本身又是一个规模较大的工业城市，加上发达的交通运输网络，使武汉成为组织长江中游地区商品流通的大型商业中心。武汉既是我国内地大型的商品集散中心，又是我国大型零售商业中心，巨大的商品货流通向四面八方。汉阳商业街、汉正街小商品市场等是其繁华商业地段。

其六，广州。广州位于珠江三角洲的顶端，地跨珠江两岸，是我国历史最悠久的大型商业中心。早在封建社会，这里就一直是我国南方对外贸易的口岸。广州市的工业，特别是轻工业生产在全国具有重要地位，不少产品畅销国内外市场，商品货源充足；广州的水陆交通也很方便，是南方沿海地区大量货物和全国各地部分出口货物的集散转运地，每年两次的广交会都在此举办。此外，广州也是大陆通往港澳地区的必经之路。正是这些优越条件使广州的贸易经济活动非常活跃，已成为全国重要的对外贸易中心。人民南路长堤商业街、中山五路和北京路商业街、天河科技街和一德路咸鱼一条街等是著名的繁华商业区。

其七，重庆。重庆地处长江和嘉陵江汇合处，成渝、渝黔、襄渝铁路线在此交会，是长江上游地区最大的水陆交通枢纽。这些交通线为重庆集散各类商品，从而使它成为西南地区最大的商品集散地和转运中心。重庆是一个综合性的工业城市，为西南地区最大的商品货源地，商品交易发达，购销两旺。解放碑商业街、好吃街等是其繁华商业区。

其八，西安。西安位于关中平原中部，地理位置优越，是我国西北最大的城市。西安所背靠的关中平原农业生产发达，农产品丰富。西安市又是一个以机械、纺织为主，门类较全的工业基地，棉纺织品、手表、缝纫机等产品的生产在全国具有一定的地位。西安位于我国东西交通运输的大动脉——陇海铁路线上，交通较为方便，具有发展成为商业中心的良好条件。因西北地区的商品经济远不如东部地区发达，西安的社会商品零售总额还不如我国东部地区的一些中型商业中心的规模大，但由于西安承担着西北地区商品流通的组织工作，其仍属大型商业中心。

【小思考 5-2】

为什么上海能成为我国最大的商业中心？

答案提示：从上海优越的地理位置、便利的交通、发达的商品生产和密集的人口等方面进行分析思考。

②中型商业中心。它是指承担着省区范围或省区内较大地域范围的商品流通组织功能的商业中心。由于各方面因素的限制，其吸引力远不如大型商业中心，但它对一定地域范围内的商品流通具有较强的组织能力。中型商业中心大多设置在商品生产较为发达、交通便利的省辖市，往往与地区性的商品生产中心和商品集散地相结合。我国中型商业中心很多，遍布全国各省区。按其所依附的城市的主要职能不同，可分为三大类。

一是以省会城市为依托的商业中心。这类中型商业中心主要有哈尔滨、长春、石家庄、太原、长沙、郑州、杭州、南京、成都、昆明、南宁、福州、南昌、兰州、拉萨、银川、乌鲁木齐、呼和浩特、西宁和海口等。

二是以交通枢纽城市为依托的商业中心。这类中型商业中心主要有丹东、秦皇岛、大连、烟台、青岛、连云港、宁波、蚌埠、南平、柳州、宜宾、梧州、衡阳、宝鸡和四平等。它们的主要特点是交通便利，商品集散功能较强。

三是以商品生产中心城市为依托的商业中心。这类中型商业中心主要有齐齐哈尔、鞍山、包头、无锡、酒泉、苏州、十堰、石河子和温州等。它们的特点是商品货源充足，有利于组织较大规模的商品流通。

③小型商业中心。它是指组织较小区域范围内商品流通的商业中心。它大多设置在地级市或县级市，主要承担一个县或几个县市范围内的商品流通的组织工作。我国小型商业中心数量繁多，遍布全国各地，在此不一一列举。

5.3 对外贸易

对外贸易是人类社会发展到一定阶段的产物，是各国商品生产在流通领域中的延伸，对一国经济的发展具有举足轻重的影响。

5.3.1 对外贸易的发展概况

中华人民共和国成立后，尤其是改革开放以来，我国对外贸易事业取得了巨大成就、发生了巨大变化。

1）对外贸易规模迅速扩大

我国进出口贸易总额由 1950 年的 11.35 亿美元增长到 2019 年的 45 778.9 亿美元，同比上年下降 0.96%，不仅高于同期国民经济的增长速度，而且比世界贸易年均增长速度高。自 1953 年起，我国基本上扭转了中华人民共和国成立以前对外贸易长期入超的局面。多年贸易顺差使我国外汇收入不断增加，2020 年我国外汇储备达 32 165 亿美元，比 2010 年增长了 3.49%。

中华人民共和国成立以来我国部分年份进出口总额见表 5-5。2019年我国进出口贸易总额占世界贸易总额的比例超过 11.75%，在世界的位次也由改革开放前的第 32 位上升至第 1 位，其中出口总额为 24 994.8 亿美元，占世界出口总额的 12.83%；进口总额为 20 784.1 亿美元，占世界进口总额的 12.83%，贸易顺差为 4 210.7 亿美元。2018 年我国外贸进出口总额已突破 40 000 亿美元大关，为 4.62 万亿美元，同比增长 12.6%。我国虽已成为名副其实的世界贸易大国，但还难称得上是贸易强国。我国的人均外贸额约为 3 094 美元，远低于人均 4 518 美元的世界平均水平。与其他贸易强国相比，我国贸易增长方式相对粗放，质量

表5-5 　　　　　　　　　　我国部分年份进出口总额 　　　　　　　　　　单位：亿美元

年份	进出口总额	出口总额	进口总额	年份	进口出口总额	出口总额	进口总额
2008	25 632.6	14 306.9	11 325.7	2014	43 015.3	23 422.9	19 592.3
2009	22 075.4	12 016.1	10 059.2	2015	39 530.3	22 734.7	16 795.6
2010	29 740	15 777.5	13 962.4	2016	36 855.6	20 976.3	15 879.3
2011	36 418.6	18 983.8	17 434.8	2017	41 071.4	22 633.5	18 437.9
2012	38 671.2	20 487.1	18 184.1	2018	46 224.2	24 866.8	21 357.3
2013	41 589.9	22 090	19 499.9	2019	45 778.9	24 994.8	20 784.1

资料来源　根据《2020年中国统计年鉴》有关内容整理得来。

和效益有待进一步提高；核心竞争力不强，缺乏自有品牌和营销网络，具有自主知识产权和核心技术的产品还比较少；出口产品层次偏低，不少产品仍处于国际分工价值链的低端环节，附加值不高；尚未形成一大批管理水平高、综合实力强、能够深度参与国际竞争与合作的企业。我国要成为贸易强国，还有很长一段路要走，我国的对外贸易事业规模、深度和广度仍需进一步拓展。

目前，全球经济竞争的重点正从货物贸易转向服务贸易，服务业与服务贸易的发展水平已成为衡量一个国家现代化水平的重要标志。随着我国服务领域的对外开放以及与其他国家和地区的人员、经济往来的日益密切，服务贸易规模逐年扩大。2019年我国服务贸易总额达7 850亿美元，比2018年下降0.86%，逆差规模继续扩大。服务贸易出口、进口的世界排名为第二位。我国服务贸易在运输、旅游等传统领域的出口保持增长态势的同时，计算机与信息、通信与咨询等新兴服务业的出口也在快速增长，技术与咨询服务等新兴领域的进口增长显著，服务贸易结构不断优化。中国已成为发展中国家中最大的服务进口国和出口国。

2）外贸商品结构不断改善

中华人民共和国成立以来，在贸易额迅速增长的同时，我国的进出口商品结构也发生了变化，特别是改革开放以来，其日趋合理，不断优化。

出口商品结构的变化趋势是初级产品出口比重下降，工业制成品出口比重上升。初级产品和工业制成品的出口比例已由1953年的79.4：20.6变为2019年的5.46：94.54，实现了由主要出口初级产品向主要出口工业制成品的历史转变。

进口商品结构的变化趋势也是初级产品进口比重下降，工业制成品进口比重上升。2019年资源性商品进口金额大幅上升，初级产品和工业制成品的进口比例也由1953年的34.8：65.2变为35.12：64.88。我国进出口商品构成情况（2019年）见表5-6。

表5-6　　　　　我国进出口商品构成情况表（2019年）

出口商品				进口商品			
初级产品		工业制成品		初级产品		工业制成品	
类别	比例（%）	类别	比例（%）	类别	比例（%）	类别	比例（%）
食品及主要供食用的活动物	2.6	化学品及有关产品	6.47	食品及主要供食用的活动物	3.88	化学品及有关产品	10.52
饮料及烟类	0.13	轻纺产品、橡胶制品、矿冶产品及其制品	16.27	饮料及烟类	0.36	轻纺产品、橡胶制品、矿冶产品及其制品	6.73
非食用原料	0.68	机械及运输设备	47.82	非食用原料	13.70	机械及运输设备	37.84
矿物燃料、润滑油及有关原料	1.88	杂项制品	23.34	矿物燃料、润滑油及有关原料	16.7	杂项制品	6.93
动、植物油脂及蜡	0.04	未分类的其他商品	0.72	动、植物油脂及蜡	0.45	未分类的其他商品	2.83
初级产品合计	5.46	工业制成品合计	94.54	初级产品合计	35.12	工业制成品合计	64.88

资料来源　根据《2020年中国统计年鉴》有关内容整理得来。

从国际贸易标准分类看，工业制成品已成为我国对外贸易的主体之一，出口贸易中95%为工业制成品，进口贸易中65%为工业制成品。我国对外贸易的方式构成如图5-2所示。

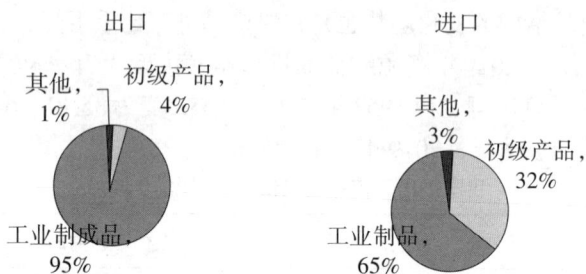

图5-2　我国对外贸易方式构成图

3）积极参与区域经济合作，全方位开拓国际市场效果显著

伴随着经济全球化的浪潮，区域经济一体化呈现出更加强劲的发展势头，新的区域贸易安排不断涌现，截至2007年3月，向WTO通报的仍然有效的各种形式的区域贸易安排有216个。全球贸易约有50%是在各种区域经济集团内部进行的。在经济全球化和区域经济一体化不断发展的大背景下，我国参加了包括世界银行、国际货币基金组织、亚太经济合作组织（APEC）在内的许多国际经济组织，积极推进与有关国家和地区的区域贸易安排谈判，密切与有关国家和地区的经贸关系。目前，我国已同世界200多个国家和地区建立了经济贸易关系，已有几十个国家承认中国的完全市场经济地位。但也应看到，主要贸易伙伴国反倾销、保障措施等贸易救济手段及贸易壁垒措施已对我国产品出口贸易构成一定威胁。

【小知识5-3】

互利共赢高质量共建"一带一路"

"十三五"期间，中国与"一带一路"沿线国家聚焦重点、深耕细作，共同推动"一带一路"建设从总体布局的"大写意"步入精谨细腻的"工笔画"阶段。随着合作不断深入，"一带一路"建设正沿着高质量发展方向不断前进。

"一带一路"上的钢铁驼队——中欧班列，截至目前已经开行超过了10 000列，通过东、中、西三大物流通道，通达欧洲21个国家92个城市，促进了中国与"一带一路"相关国家的贸易畅通。

"十三五"期间，得益于共建"一带一路"，许多发展中国家基础设施不断完善，工业化水平提升，经济韧性增强。

截至目前，中国已同138个国家和31个国际组织签署了201份共建"一带一路"合作文件，共同开展了超过2 000个合作项目。

从2016年—2019年，中国对"一带一路"沿线国家货物进出口总额达4.6万亿美元，占外贸比重提升至29.4%；直接投资721亿美元，占比提升至13.7%。"一带一路"建设为中国和沿线国家的发展带来了新的机遇。

资料来源　根据中国网2018-09-03的有关内容整理得来。

4）外商投资规模不断扩大

改革开放以来，我国利用外资成就显著。截至2019年年底，我国累计批准外商直接投资项目40 888个，对外承包工程合同金额2 602.5亿美元，实际使用外商直接投资金额1 381.35亿美元。2019年，粤、苏、沪、鲁、浙、京、川、闽、津、豫等省市位列我国外商投资总额前10名，占全国外商投资总额的87.23%。外商投资领域主要集中在第三产业，占54.65；其次为第二产业，占44.95%；第一产业只占0.4%。

从投资方式看，其主要包括建立中外合资企业、中外合作企业、外商独资企业和进行合作开发等。2019年我国实际使用外资1 381.35亿美元。在实际使用外商直接投资中，合资经营企业占23%，合作经营企业占0.24%，外商独资企业占67.76%，外商投资股份制企业占5.85%；在实际使用外商其他投资中，只用于加工装配。

【小思考5-3】

已经成为贸易大国的我国走向贸易强国的途径有哪些？

答案提示：从对外贸易比较优势、竞争力、品牌、营销网络、效益等方面进行分析思考。

5.3.2　对外贸易的地区差异

1）贸易对象的地区差异

我国同世界上的绝大多数国家和地区都有经贸联系和交往。但与各大洲、各个国家之间的贸易规模和贸易结构有着很大的差异。

从洲别看，亚洲是我国最大的贸易地区，2019年我国与亚洲的贸易额约占我国对外贸易总额的51.71%。其次是欧洲、拉丁美洲和北美洲，分别占19.15%、6.93%和13.25%；我国与大洋洲、非洲的贸易额较小，与这两洲的贸易额合计只占9.85%。美国、日本、中国香港、韩国、中国台湾、德国、澳大利亚、越南、马来西亚、巴西、俄罗斯是我国大陆重要的贸易伙伴，2019年我国大陆与这些国家和地区的双边贸易额均在1 100亿美元以上，合计进出口总额达25 243.24亿美元，占我国大陆对外贸易总额的55.14%。我国与印度、泰国、新加坡、英国、荷兰、印度尼西亚、沙特阿拉伯、法国、加拿大、菲律宾、墨西哥等11个国家的进出口贸易额也都在600亿美元以上。2019年与我国大陆的进出口贸易额在300亿美元以上的国家和地区见表5-7。

我国大陆的出口市场主要有美国、中国香港、日本、韩国、越南、德国、印度、荷兰、英国、中国台湾、新加坡、马来西亚、俄罗斯、澳大利亚、墨西哥、印度尼西亚、泰国、菲律宾、加拿大、巴西等国家和地区，2019年我国大陆对这20个国家和地区的出口额均在350亿美元以上，合计出口额占我国出口总额的74.08%。我国大陆的进口市场主要有韩国、中国台湾、日本、美国、澳大利亚、德国、巴西、马来西亚、越南、俄罗斯、沙特阿拉伯、泰国、瑞士、新加坡、印度尼西亚、法国、加拿大、智利、南非、英国，2019年我国大陆从这20个国家和地区进口的商品总额均在230亿美元以上，合计进口额占我国大陆进口总额的71.77%。2019年，我国大陆主要出口和进口贸易伙伴构成，如图5-3所示。

2）对外贸易的省际差异

由于我国沿海地区和内陆地区在工业、农业、交通、商业和旅游等方面存在着巨大的差异，全国各省区市的外贸发展具有很大的不平衡性。沿海12个省区市对外贸易发达，2019年商品进出口额合计达38 814.6亿美元，占全国商品进出口总额的84.79%。我国内陆地区的对外贸易比较落后。广东省2019年商品进出口总额高达11 842.7亿美元，占全国商品进出口总额的25.87%。江苏、上海、浙江和山东等4个省市的商品进出口总额也均在4 000亿美元以上，位列全国第二至第五位；山

中国经济地理

表 5-7　　　　　与我国大陆的进出口贸易额在 300 亿美元以上
的国家和地区（2019 年）　　　　　单位：亿美元

排位	国家（地区）	进出口总额	出口总额	进口总额
1	美国	5 415.60	4 186.64	1 228.96
2	日本	3 150.13	1 432.44	1 717.68
3	中国香港	2 882.19	2 791.52	90.67
4	韩国	2 845.33	1 109.74	1 735.59
5	中国台湾	2 281.22	551.09	1 730.12
6	德国	1 848.76	797.89	1 050.87
7	澳大利亚	1 695.19	482.29	1 212.89
8	越南	1 619.85	978.68	641.16
9	马来西亚	1 240.51	521.41	719.09
10	巴西	1 155.06	355.39	799.62
11	俄罗斯	1 109.4	497.48	611.91
12	印度	928.11	748.25	179.85
13	泰国	917.46	455.84	461.61
14	新加坡	900.36	547.98	352.37
15	英国	863.56	624.25	239.31
16	荷兰	851.81	739.88	112.02
17	印度尼西亚	797.62	456.48	341.13
18	沙特阿拉伯	780.72	238.76	541.95
19	法国	655.72	329.91	325.81
20	加拿大	650.84	369.31	281.52
21	菲律宾	609.63	407.63	201.99
22	墨西哥	607.16	463.82	143.34
23	阿拉伯联合酋长国	487.49	334.12	153.36
24	意大利	480.38	287.56	192.81
25	菲律宾	444.57	234.73	209.84
26	瑞士	435.29	30.88	404.4
27	南非	424.91	165.42	259.48
28	智利	409.41	147.11	262.29
29	伊拉克	333.88	94.61	239.27

资料来源　根据《2020 年中国统计年鉴》有关内容整理得来。

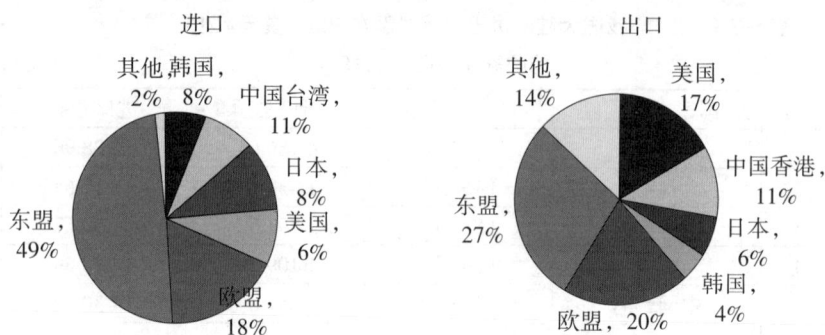

图5-3 我国大陆主要出口和进口贸易伙伴构成图（2019年）

东、福建、天津、辽宁、北京、四川、河北、河南、重庆、广西、安徽、湖北、陕西等13个省区市的商品进出口总额均在490亿美元以上，位列全国第六至第十八位。商品进出口总额在200亿美元以上的有江西、湖南、新疆、云南、黑龙江、山西、内蒙古等7个省市区。2019年我国各省市区商品进出口总额占全国的比重见表5-8。

表5-8　　我国各省区市商品进出口总额比重表（2019年）

省区市名称	比重（%）	省区市名称	比重（%）	省区市名称	比重（%）	省区市名称	比重（%）
北京	2.45	上海	10.35	湖北	1.17	云南	0.73
天津	2.98	江苏	14.82	湖南	0.92	西藏	0.01
河北	2.07	浙江	9.87	广东	25.87	陕西	1.07
山西	0.50	安徽	1.39	广西	1.43	甘肃	0.12
内蒙古	0.44	福建	3.82	海南	0.38	青海	0.01
辽宁	2.92	江西	0.97	重庆	1.65	宁夏	0.09
吉林	0.42	山东	7.84	四川	2.28	新疆	0.81
黑龙江	0.54	河南	1.92	贵州	0.15	—	—

资料来源　根据《2020年中国统计年鉴》有关内容整理得来。

粤、苏、浙、沪、鲁、是我国出口贸易最发达的省市，2019年商品出口额均在1 700亿美元以上，这5省市商品合计出口额占全国商品出口总额的68.74%。闽、豫、辽、川、渝等4省市的出口贸易也较为发达，2019年商品出口额均在500亿美元以上。我国的进口贸易额以粤、沪、苏、鲁、浙等5省市为最多，2019年商品进口额均在1 100亿美元以上，津、京、辽、闽等4省市的商品进口额也都在650亿美元以上。2019年我国进出口贸易主要省市如图5-4所示。

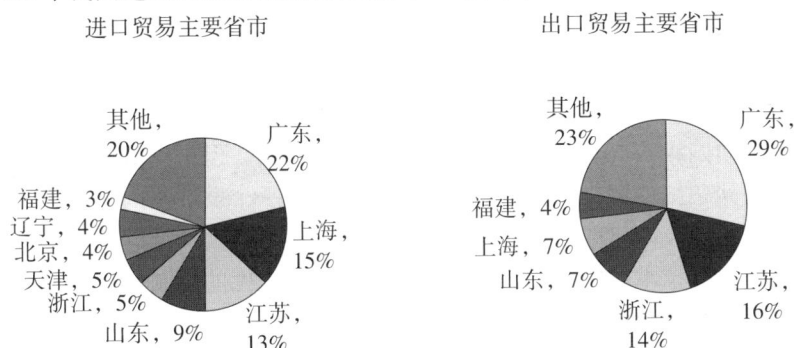

图5-4　2019年我国出口贸易和进口贸易主要省市图

5.3.3　中国与主要国家和地区的贸易

1）中美贸易

中华人民共和国成立以前，我国曾是美国的重要出口市场、原料供应地和投资场所。20世纪五六十年代，美国对中国经济实行包围、封锁和遏制政策。1972年美国总统尼克松访华，中美联合发表《上海公报》。这开辟了中美关系的新纪元，为中美贸易的恢复与发展奠定了基础，特别是1979年1月，中美两国正式建交，两国贸易由此进入一个新的正常发展时期，双边贸易迅速发展。

美国是我国第一大贸易伙伴，2019年双边贸易额达5 415.6亿美元。目前，双边贸易的商品结构正朝着多元化方向发展。过去，中国从美国进口的农产品、化工产品和木材等原料性产品一直占很大的比重，但近年来，从美国进口的机电仪器等技术性产品的比重迅速增加。当前，中国从美国进口的商品主要有机械设备、民用飞机、内燃机车、电子计算机、粮食、木材、纸张、化肥和五金矿产等。中国向美国出口的商品主要包括纺织品、服装、原油及成品油、食品、茶叶、陶瓷、工艺品、土畜产品、鞋类、玩具、有色金属、化工产品和机电产品等。

当前，中国在美国的投资活动也较活跃，在美国创办了许多企业，业务范围包括资源开发、服装加工、交通运输、咨询服务、承包工程、金融、旅游餐饮等。美国也是中国技术引进的主要来源国，从美国引进的技术具有实用性强、性能优越、可靠等优点，受到了中国用户的欢迎。

中国是世界上最大的发展中国家，当前正致力于大规模的经济建设，需要从国外引进大量的资金、技术、设备和必要的原材料；而美国是世界上最大的发达国家，拥有先进的技术、设备、管理经验和雄厚的资金，两国经贸的互补性强，合作前景十分广阔。但中美贸易关系中仍有许多问题亟待解决，如中国至今仍不能享受一个发展中国家应享受的普惠制待遇；出口商品还在不同程度上受配额、数量、反倾销等措施的限制；高级技术对中国的输出和转让均受不同程度的限制等。

2）中日贸易

中国与日本是一衣带水的邻邦，贸易往来有着悠久的历史。中华人民共和国成立后，中日贸易以民间贸易为基础逐步发展起来，并经历了50年代的民间协定贸易时期、60年代的友好贸易和备忘录贸易时期。在这期间，由于受两国关系非正常化的影响，双边贸易规模很小，到复交前的1971年只有8.7亿美元，交换的商品品种也很有限，主要是肉类、农副产品、化工和冶金产品等。

1972年中日建交后，双边经贸关系日益密切，特别是我国实行对外开放政策以来，双边贸易有了突飞猛进的发展。2019年中日双边贸易额达3 150.13亿美元。目前，日本是中国第二大贸易伙伴，中国是仅次于美国的日本第二大贸易伙伴。中国主要从日本进口钢材、汽车、船舶、机械、成套设备、化工制品和电器等各种技术密集型和资本密集型产品；向日本出口煤炭、纺织品、服装、家用电器、化工原料和农副土特产等各种资源性产品或劳动密集型产品。

当前，中日经济处于不同的发展阶段，这为两国经济贸易合作提供了广泛的可能性。日本科学技术发达，经济管理经验先进，资金充足，但资源贫乏；我国地域辽阔，资源丰富，但科学技术水平比较落后，经济建设资金缺乏。双方发挥各自的优势，取长补短，将有利于两国经济的共同繁荣。

中国经济地理

3）中国与欧盟的贸易

欧洲联盟，简称欧盟，是由法国、德国、意大利、荷兰、比利时、卢森堡、爱尔兰、丹麦、希腊、葡萄牙、西班牙、奥地利、瑞典、芬兰、马耳他、塞浦路斯、波兰、匈牙利、捷克、斯洛伐克、斯洛文尼亚、爱沙尼亚、克罗地亚、拉脱维亚、立陶宛、罗马尼亚和保加利亚等27个国家组成的政治经济联盟（截至2022年），是目前世界上最大的、经济一体化程度最高的区域性经济贸易集团。

中国和欧盟（各国）的经贸关系历史悠久。自我国实行改革开放政策以来，在双方共同努力下，往来明显增多，经贸关系迅速发展，合作领域不断扩大。中国与欧盟有着发展贸易关系的良好基础，前景广阔。

当前，欧盟是世界上工业最发达、购买力最高的地区之一，有着巨大的生产能力和先进的科学技术。中国从欧盟进口的商品主要是成套设备、机电仪表和交通工具，其占从欧盟进口的商品数的一半，其次是化工原料、钢材、纺织原料、有色金属和化肥等；向欧盟出口的主要商品是原料性产品和半成品及农副土特产品，制成品的比重不大。

我国与欧盟各成员国的贸易额以德国为最大。德国是世界经济强国之一，拥有现代化的技术、雄厚的工业基础和先进的管理经验，其产品质量可靠、技术优良、售后服务周全。德国现已成为中国在欧洲最大的贸易伙伴。2019年双边贸易额达1 848.76亿美元。我国从德国进口的商品主要是成套设备和技术、机械、船舶、汽车散件、石化产品等；向德国出口的商品主要是土畜产品、纺织品、粮油食品、轻工产品和机电产品等。德国政府和企业对技术转让通常采取比较开明、灵活的策略，德国是中国重要的技术引进国。

荷兰是我国在欧盟成员国中的第三大贸易伙伴，2019年双边贸易额达851.81亿美元。中国主要向荷兰出口轻工产品、粮油食品、畜产品、服装、纺织品抽纱、工艺品、五金制品、矿产品、化工产品、医药和机械设备等；从荷兰进口粮油、纸制品、有色金属、电力设备、通信设备、船舶、航空设备、化工原料和机电产品等。

法国是我国的传统贸易伙伴。1964年中法建交后，双边经贸关系不断发展。2014年中法双边贸易额达655.72亿美元。中国向法国出口的商品主要是日用消费品，特别是纺织品、服装、体育用品以及专业设备、家电与电子产品、非金属半成品、食品和农林渔产品等；从法国进口的商品主要是专用设备，包括机械设备、电子电器产品、汽车部件、航空器材、钢材以及技术专利等。多年来，法国一直是中国成套设备与技术的主要供应国。

中意两国都是文明古国，贸易历史悠久。1970年中意建交后，两国贸易发展很快，1970年双边贸易额为1.2亿美元，2019年已达549.44亿美元，其中我国对意出口335.19亿美元，从意进口214.24亿美元。意大利向中国出口的商品主要有成套设备和技术、化工原料、化肥、化纤、钢材、机械、汽车等；中国向意大利出口的商品主要有纺织原料和制成品、机电产品、土畜产品、工艺品和粮油食品等。

4）中韩贸易

中国与韩国自20世纪70年代中期开始民间贸易往来，1980年双边贸易额突破1亿美元。1992年中韩建交后，双边经贸关系迅猛发展，1998年双边贸易额已达212.6亿美元，韩国成为中国的第4大贸易伙伴。近几年，受诸多因素影响，双边贸易额曾有所下降，2019年又有回升，贸易额达2 845.33亿美元，韩国仍为中国第四大贸易伙伴。中国主要向韩国出口纺织原料及其制品、原油及成品油、玉米、煤炭等原材料，其他大宗商品有化工原料、钢材、皮革制品、鞋类、饲料和机电设备等；从韩国进口钢材、纺织原料、塑料及其制品、电子产品、机械设备、化工产品、皮革和纸张等。

中韩双方在资源、技术和经济结构等方面有着很强的互补性，因此，韩国企业界对我国的投资近年来一直呈上升趋势。中国已成为韩国的第一位投资对象国。近年来，中韩贸易中中方逆差过大一直困扰着两国贸易的发展，其有待双方共同研究解决。

5）中俄贸易

中俄两国地理位置上邻近，经济结构上有明显的互补性，中国的轻纺产品和食品等为俄罗斯市场上的短缺商品，俄罗斯的资源及重工业产品极有条件进入中国市场。俄罗斯独立后，中俄双边贸易一度发展较快，1992年和1993年曾出现了令人可喜的高速增长，1993年双边贸易额为76.8亿美元，其中中国对俄出口占俄罗斯总进口额的8.7%，仅次于德国而居俄罗斯对独联体以外国家贸易的第二位。此后，由于我国国

中国经济地理

内某些企业经营不规范以及西方国家加强对俄罗斯的贸易等原因，中俄贸易曾一度滑坡，1998年双边贸易额仅为54.8亿美元。近年来，两国贸易逐步恢复，2019年双边贸易额为1 109.4亿美元，俄罗斯成为中国第九大贸易伙伴。中国主要向俄罗斯出口布料、运动衣、日用品等轻工业产品和食品以及部分技术设备、运输设备等；从俄罗斯进口发电机、飞机、铁路设备、金属原料、木材、石油产品、化肥等。

中俄两国经贸合作形式多样，除政府间贸易、边境贸易外，在技术合作、劳务合作、承包工程和相互投资等方面也十分活跃。双边技术经济合作主要集中于电力、钢铁、有色金属、造纸、机器制造、纺织等领域。

6）中国与东盟的贸易

东南亚国家联盟，简称东盟，由泰国、印度尼西亚、马来西亚、菲律宾、新加坡、文莱、越南、老挝、缅甸和柬埔寨等10国组成。东盟各国都是我国的近邻，都曾同我国有过悠久的通商历史。中华人民共和国成立后，由于种种原因，相互的经济贸易关系发展十分缓慢。进入70年代以后，随着我国同东盟各国陆续建交，以及实行对外开放政策，双边贸易关系有了长足发展。1998年我国与东盟的双边贸易额为234.82亿美元，其中我国向东盟出口109.21亿美元，从东盟进口125.61亿美元。近年来，双边贸易又有了新的发展，2019年双边贸易额达到8 914.05亿美元。我国向东盟出口的主要是原油、轻纺产品、土特产品、粮油食品和中成药等，从东盟进口的主要商品有橡胶、木材、化肥、原糖和化纤产品等。

新加坡是我国在东盟的最重要的贸易伙伴。2019年中新贸易额达900.36亿美元。中国地域辽阔，人口众多，自然资源丰富，是一个现实的和具有巨大潜力的大市场，而新加坡是一个狭小的岛国，经济发达，资金充裕，但市场不大，两国经济的互补性显而易见。我国的机电产品、原油及其制品、轻纺产品、土畜产品和粮油食品等可以成为新加坡进口和转口的大宗商品；广阔的中国市场可以成为新加坡商品出口和资金投入的好去处；我国丰富的自然资源和劳动力资源，对于向外发展的新加坡更具吸引力；加之新加坡人77%以上是华人，相似的风俗习惯非常有利于两国建立良好的合作伙伴关系。中国主要从新加坡进口电子产品、橡胶、棕榈油、石油产品等；向新加坡出口轻纺产品、粮食、土特产品等。

我国与马来西亚的贸易在20世纪70年代以前一直是在民间进行的。1974年两国建交后，在互通有无、平等互利原则的基础上，两国贸易不断发展，1998年双边贸易额达42.6亿美元，其中我国对马出口15.9亿美元，从马进口26.7亿美元。近几年，马来西亚与中国的贸易发展迅速，目前，已成为我国在东盟最大的贸易伙伴，也是我国第八大贸易国。2019年双边贸易额达1 240.51亿美元，马来西亚成为中国第九大贸易伙伴。中国主要从马来西亚进口橡胶、棕榈油、胶合板、纺织用纱、电子仪器等，中国已成为马来西亚棕榈油的最大买主；向马来西亚出口的商品主要有食品、纺织品、水泥、陶瓷器、机器及运输设备等。

泰国是我国的近邻，两国贸易发展由来已久。1975年中泰建交后，双边贸易往来发展很快。2019年双边贸易额达917.46亿美元，其中我国对泰出口455.84亿美元，从泰进口461.61亿美元。中国主要从泰国进口橡胶、大米、食糖、宝石等初级产品；向泰国出口原油、成品油、水泥、机械、化工原料等。

菲律宾1975年与我国建交，近年来双边贸易有上升趋势。2019年双边贸易额达609.63亿美元，其中我国对菲出口贸易额为407.63亿美元，从菲进口贸易额达201.99亿美元。中国主要从菲律宾进口集成电路及微电子组件、半导体器件、电器及电子产品、电感器及零件、鲜果、干水果及坚果、成品油等；向菲律宾出口电器及电子产品、半导体器件、集成电路及微电子组件、成品油、谷物、煤、纺织纱线织物及制品等。

我国和印度尼西亚早在7世纪就建立了经济、文化联系。1967年两国关系中断，中国内地只通过新加坡和中国香港进行转口贸易。1985年两国恢复直接贸易，双边贸易额逐年增长，2019年达797.62亿美元，其中我国对印尼出口456.48亿美元，从印尼进口341.13亿美元。中国主要从印尼进口木材、水泥、橡胶、棕榈油、化肥等；向印尼出口棉花、纺织品、机械、化工产品等。

中国经济地理

5.3.4 外贸口岸和边境贸易

1）外贸口岸

按照我国的有关规定，口岸是指供人员、货物和交通工具出入国境的港口、机场、车站和通道等。作为人员、货物和交通工具的出入境通道，口岸在我国的改革开放中发挥着越来越重要的作用。它促进了对外交往、国际旅游和经济贸易的发展，带动了口岸所在地和周围腹地经济的发展。

我国口岸有一类口岸和二类口岸之分，其中一类口岸是指由国务院批准开放的口岸，是外贸口岸的主体。我国的外贸口岸大多依附于重要海港、河港、机场及边境城市。

（1）沿海口岸。我国沿海口岸主要有丹东、大连、营口、锦州、秦皇岛、天津、烟台、威海、青岛、日照、连云港、南通、上海、宁波、舟山、温州、福州、泉州、厦门、东山、汕头、广州、惠州、深圳、湛江、北海、防城港、海口和三亚等。它们地理位置优越，交通方便，具有发展对外贸易的良好条件，是我国主要的外贸基地和窗口，其中天津、上海、大连、秦皇岛、烟台、青岛、连云港、南通、宁波、温州、福州、广州、湛江、北海为我国14个对外开放的沿海港口城市。

（2）沿江口岸。我国沿江口岸主要集中分布于长江、珠江、黑龙江沿岸。长江上的主要口岸有南通、张家港、南京、马鞍山、芜湖、安庆、九江、黄石、武汉、城陵矶、重庆等；珠江上的主要口岸有肇庆、梧州、贵港等；黑龙江上的主要口岸有黑河、逊克、抚远、同江、佳木斯、哈尔滨等。

（3）内陆口岸。我国的内陆口岸主要以机场为依托，多为空运口岸，主要有重庆、合肥、郑州、太原、石家庄、西安、呼和浩特、兰州、银川、西宁、乌鲁木齐、昆明、贵阳、桂林、长沙、南昌、济南和长春等。

（4）沿边口岸。我国有138个边境县市，开设边境口岸有100多个，以陆运口岸为主。比较重要的沿边口岸有集安、图们、珲春、绥芬河、黑河、满洲里、二连浩特、阿拉山口、霍尔果斯、吐尔尕特、红旗拉甫、普兰、畹町、瑞丽、河口、凭祥和东兴等。

2）边境贸易

边境贸易是指两国接壤地区居民间进行的小额贸易（俗称"边民互贸"）和政府或企业间所进行的边境地区贸易。

我国具有开展边境贸易的有利条件。首先，内陆的9个省区与14个国家接壤。其次，我国有30多个少数民族与境外同一民族相邻而居，他们的语言文字相通，风俗习惯相似，加之千百年来有着密切的血缘、心理、姻亲关系，结成了同族同亲的深厚情谊，为开展边境贸易奠定了良好的人文基础。最后，我国与毗邻国家在资源、产业结构、经济发展水平方面有所不同，产生了劳动产品和消费需求的差异。一方面，邻国需要我国的产品，如在与我国毗邻的国家中，除俄罗斯外都是农业国，缺乏工业品，而俄罗斯又是重工业发达而轻纺工业发展程度低的一个国家，因此，我国的许多工业品特别是轻纺工业品颇受邻国的欢迎；另一方面，我国也需要邻国的产品，如俄罗斯的钢材、汽车、机械、化肥、水泥、摩托车、木材、金属矿产和朝鲜的明太鱼等。

我国的边境贸易可追溯至 2 000 多年前的汉代，当时我国就通过"丝绸之路"与西域诸国开展贸易。改革开放 40 多年来，随着国内外经济形势的变化，边境贸易有了重大突破。目前，边境贸易正由点到线、由线到面向纵深推进，一个以边境开放城市为"窗口"、以边境市县为前沿、以省会及中心城市为依托、面向东北亚、中亚和东南亚的多层次的贸易新格局正在形成。

我国边境贸易的地域差异巨大。以周边国别论，中俄边境贸易规模相对较大，其次是中越、中缅和中朝边贸。与其他国家的边贸规模均较小。

本章小结

❀ 贸易是我国国民经济的重要组成部分，其布局深受自然、社会经济和科技因素的影响。改革开放30多年来，我国国内贸易的规模、结构和地区分布发生了巨大变化。

❀ 我国国内贸易地域差异明显。沪、粤、京、浙、苏 5 省市既是我国最重要的商品货源市场，也是最重要的商品销售市场；各类商品受产销地区分布影响，其基本流向各不相同。

❋ 商业中心是组织一定地域范围内的商品流通的枢纽，地理位置、交通、商品生产、人口和行政建制等影响着商业中心的兴衰存亡。地区分布不平衡、集中于东部沿海地区，沿交通干线分布和以行政建制为基础的多层次分布为我国商业中心地域分布的三大特点。上海、北京、天津、广州、武汉、重庆、沈阳、西安等是我国的大型商业中心。

❋ 我国现已成为世界对外贸易大国，对外贸易规模不断扩大，外贸商品结构日趋合理；同时积极参与区域经济合作，全方位开拓国际市场，外商投资规模不断扩大。

❋ 我国对外贸易地域差异明显。亚洲是我国大陆最大的对外贸易区域，美国、日本、中国香港、韩国、中国台湾、德国和新加坡等国家和地区是我国重要的贸易伙伴。粤、苏、沪、浙、鲁、京、津、闽、辽等省市的对外贸易较为发达。

❋ 我国外贸口岸按依附城市的地理位置可分为沿海、沿江、内陆和沿边口岸四大类。我国具有发展边境贸易的良好条件，边境贸易已具一定规模，发展前景广阔。

主要概念

贸易　商品流向　商业中心　边境贸易

知识练习

❋ **简答题**

（1）简述目前我国粮食流向的特点。

（2）我国商业中心有哪些分布特点？

❋ **填空题**

（1）影响贸易布局的因素主要有_____、_____和_____。

（2）我国最重要的商品货源市场有_____、_____、_____和_____等。

（3）我国最重要的商品销售市场有_____、_____、_____和_____等。

（4）_____、_____和_____为商品流向的三要素。

（5）我国大型商业中心有_____、_____、_____、_____、_____和_____等。

（6）_____、_____、_____、_____和_____等是我国最重要的贸易伙伴。

✳ **选择题**

（1）我国最大商品货源市场是（　　）。

A.浙江　　　　　　　　　B.上海

C.广东　　　　　　　　　D.北京

（2）我国最大商品销售市场是（　　）。

A.浙江　　　　　　　　　B.上海

C.广东　　　　　　　　　D.北京

（3）我国餐饮业营业收入最高的直辖市是（　　）。

A.上海　　　　　　　　　B.重庆

C.北京　　　　　　　　　D.天津

（4）东北地区最大的商业中心是（　　）。

A.沈阳　　　　　　　　　B.哈尔滨

C.吉林　　　　　　　　　D.大连

（5）我国最大的出口市场是（　　）。

A.日本　　　　　　　　　B.美国

C.德国　　　　　　　　　D.新加坡

（6）我国对外贸易最发达的省是（　　）。

A.浙江　　　　　　　　　B.山东

C.辽宁　　　　　　　　　D.广东

技能训练

（1）收集你学校所在省区的外贸统计数据，尝试分析其对外贸易的基本特点。

（2）在中国填充图上，填注大型商业中心的名称。

观念应用

※ **案例题**

（1）中国玩具工业协会统计资料显示，我国是世界上最大的玩具出口国，出口额约占全球玩具贸易额的70%，欧美进口的玩具中80%左右来源于中国。目前，我国玩具出口面临三大挑战：一是欧盟新标准的实施将对我国玩具出口产生直接影响。2007年1月16日，欧盟限制在玩具制造中使用邻苯二甲酸盐的新法规正式实施，严重影响了没有明确规定邻苯二甲酸盐含量的我国广东大宗塑料玩具产品的出口。二是欧美频繁的玩具消费警报影响了我国玩具的出口。2006年以来，欧美发达国家频频对中国出口的玩具发出消费警报。三是人民币升值速度加快，将使我国玩具产业面临严峻考验。玩具产业的利润一般在10%以下，人民币加快升值，使得传统玩具的利润空间越来越小。

问题：说说应采取哪些措施来应对欧美的贸易壁垒及其他国家的低价竞争？

（2）福建是我国茶叶种质资源和茶类品种最丰富和集中的区域，茶叶产量居全国第一，其中乌龙茶作为特种茶的龙头品种，产量约占全国的80%。日本、欧盟和美国等每年从福建进口大量乌龙茶，尤其是日本，进口量约占65%。2006年，福建出口乌龙茶12 626吨，占当年福建茶叶出口总量的72.6%。然而从2006年8月以来，福建乌龙茶出口日本遭遇命令检查，有若干批次茶叶被检出三唑磷农残超标。根据日本官方实行的"肯定列表制度"的规定，日方将全面禁止对福建乌龙茶的进口。

问题：福建乌龙茶遭遇日本命令检查的局面，无疑为福建整个茶产业的发展敲响了警钟。为了摆脱面临的困境，你觉得必须采取哪些应对措施？

※ **实训题**

作一份社会调查，说明你所在城市区域商业中心的分布状况。

第6章

旅游地理

学习目标

知识目标：了解我国旅游业的发展概况及在国民经济中的重要作用和地位；掌握我国旅游资源的地理分布及成因；掌握七大分区旅游资源的特色。

技能目标：能够在中国地图上找出我国国家级重点风景名胜区。

能力目标：根据你所在省份或地区的旅游资源，写一份导游词并当一次模拟导游。

引例 **业态创新供给优化 旅游业加速转型升级**

根据文化和旅游部数据中心统计，2020年国庆8天长假，全国共接待国内游客6.37亿人次，实现国内旅游收入4 665.6亿元，预约、错峰、限流等措施让景区更加安全有序。随着旅游业态的不断丰富完善，我国旅游业发展加速转型升级，旅游消费不断升级，旅游经济稳步增长。

这个国庆假期，在加大疫情防控的同时，全国上千家景区相继推出免门票或者半价优惠政策，激发游客消费潜力。多地先后推出的乡村旅游、夜游经济等促使了旅游市场活力迸发。旅游市场的迅速回暖，得益于"十三五"期间旅游业态、旅游产品的持续创新。在浙江良渚古城遗址公园，正在使用的"智慧大脑"旅游管理系统确保了假期旅游安全有序。在数字大屏上，今日车流、客流量等数据的实时显示让管理人员通过手机就可以对园区内情况一目了然。

<u>**旅游**是人们选择某一地点、地区、国家所进行的一种有益于身心健康、拓宽视野、增加知识的综合性活动，如观光、娱乐、休闲、探险等</u>。它与地理环境和人类活动密不可分。本章将系统阐述地理环境与人类活动二者的相互关系及其相互作用而形成的旅游资源、旅游区的地理分布等。

6.1 旅游业简述

6.1.1 旅游业在国民经济中的地位

旅游活动由旅游的主体（旅游者）、客体（旅游产品）和旅游媒介（旅游业）相互作用构成，其中旅游业在旅游者和旅游产品间起着桥梁作用。它涉及的范围很广，但主要通过旅游交通、旅行社和旅游饭店这三大支柱行业的运行而产生经济效益和社会效益。全球旅游业的快速发展，有力地带动了各国经济的发展与社会繁荣，旅游业正日益成为全球发展最快、前景最为广阔的朝阳产业，引起了各国、各地区政府的高度重视和普遍关注，在各国国民经济中的地位和作用日显重要。

1）发展旅游业可增加国民收入

由于旅游资源具有稳定性和可创造性，旅游业成为一个投资省、收效快的行业。2019年国内旅游人数达到60.06亿人次，总收入6.63万亿元，同比增长分别为8.4%、11%。高于国民经济总体增长速度。国内旅游业的迅速发展，不仅可以满足广大人民群众的精神文化需要，而且还能通过旅游接待吸收浮游资金，促进国内市场的繁荣与稳定。此外，接待国外游客能赚取外汇，弥补贸易逆差，平衡国际收支，增强外汇支付能力。

2）发展旅游业可促进相关行业的发展

旅游业是一个综合性行业，它的发展要以建筑业、运输业、通信业、商业、服务业、健身医疗、文化艺术等行业和部门的发展为前提，因而旅游业的发展又带动了它们的进一步发展。另外，旅游业是一个劳动密集型产业，需要大量的劳动力，因此，发展旅游业是扩大整个社会就业的渠道之一。2019年旅游业对我国GDP的综合贡献达到10.94万亿元，占据了GDP总量的11.05%。

3）发展旅游业可加强精神文明建设和生态文明建设

旅游是人类热爱生活、崇尚和谐、颂扬和平、向往美好的重要体现，正在全球范围内成为一种蔚为壮观的人文现象。它不仅可以丰富人们的业余生活、消除疲劳、有益身心健康，而且还可以开阔视野、增长知识、陶冶情操、提高文化素质、锻炼意志、激发民族自豪感，弘扬爱国主义精神。此外，发展旅游业对于促进地方经济建设、生态文明建设、保护名胜古迹、发展科学文化事业，也能起到促进作用。

4）发展旅游业可增进各国之间的文化、经济与政治交往

旅游可使人们了解旅游地的历史、文化，有助于促进地区之间和国家之间的相互了解、政治往来、经济协作、科技文化交流，有助于推动和维护世界和平，提高一国或一地区在国际关系中的政治威望。

6.1.2 旅游业的特点

旅游产品是指旅游业经营者生产的、准备销售给旅游者消费的物质产品和精神产品的总和。旅游业就是一个以出售旅游产品取得收入的独

中国经济地理

特的经济部门，具有以下特点：

1）地域性

由于受自然和人文因素的影响，旅游产品有着显著的地域性。一方面，我国地域辽阔、自然条件复杂多样、历史悠久、民族众多，旅游资源的地域差异十分明显；另一方面，人们旅游普遍有求新、求异的动机。因此，发展旅游业必须因地制宜，发挥地区优势，注重特色旅游资源的开发。

2）季节性

旅游业以旅游者为主体，以旅游资源为客体。无论是旅游者的旅游行为，还是旅游资源都有季节性变化。旅游者的旅游行为往往受节假日和生理、心理等因素的制约。旅游资源，尤其是自然景观具有明显的季节性变化，不同地区总有自己最佳的旅游季节。因此，发展旅游业要掌握旅游的季节性规律，合理安排客源，调节淡旺季游客流量和旅游景点"热点、温点、冷点"的搭配。

3）综合性

旅游业要为游客提供食、宿、行、游、购、娱等服务，与其他行业有着密切的联系，是一个综合性服务行业。发展旅游业必须和交通、商业、城建、轻工、医药、环保等部门密切协作，相互配合。

4）经济性

旅游业的生存与发展依赖于它是否具备应有的经济效益。它通过旅游产品的生产和销售，为国家创造财富，积累资金，增加外汇收入，是国民经济的一个重要部门，是一新的经济增长点。

5）国际性

现代旅游不是单独一个国家或一个地区所发生的孤立现象，各国和各地区的旅游活动都是相互联系和影响的，是相互依存和协作的。旅游的国界、洲界消失了，已形成一个跨地域的国际性大产业。

6）无形性

旅游经营者凭借旅游资源和服务设施，提供服务性劳动，满足旅游者需要，其间基本没有物质产品的转移，所以旅游业有"无形贸易"之称。换句话说，"风景"是带不走的，旅游者只能"买"看风景，游客走后，风景依然存在。因而，旅游业服务质量的高低就成为旅游事业成败的关键。

6.1.3　我国旅游业发展概况

我国是一个文明古国，旅游活动有着悠久的历史，历代众多文学家、地理学家、旅行家、军事家和政治家都曾出于不同的目的，跋山涉水，甚至远渡重洋，进行各种性质的旅游活动，并留下了丰富的科学遗产和文学巨著。但直到封建王朝崩溃时，旅游也未形成一项事业。旅游作为一项经济事业，在我国迟至20世纪20年代才开始产生。1923年上海商业储蓄银行开设"旅行部"，并于1924年春组织了由上海到杭州游览的旅游团。但是，中华人民共和国成立以前，我国经济落后，广大人民的温饱尚且难求，更无经济能力进行旅游活动，加上社会动荡，旅游业发展极其缓慢。

中华人民共和国成立后，我国的旅游业才有组织地逐步开展起来，但由于种种原因，发展速度缓慢。党的十一届三中全会后，旅游业才作为一个重要的经济部门，被提到国家议事日程上来，从而得以迅速发展。就国际旅游来看，20余年来，我国接待的入境旅游者和旅游创汇不断增加，到20世纪90年代中期，我国已跨入世界十大旅游国之列。"十三五"期间，接待入境旅游者8.3亿人次，实现国际旅游收入7 208.3亿美元，年均增长4.5%。5年来，数字化、网络化、智能化助力旅游业发展，一大批智慧旅游示范城市和地区加速发展，旅游管理方式和运营模式不断变革。我国新旅游业态不断涌现，休闲度假产品不断丰富，度假区产品涵盖了温泉、冰雪、滨海、山地等多种类型。截至目前，全国共有精品A级旅游景区12 402家、500多家全域旅游示范区、10个中国旅游休闲示范城市。

改革开放以来，我国国内政治和社会稳定，经济稳步发展，人民生活水平逐步提高，国内旅游业也悄然兴起。进入90年代，国内旅游业已进入发展最快、最好的产业化时期，并已成为一个新的经济增长点。21世纪，旅游产业覆盖面不断扩大，特色旅游方兴未艾，如工农业旅游、红色旅游。2004年7月1日，国家旅游局正式命名了以北京首钢、青岛啤酒、四川长虹、新疆克拉玛依油田、山西大寨、无锡华西村、江西共青城、吐鲁番葡萄沟等为代表的306个首批全国工农业旅游示范

中国经济地理

点；2005年又推出"红色旅游"精品线30条。2019年全国红色旅游人数达到7亿人次，旅游收入4 800亿元。"十三五"期间，我国国内旅游人数累计超过249.8亿人次，年均增长10.7%；实现国内旅游收入22.8万亿元，年均增长达13.6%；2.26万个贫困村通过发展乡村旅游、红色旅游实现了脱贫致富。

改革开放之初的1978年，中国入境旅游人数只有181万人次，入境过夜旅游者71.6万人次，国际旅游外汇收入也只有2.63亿美元，在世界上的排名都在40位以后。当时，中国旅游业不但远远落后于欧美国家，也远远落后于亚太地区的许多邻国。经过40多年的持续快速发展，这一局面已发生了巨大变化。当前，中国旅游业的国际地位不断提升，已成为世界旅游格局中的重要组成部分。2019年，中国接待入境旅游者1.45亿人次，国际旅游收入1 313亿美元，中国已成为全球第三大入境旅游接待国和第一大出境旅游客源国。目前我国已批准公民组团出境旅游目的地的国家和地区达到150多个。我国旅游正迎来新一轮发展黄金期和战略机遇期，成为世界旅游经济增长的火车头。

【小知识6-1】
互联网时代旅游业八大演变趋势

1.游客的选择会更加多样化。一次旅游消费活动涉及"食、住、行、游、购、娱"等诸多领域。网络时代，游客掌握更加充分的信息和资讯，选择的多样化因互联网技术的发展成为可能，说走就走的旅行不再是梦想。

2.旅游的服务会更加个性化。互联网产生的大量数据信息，为旅游经营者改善旅游服务提供了重要契机。大数据使得游客的信息更容易被经营者掌握，有针对性地开展个性化服务也因之成为可能。

3.线上线下的互动频繁化。其结果就是旅游消费的即时性、随机性更加突出，旅游信息和旅游消费行为的关联更加紧密。

4.旅游市场营销会更加精准化。互联网正在成为旅游营销的新兴渠道，越来越多的旅游企业选择与互联网企业合作进行宣传营销。

5.旅游闲置资源利用会更加普遍化。网络时代，旅游闲置资源的利用会无所不在。

6.旅游商业模式会更加复杂化。随着互联网对旅游业的加速渗透，旅游业的商业模式变得更为多样。

7.随着互联网发展的深入，旅游企业之间的竞争更加激烈化。

8.旅游目的地管理会更加智慧化，贴近游客的需求。随着智慧城市的进一步推进，通过智慧旅游建设提高旅游公共服务水平和旅游管理能力将会成为各个旅游目的地之间竞争的重点。

资料来源　根据《中国旅游报》2016年9月21日相关报道整理得来。

6.2　我国的旅游资源

旅游资源是指自然界和人类社会中凡能对旅游者产生吸引力，可以为旅游业开发利用，并可产生经济效益、社会效益和环境效益的各种事物与因素。我国在特有的自然和人文地理条件下，发育并形成了异彩纷呈的自然旅游资源和光辉灿烂、精美绝伦的人文旅游资源，它们为旅游业的发展奠定了坚实的物质基础。

6.2.1　自然旅游资源

自然旅游资源是指天然赋予的，由地貌、水体、气候、生物等自然要素构成的旅游资源。以自然旅游资源为主体的风景旅游区，往往既具有形态、色彩、动态等自然美感，又有休闲、避暑等功能，此外还可为人们提供娱乐消遣、探险、猎奇、游泳、登山、滑雪、泛舟、狩猎等活动场所。在当今工业化和城市化不断发展的时代，人们对自然旅游资源的需求越来越强烈，为回归自然而旅游的游客日益增多。

1）地貌旅游资源

地貌是地表各种形态的总称，按常规可分为山地、丘陵、高原、盆地、平原等五种类型，按成因形态可分为岩溶、丹霞、火山、风沙、海岸、冰川、黄土、流水等地貌。

（1）山地旅游资源。山地受人类的影响相对较小，较多地保留了原始景观。不同海拔高度的山地以它们独特的形态（如飞瀑、流泉、奇花异草）吸引着久居平原和城市的人们，尤其是风景名山不仅具有典型山岳景观的自然美，还渗透着人文景观之美，两者融合使山地成为旅游价

中国经济地理

值最高的一种地貌形态。我国山地旅游资源丰富，风景名山众多。在国家1982—2012年公布的8批计225个国家级重点风景名胜区中，多数是山岳风景区，尤以黄山、五岳和四大佛教名山为最。

五岳是指东岳泰山、西岳华山、中岳嵩山、北岳恒山和南岳衡山，为历代祭神和游览胜地，拥有独特的自然景观和名胜古迹。泰山位于山东泰安市，巍峨挺拔、气势磅礴，自古以"雄"而闻名天下。华山位于陕西华阴市，东西两侧河谷深切，南为断层所隔离，形成了"自古华山一条路"的险峻奇观。嵩山位于河南登封市，山形俊秀，为儒、佛、道教之圣地，山中的少林寺、中岳庙、嵩阳书院闻名天下。恒山在山西浑源县，山中怪石争奇、古树参天、景观幽静，其悬空寺堪称古建筑一绝。衡山在湖南衡阳市境内，以祝融峰之高、藏经殿之秀、方广寺之深和水帘洞之奇的四绝而令人神往。

山西五台县的五台山、四川峨眉山市的峨眉山、浙江舟山市的普陀山、安徽青阳县的九华山为我国四大佛教圣地，相传分别为文殊、普贤、观音、地藏王菩萨的道场，山间环境幽静，遍藏古寺名刹。

安徽黄山是我国最著名的风景名山，是典型的花岗岩地貌。它集众多名山之长，以奇松、怪石、云海和温泉"四绝"最负盛名。此外，庐山、雁荡山、千山、崂山、武当山、龙虎山、青城山、骊山、鸡公山等也是著名的旅游胜地。

【观念应用6-1】

黄山——上帝的盆景

黄山地处皖南山区的中心，有72峰，群峰相连，以主峰莲花峰为最高，海拔1 864.8米。黄山的花岗岩垂直节理发育，经长期的内外力作用造就出各种奇峰怪石。"象形"是黄山怪石的特点，它似人、似物、似鸟、似兽……姿态各异，惟妙惟肖。如莲花峰，俨若一朵初绽的莲花，凌空而立，仰天怒放。天都峰顶的巨石，形如硕大的仙桃，故名"仙桃石"。散花坞有一圆柱形石柱，矗立于松海中，顶尖如削，石缝中长出一株奇巧古松，盘旋曲折，称为"梦笔生花"。狮子峰的平顶上有一块巨石，颇似猴子，当云涛起时，巨石屹立于云海之上，神似远望，故曰"猴子观海"。此外，还有"兔子望月""姜太公钓鱼""童子拜观音"等，形态都十分逼真。黄山奇松与巨石伴生，"无石不松，无松不奇"。奇松从断岩绝壁中破土而出，有立、卧、仰或盘曲倒挂、异体同干等各种形态。由于山上气温低、风速大、日照短，松树不能笔直向上生长，故顶平如削，针叶短而稠密，枝杈趋向水平，迎风展开，成不对称的旗形树冠，给人一种刚毅挺拔之感，其中翠屏峰上的千年古树迎客松最有代表性。黄山地近江海，丰沛的水汽随地形抬升，在峰峦间凝成云雾，云多时笼罩整个山区，只有高耸的山峰如岛屿浮动于云上，形成变幻无穷的"云海奇观"。黄山温泉终年不涸不溢，水质清澈，水温在42℃左右，可饮可浴，极有医疗价值。

总之，黄山集名山之长，兼有泰山之雄伟、华山之险峻、雁荡之怪石、衡山之烟云、匡庐之飞瀑、峨眉之奇秀，故有"五岳归来不看山，黄山归来不看岳"之感叹！

问题：根据以上资料，试分析黄山风景的特色是什么，其属于哪一类的地貌旅游资源？

分析提示：黄山风景名胜多为天然雕琢，以奇松、怪石、云海、温泉"四绝"最负盛名。属花岗岩地貌。

山地旅游资源还包括登山旅游资源。我国西部山地高峻，风光景物奇异，雪峰冰川、冰塔林和动植物非常诱人，为登山旅游的发展创造了良好的条件。我国目前已开放了珠穆朗玛峰、希夏邦马峰、乔戈里峰、贡嘎山、博格达峰、四姑娘山、阿尼玛卿峰等10余座山峰，供国内外旅游者攀登。

（2）其他地貌旅游资源。我国拥有各类地貌旅游资源，其中以岩溶地貌、丹霞地貌、火山地貌最具吸引力。

岩溶地貌集中分布在广西、贵州、云南东部。因气候和岩性条件不同，各地岩溶地貌发育程度差异较大，或以地面奇峰为主，或以地下溶洞见长，或以泉水及千姿百态的沉积物为特色。桂林山水、云南石林、贵州织金洞和龙宫、肇庆七星岩等是我国著名的岩溶风景区。桂林山水是指广西东北的漓江沿岸，北起兴安南至阳朔，以桂林为中心的岩溶风景区。其有四大特点：山青、水秀、洞奇、石美，素有"桂林山水甲天下"的盛誉。云南石林位于云南昆明市东南的石林彝族自治县境内。区内奇峰兀立，造型千姿百态，巨大石峰、石柱直冲云霄，有"天下第一奇观"之称。

中国经济地理

丹霞地貌是指在巨厚的红色沙砾岩上发育的方山、奇峰、赤壁、巨石等特殊地貌，以福建的武夷山和广东仁化的丹霞山最为典型。目前，在中国众多丹霞地貌的旅游开发过程中，多以自然景观资源开发为重点，而湖北赤壁丹霞地貌则以人文特色见长。长江两岸自宜昌到安庆，赤壁临江，尤以黄冈市的"文赤壁"和赤壁市的"武赤壁"最负盛名。

火山地貌是因火山活动而形成的地貌。火山的喷发奇景、休眠火山圆锥形体的动人风姿和熔岩流构成的奇异地貌形态，都是十分吸引人的旅游资源。我国邻近太平洋火山地震带和地中海-喜马拉雅火山地震带，是一个多火山的国家，以东北、西南和台湾等地较为集中。黑龙江的五大连池风景区是我国第一个火山自然保护区，因火山岩浆堰塞小白河形成5个串珠状湖泊而得名。火山锥体优美，附近熔岩地貌丰富，还保留着当年熔岩流动时呈现的各种态势。其周围有奇特理疗作用的温泉，吸引着大批游览者和疗养者。我国最大的火山堰塞湖——镜泊湖，不但具有发展垂钓和狩猎旅游的条件，而且其吊水楼瀑布、地下森林、熔岩隧道奇观世上罕见。

风沙地貌区虽自然条件恶劣，但浩瀚的沙漠及沙漠中的绿洲、风蚀城堡都带有极神秘的色彩，是极具吸引力的观光内容。我国风沙地貌景区以甘肃鸣沙山-月牙泉、宁夏中卫沙坡头、内蒙古达拉特旗银肯沙丘（也称响沙湾）最为典型，茫茫的大漠风光和随游人自上而下滑动而发出隆隆响声的鸣沙吸引着中外游人。新疆乌尔禾和罗布泊地区的风蚀城堡，也以其神秘幽深闻名于世。

我国黄土地貌广布，发育之典型为世界罕见。黄土高原以粗犷、豪放的高原景观，壮观奇特的土柱、"峰丛"以及独具一格的窑洞和民俗，吸引着游客，被称为"疯神捏就"的世界。

2）水体旅游资源

水体也是一项重要的旅游资源。水景使人感到温柔、幽雅、清静。我国水体旅游资源多样，海洋、江河、湖泊、泉水兼备。

（1）海洋旅游资源。海滨冬暖夏凉，是理想的避暑、休假、疗养场所。浩瀚大海，水天一色，神秘莫测，能使游人心旷神怡，忘却人世间的一切烦恼。海边的礁石、洞穴、断崖绝壁是极富吸引力的观赏旅游资源。沙滩，尤其是水温适宜、阳光和煦、坡度平缓的细沙沙滩是最理想的海滨休憩场所。海洋不仅是旅游航行的通道，也是开展各种水上娱乐活动的场所。

我国大陆海岸线北起鸭绿江，南至北仑河口，全长18 000千米，沿海岛屿达6 500余个，海域辽阔，拥有众多滨海风景区（如大连、北戴河、烟台、青岛、普陀山、厦门和三亚等），发展旅游业的条件较为优越。

（2）江河旅游资源。江河不仅孕育了古代文明，提供灌溉和舟楫之利，也是重要的旅游资源。在我国众多江河中，以长江三峡的旅游价值最高。三峡是世界上最大的峡谷之一，瞿塘峡雄伟险峻，巫峡奇异壮丽，西陵峡滩险流急。三峡江段不仅自然景色壮观，且名胜古迹甚多。三峡电站建成后，三峡又以新的景象呈现在世人面前。此外，虎跳峡、三江并流、富春江-新安江、京杭大运河等江河景区也较著名。

瀑布既粗犷又细腻，既表现了力量，又体现了柔美，能为风景区锦上添花。我国著名瀑布有黄果树大瀑布、壶口瀑布、雁荡山大龙湫、长白山瀑布等。

（3）湖泊旅游资源。湖泊素有"大地明珠"之称。许多风景秀丽的湖泊多已成为旅游胜地。我国湖泊遍布大江南北，既有烟波浩渺、一碧万顷的湖泊，如太湖、洞庭湖、滇池、洱海、白洋淀、青海湖和鄱阳湖等，也有娇小秀美的湖泊，如杭州西湖、肇庆星湖、扬州瘦西湖、天山天池等，还有水利工程形成的人工湖泊，如千岛湖、松花湖、龙羊峡水库等。

（4）泉水旅游资源。我国泉水旅游资源众多，遍布全国各地，目前已开辟了众多的以温泉为主要内容的游览疗养区，比较著名的有华清池、从化温泉、安宁温泉、汤岗子温泉、阿尔山温泉等。有些泉点与周围山水或古迹相结合，形成别具一格的风景名胜点，如济南趵突泉、杭州虎跑泉、镇江中冷泉、无锡惠山泉、大理蝴蝶泉等。

3）气候旅游资源

追求适宜的气候是人们外出旅游的重要动机之一。对大多数人来说，感觉舒适的气温是10℃~20℃。通常，四季如春或具特殊避暑、避寒意义的地区对游客较有吸引力。如我国云贵高原、东北地区、山地和海滨地带，夏季凉爽无酷暑，是良好的避暑场所。莫干山、庐山、鸡公

中国经济地理

山和北戴河是我国著名的四大避暑胜地。华南地区和云贵高原冬季气候温暖，无严寒，是良好的避寒场所。值得指出的是，近几年特定的气候旅游资源已成为旅游热点，如我国东北地区冬季银装素裹的景色吸引着越来越多喜爱冰雪的游客。

4）生物旅游资源

生物是自然界中最活跃、最有生机的要素，是自然风光的重要组成部分。当游客的头脑中有诸如"热带风光""草原景色"之类的概念时，其中印象最深、标志最明显的往往是当地的植被及栖息的动物。

我国生物旅游资源丰富，珍稀动物和珍贵植物众多。著名的珍稀动物有大熊猫、扬子鳄、白鳍豚、金丝猴、丹顶鹤等；具有较高观赏价值的珍贵植物主要有名贵花卉、特色竹木和孑遗植物，其中牡丹、芍药、月季、菊花、兰花、莲花、海棠、山茶、水仙、梅花为我国十大名花。此外，一些普通花草树木和动物也往往成为某些地区的特色而令人注目，如峨眉山的猴子、青海湖的鸟、大理的蝴蝶等。

【小思考6-1】

你的家乡有哪些国家级自然旅游资源？

答案提示：首先要熟悉家乡的旅游景点，再对照国家级旅游景点回答。

6.2.2 人文旅游资源

人文旅游资源是指能够吸引旅游者的古今人类文明成果，即人类文化遗产、物质财富和各种人文现象的总和。它具体包括历史古迹、现代建筑和游乐设施、风土民情、风味美食和土特名产等。其具有鲜明的历史性、民族性和可创造性。

我国是一个具有悠久历史的文明古国，在长期的历史发展过程中，各族人民创造了辉煌绚丽、独具特色的中华文明，为后人留下了浩如烟海的历史文物。丰富的人文旅游资源是我国发展旅游业的突出优势。1953年我国公布的文物保护单位有572处。1961年、1982年和1988年、1996年、2001年、2006年、2013年和2019年国务院又先后公布了八批全国重点文物保护单位共5 058处，它们包括古遗址、古墓葬、石窟寺庙和其他石刻、雕塑艺术、古建筑和历史纪念建筑物、革命遗址和革命纪念建筑物等，其中有的已列入"世界文化遗产名录"。2006年6月，国务院批准了首批国家级非物质文化遗产名录共计518项，又分别于2008年、2011年、2014年确定了三批非物质文化遗产共计854项，包括民间文学、民间音乐、民间舞蹈、传统戏剧、曲艺、杂技与竞技、民间美术、传统手工技艺、传统医药、民俗等10大类。这些浩如烟海的人文旅游资源，在文人墨客的渲染下，更加熠熠生辉，吸引着众多中外游客。

1）历史古迹

（1）古建工程。古建工程是指历史上建筑的，对我国经济、军事和科技曾经或仍在产生重大影响的工程。我国古建工程首推万里长城，它是我国古代著名的军事工程，始建于西周，现保存下来的基本是明代建筑遗址。它西起嘉峪关，东至山海关，以修筑年代久远、工程雄伟浩大而闻名于世，其一砖一瓦均为珍贵艺术品。都江堰、灵渠、京杭大运河、坎儿井是我国古代四大水利工程。历史上曾修筑的驿道、栈道，规模之大也堪称壮举。目前，我国正在开发以剑门关为中心的蜀道旅游线。

（2）宗教文化。宗教是一种社会意识形态，也是一项重要的旅游资源。从古到今，求佛朝圣者不绝于途。我国以宗教为主要特色的旅游地除四大佛教名山、四大道教名山外，还有嵩山、千佛山等。

石窟、寺庙和塔等宗教建筑均具有很高的旅游价值。敦煌石窟、龙门石窟、云冈石窟和麦积山石窟是我国四大名窟。我国寺庙众多，著名的有洛阳白马寺、五台山佛光寺、天台山国清寺、西宁塔尔寺、拉萨大昭寺、喀什艾提尕尔清真寺等。此外，河北定州开元寺塔、山西应县木塔、大理崇圣寺三塔、西安大雁塔、杭州六和塔、开封铁塔等也是我国重要的旅游资源。

（3）古遗址。我国是人类发源地之一，无论南方还是北方都有原始人类生息。近年来，在我国的许多地方陆续发现了古代人类化石及古遗址和古遗物。这些古遗址对于了解人类进化和社会发展具有重大意义，也是旅游者缅怀人类祖先的场所。不少古遗址经发掘建设，已对外开放接待游人，如北京周口店猿人遗址、西安半坡遗址、安阳殷墟等。

（4）古陵墓。我国古代有许多陵墓背山面水建造，建筑庄严堂皇，

中国经济地理

殉葬品丰富，具有较高的考古和旅游价值，尤其是陕西临潼秦始皇陵，被誉为"20世纪最壮观的考古发现""世界第八大奇迹"，吸引了众多中外游客前往参观。北京的明十三陵是我国最大的古墓陵园，占地120平方千米，气势磅礴，规模宏伟。其他古陵墓如陕西黄帝陵、汉陵、唐陵，河南巩义的宋陵，内蒙古的成吉思汗陵，河北的清东陵、清西陵，宁夏的西夏王陵等也具有很高的旅游价值。

此外，近代修建的一些纪念性陵园已成为人们凭吊伟人和缅怀先烈的场所，如南京的中山陵和雨花台革命烈士纪念碑、北京毛主席纪念堂及各地烈士陵园等。

（5）园林。中国园林属山水风景型，皇家园林与私家园林是其两大主要流派，并都受到了国内外旅游界和造园界的高度评价和推崇。皇家园林主要分布在北方，如北京颐和园、承德避暑山庄等。私家园林主要分布在南方，尤以苏州、扬州最负盛名。苏州园林堪称中国园林的代表，以拙政园、沧浪亭、狮子林和留园最具有代表性。

（6）宫殿和亭阁。我国的宫殿和亭台楼阁等古建筑也是颇具旅游价值的历史古迹。北京故宫，曲阜的孔府、孔庙，拉萨的布达拉宫等都是举世闻名、保存完整的古建筑群。岳阳楼、黄鹤楼、滕王阁为江南三大名楼。安徽琅琊山的醉翁亭、北京的陶然亭、长沙岳麓山的爱晚亭和杭州西湖的湖心亭为我国四大名亭。此外，我国还有数以千计的阁，造型各异、千姿百态。

（7）城镇旅游资源。城镇的文化历史、文物古迹、风貌和民居生活情景是历史的缩影和国家的橱窗，是极为重要的旅游资源，尤其是古都。安阳、西安、洛阳、开封、北京、南京、杭州建都朝代多、时间长、建筑宏伟，被列为我国七大古都。除七大古都外，我国还有众多的历史文化名城。截至2018年年底，我国共公布了134座历史文化名城，199个历史文化名镇名村。

2）现代建筑和游乐设施

随着我国改革开放和旅游事业的发展，现代建筑和游乐设施如雨后春笋般不断涌现。它们往往是城市景观的重要组成部分，而且与旅游活动有着密切的联系。上海"东方明珠"、杨浦大桥，三峡大坝，为奥运会而建造的"鸟巢""水立方"等，都是展示我国改革开放新形象的著名旅游景观。

现代建造的各类博物馆是陈列、研究、保藏物质文明和精神文明实物以及自然标本的场所。我国著名的博物馆有北京的中国国家博物馆、北京自然博物馆，杭州的中国丝绸博物馆、中国茶叶博物馆，自贡的盐业博物馆，景德镇的陶瓷博物馆，苏州的园林博物馆等。

游乐设施是专门为旅游业建设的工程，包括人造乐园、度假村、微缩景区、高尔夫球场、跑马场、射击场等。近年来，随着我国旅游业的迅速发展，各地纷纷建造游乐设施，如广东中山的长江乐园，上海的锦江乐园，北京的密云国际游乐场、世界公园、中国北方国际射击场，深圳的西丽湖度假村、锦绣中华、世界之窗，杭州的中华古塔博览苑等。

3）风土民情

风土民情泛指各地各民族在生产、生活等方面相约成习的一种风俗。我国是一个多民族国家，各民族的节日盛会或习俗带有浓厚的乡土气息，构成了一幅幅绚丽多姿的民族文化画卷。汉族的春节、壮族的歌圩、蒙古族的那达慕、回族和维吾尔族的开斋节、傣族的泼水节、白族的三月街节、彝族的火把节、傈僳族的刀杆节等生动活泼的喜庆活动，吸引着众多中外游人。

我国文学艺术丰富多样，有书法、诗歌、散文、戏曲、音乐、舞蹈、绘画、篆刻等，其中书法、绘画、篆刻最为有名，蜚声海内外。西安、泰山岱庙、曲阜的碑林，杭州的西泠印社、北京的荣宝斋、天津的杨柳青木版年画等都因书画或篆刻艺术而闻名遐迩。

4）风味美食

我国风味美食在国际上久负盛名，中国菜是东方菜肴的代表。品尝我国各地的风味小吃也是国际旅游者来华旅游的主要目的之一。

我国有鲁、川、苏、粤、闽、浙、湘、徽八大菜系。此外，京菜、沪菜、豫菜、鄂菜、清真菜、斋菜亦较为有名。各地充分运用地方珍品或民间技艺等优势，烹制了多种地方风味食品，极富乡土气息，如北京全聚德烤鸭和东来顺涮羊肉、天津狗不理包子、西安羊肉泡馍、新疆烤羊肉串、南京板鸭、杭州东坡肉、延边狗肉等。此外，各种土特名产也是一项重要的旅游资源，这部分内容前面已有阐述，在此不再一一列举。

中国经济地理

【小思考6-2】

你的家乡有哪些国家级人文旅游资源？

答案提示：首先要熟悉家乡的旅游景点，再对照国家级旅游景点回答。

【小知识6-2】

另类旅游方式

小说旅游：这是德国的一种特殊旅游方式。文学爱好者组成旅游团，沿着小说主人公的足迹，游历书中描写的各个地方，身临其境地体会书中人物当年的感情。这种颇具浪漫的学术式旅游，深受旅游者的欢迎。

学艺旅游：在法国，游客们可以在旅游地学习制陶、编织、纺织等技术，在游览美丽风光的同时也掌握一门技能。所学的技艺是游客根据自己的兴趣爱好自由选择的，学艺费用根据时间长短而定。

劳务旅游：一边挣钱一边旅游。这种方式很接近"有钱有闲"。日本同澳大利亚等国建立了劳务旅游关系，旅游者在旅游区付出劳务，一方面赚些旅费以延长逗留时间，游览更多的地方；另一方面可更深入了解当地的风土人情。

"老外们"的这种另类旅游方式，是否能给你的出游一点灵感？

资料来源　佚名. 另类旅游方式［N］. 中国日报，2008-02-22.

6.3　我国旅游区的地理分布

旅游区的划分有多种方法。本书按各地所拥有的旅游资源和自然条件的相对一致性，以及区域旅游联系和组织旅游活动的相对便利性，把全国划分为七大旅游区。

6.3.1　黄河中下游旅游区

黄河中下游旅游区包括京、津、冀、豫、鲁、晋和内蒙古四省一区二市，是全国政治、经济、文化、交通中心。本区是中华民族的发祥地，因此人文旅游资源特别是皇家文物古迹富甲全国；自然风光以风景名山和海滨风光为主，加之旅游区位的优越性，使本区成为国内旅游的黄金区域。本区重点旅游城市主要有北京、天津、郑州、洛阳、济南、青岛、呼和浩特等。

北京是本区的旅游中心，历经千年封建王朝，其古迹之多、园林之美、山水之胜举世闻名。目前，北京是中国第一大旅游城市，也是举世瞩目的国际都市，每天流动人口达百万之多。它以特有的古都风貌和现代都市风光，吸引着越来越多的中外游客。其著名景点有天安门、故宫、中山公园、北海、天坛、雍和宫、景山、碧云寺、香山、卧佛寺、八达岭、慕田峪长城、十三陵、奥运村、卢沟桥等。

洛阳为九朝古都，名胜古迹众多，主要景点有汉魏洛阳古城和隋唐洛阳古城遗址、龙门石窟、白马寺、关林、白居易墓等。此外，每年4月的"洛阳牡丹节"已成为洛阳重要的旅游项目。

青岛是我国著名的海滨旅游城市，气候温和宜人，漫步海滨，有栈桥、小青岛、鲁迅公园、中山公园、海水浴场、石老人、"八大关"等景点。

本区重点风景名胜还有天津的盘山；河北的承德避暑山庄、野三坡、苍岩山、嶂石岩；山西的恒山、五台山、黄河壶口瀑布、北武当山、五老峰；山东的泰山、青岛崂山、曲阜"三孔"；河南的嵩山少林寺及古城开封、安阳等。此外，大同的云冈石窟、太原的晋祠、内蒙古伊金霍洛旗的成吉思汗陵、河北遵化的清东陵和易县的清西陵等也是该区著名旅游景点。

6.3.2　长江流域旅游区

长江流域旅游区包括川、渝、鄂、湘、赣、皖、浙、苏、沪七省二市，是我国自然条件最优越、经济最发达和人口最稠密的地区之一。本区风景名山荟萃，自然保护区众多；水景多姿多彩，既有波澜壮阔、变化无常的海滨风光，又有清逸秀丽的江河、气势磅礴的峡谷急流和宁静绮丽的湖泊风光；古典园林更是驰名中外。此外，本区还遍布三国古迹和近代革命圣地。

本区重点旅游城市沿长江两岸分布，主要有成都、武汉、长沙、南京、杭州、苏州和上海等。成都环境优美，气候宜人，名胜古迹众多，主要有武侯祠、杜甫草堂、王建墓、望江楼公园、青羊宫、文殊院等；成都的蜀锦、蜀绣及各类小吃，已成为中外游客争相购买或品尝的旅游商品。

武汉地处长江和汉水交汇处，是一个历史悠久的古城。其主要景点有黄鹤楼、东湖、古琴台、归元寺、武汉长江大桥、蛇山、洪山、龟山等。

长沙主要景点有岳麓书院、爱晚亭、橘子洲、马王堆博物馆等。

南京北临长江，南依宁镇丘陵，位置雄险，有"钟山龙蟠、石城虎踞"之势。南京既有自然山水之美，又有名胜古迹之美，为江南旅游名城。其主要景点有钟山、雨花台、玄武湖、莫愁湖、栖霞山、燕子矶、清凉山、汤山温泉等。钟山之麓有中山陵、明孝陵、灵谷寺等名胜，规模宏大的紫金山天文台就建在钟山。

杭州是闻名中外的旅游城市，其精华是西湖的湖光山色。西湖面积5.6平方千米，湖中堤岛分隔，烟雨蒙蒙，三面环山，一面临城，湖水平若明镜，犹如一幅近水远山皆有情的泼墨山水画。著名的景点有岳庙、灵隐寺、飞来峰、西泠印社、六和塔、玉泉和"西湖双十景"等。"西湖双十景"是指苏堤春晓、平湖秋月、曲院风荷、断桥残雪、三潭印月、双峰插云、花港观鱼、柳浪闻莺、雷峰夕照、南屏晚钟西湖十景和云栖竹径、满陇桂雨、虎跑梦泉、龙井问茶、玉皇飞云、九溪烟树、吴山天风、阮墩环碧、黄龙吐翠、宝石流霞西湖新十景。

苏州是一个以园林名胜闻名中外的江南水乡，著名景点有虎丘、北塔、寒山寺、灵岩山、洞庭东山、洞庭西山、沧浪亭、狮子林、拙政园、留园和怡园等。

上海地处长江入海口，市区和郊区缺乏山水景色，又因开发较晚，名胜古迹不多，但上海是我国重要的交通中心和游客集散地，也是我国最大的经济中心，旅游者在此可窥视中国经济发展概貌，饱览现代都市风采。市区主要街道名店云集，商品琳琅满目，为中国的"购物天堂"。上海主要景点有东方明珠电视塔（塔高468米，截至2019年为亚洲第六、世界第九高塔）、南浦大桥、杨浦大桥、世博会场馆、豫园、外滩、玉佛寺、龙华寺、淀山湖、嘉定孔庙等。

此外，本区还包括众多国家级重点风景名胜区。它们是四川的贡嘎山、峨眉山、青城山、蜀南竹海、都江堰；湖南的武陵源、衡山、韶山；湖北的武当山、长江三峡、古隆中、九宫山；安徽的黄山、九华山、天柱山、琅琊山；江西的井冈山、三清山、龙虎山、庐山；江苏的云台山、雁荡山、楠溪江、富春江-新安江、莫干山、雪窦山、双龙、仙都等。

本区还有众多国家级自然保护区，如卧龙、王朗、九寨沟、缙云山、神农架、八大公山、天目山、大丰麋鹿等。它们迎合了现代人返璞归真的心态，对旅游者具有很大吸引力。

【小知识6-3】

上海世博会（Shanghai World Expo）

中国2010年上海世博会是世博会历史上首次在发展中国家举办的综合性世博会。主题是：城市，让生活更美好。举办期为2010年5月1日至10月31日，历时6个月，共有242个国家参展，吸引了7 000多万人参观。其举办场地在上海市中心，主要位于南浦大桥和卢浦大桥之间的滨江区域，并沿黄浦江两岸布局。世博园区划分为A、B、C、D、E五个功能区，分别布置242个国家的场馆和主题馆。其中以中国馆、城市未来馆和沙特阿拉伯馆最具特色，每天参观者摩肩接踵、络绎不绝。

现在中国馆与城市未来馆已华美转身，成为上海文化新地标，拉开后世博时代上海国际文化大都市建设的大幕——后世博，上海文化"重新发电"。中国馆改建成中华艺术宫，多媒体版《清明上河图》是永久展项；41米层的小火车轨道改成了展厅；49米层中央影视大厅改造成了阳光展厅，另辟出多功能厅、报告厅、图书馆等空间。城市未来馆改为当代艺术博物馆。这座建于1900年的建筑，曾是南市发电厂，是中国民族工业文明的最早印记，2010年改建成城市未来馆，今天，又变身为一个集收藏、研究、展览、教育于一体的公益性当代艺术平台，城市的工业力量之源已转化为文化力量之源。

【小思考6-3】

长江流域旅游区的旅游特色是什么？

答：风景名山荟萃，自然保护区众多；水景多姿多彩，既有波澜壮阔、变化无常的海滨风光，又有清逸秀丽的江

中国经济地理

河、气势磅礴的峡谷急流和宁静绮丽的湖泊风光，古典园林更是驰名中外。此外，本区还遍布三国古迹和近代革命圣地。

6.3.3　华南旅游区

华南旅游区包括闽、粤、琼三省和港澳台地区，是我国最早实行对外开放的省份，囊括了全国仅有的5个经济特区。其经济发展迅速，现代化建筑鳞次栉比。闽粤两省是著名的侨乡，也是港澳同胞和海外侨胞回乡、归国的首到之处或必经之路，有着发展国际旅游业的优越条件。本区自然旅游资源以热带、南亚热带景观和丹霞、海岸、花岗岩地貌取胜；人文旅游资源有著名的海上丝路遗迹以及众多人造景观等。

本区重点旅游城市有广州、厦门、泉州、深圳、香港、澳门等。广州亦称羊城，位于珠江三角洲北部，是华南最大的城市。这里四季常花，有"花城"之称。其主要景点有越秀公园、南海神庙、荔枝湾、六榕寺、花塔、白云山等。

厦门位于福建南部，这里四季如春、繁花锦簇、万木葱茏、古迹众多、市容整洁，有"海上花园"之称。主要景点有鼓浪屿、南普陀寺、集美鳌园、万石山、胡里山炮台等。

泉州是"海上丝路"（也称"瓷器之路"）的起点，是2016年"海上申遗"的主角，有14个遗产点列入其中。城内丝路古迹有后渚港、聚宝街、市舶司、清净寺、清源山等遗址。此外，开元寺、安平桥和新建的闽台缘博物馆等亦是著名的旅游景点。

深圳东临大亚湾，西连珠江口，南与香港新界接壤，进出香港非常便捷，也是与香港关系最密切的经济特区。它依山傍水，风光旖旎，既有沙质松软的海滨浴场，又有湖峰相映、莺飞鸟语的景观，还有玩之不尽、乐趣无穷的娱乐场所。其主要景点有深圳水库、"锦绣中华"、"世界之窗"、中华民俗文化村、深圳湾大酒店游乐场、欢乐谷、野生动物园、大小梅沙等。

香港和澳门均是自由港、购物天堂，由于面积小，自然旅游资源不多。香港主要景点有太平山、浅水湾、海洋公园、宋城、荃湾寺庙群等。澳门的博彩业在其旅游产业中占有极为重要的地位，是财政收入的主要来源。其主要景点有东望洋山、卢家花园、赛马会、妈阁庙、三巴圣迹等。

【小知识6-4】

世界灌溉工程遗产——福清天宝陂

2020年12月8日，国际灌排委员会第71届执行理事会公布2020年世界灌溉工程遗产名录（第七批）评选结果，福建省福清市天宝陂成功入选。

世界灌溉工程遗产与世界文化遗产、自然遗产、文化景观、农业遗产、湿地遗产并称为世界遗产。是国际灌溉排水委员会从2014年开始评选的世界遗产项目，旨在更好地保护和利用、在用古代灌溉工程，挖掘和宣传灌溉工程发展史及其对世界文明进程的影响，学习古人可持续性灌溉的智慧，保护珍贵的历史文化遗产。每年审定一次。

今年与福清天宝陂同时申遗成功的还有陕西省龙首渠引洛古灌区、浙江省金华白沙溪三十六堰、广东省佛山桑园围3个工程。至此，中国的世界灌溉工程遗产已达23项。

天宝陂位于福清母亲河——龙江的中段，是唐代修建的大型水利工程，被列为福建省第五批重点文物保护单位、首批省水文化遗产。天宝陂名字源自其修建年代——唐天宝年间，是闽中历史上最早建成的，集引水灌溉、排洪排涝和蓄淡拒成于一体的综合效益的大型水利工程。它的修建使福清大面积农田得以旱涝保收，为福清农业发展、粮食增产、农民增收作出了重要贡献。

福清自古以来就干旱缺水。天宝年间，福清地方官员带领老百姓，开始兴建天宝陂。在龙江河畔、五马山麓，工匠们用竹笼拦水，筑木成桩，采山石围堰，砌高陂横江截流，历载建成。宋祥符年间，知县郎简主持重修天宝陂；宋元符年间，知县庄柔正搬在天宝陂旁大树下审案，败诉者，罚其搬石修陂。明万历年间，周大勋周文遴父子分别奉知县欧阳劲、王命卿之命，先后重修天宝陂。民国34年（1945），福清成立十三洋水利协会，重修天宝陂。

天宝陂陂首（堰坝工程）主要包含拦河坝、泄洪闸、进水口三大建筑物。陂首坝底系鱼鳞卵石砌成，坝身以条石砌筑而成，呈台阶式结构，坝高3.5米，坝体长216米，其中150米为唐至明代所修的旧坝。引水口设置在大坝右岸，下接19.4千米长的引水干渠，干渠引水流量达每秒1.5立方米。灌溉渠道主要为天然土渠、天然石渠、硬化渠等。时至

中国经济地理

今日，天宝陂依然保存古有的工程布局，其坝轴线呈东西走向布置，灌区涵盖福清龙江街道、海口镇等地的14个行政村以及东阁华侨农场、三华农业园等，总灌溉面积达1.9万亩。

三沙市是我国最年轻的地级市，成立于2012年6月21日。管辖西沙、中沙、南沙群岛的岛礁及其海域，政府驻地在永兴岛。它是中国唯一的一个位于赤道热带、全部由珊瑚礁建造、年均气温为26℃~28℃、拥有永远碧蓝清澈海水的城市，旅游价值高。

本区重点风景名胜区还有广东的丹霞山、西樵山、肇庆星湖；福建的武夷山、太姥山、桃源洞、鳞隐石林、金湖、鸳鸯溪、海坛岛、冠豸山；海南的五指山、万泉河、兴隆华侨农场、天涯海角、亚龙湾、南山寺；台湾的双潭秋月、玉山积雪、鲁阁幽峡、清水断崖等。

6.3.4　西南旅游区

西南旅游区包括滇、黔、桂三省区，有30多个少数民族聚集在此。岩溶地貌景观是本区最重要的自然旅游资源，独特的少数民族风情则是本区最具特色的人文旅游资源。

本区重点旅游城市有昆明、桂林、贵阳等。昆明位居云贵高原中心，四季如春，旅游季节长，植物终年碧绿如翠，鲜花不断。主要景点有西山、滇池、大观楼、金殿、筇竹寺、黑龙潭、世博园等。

桂林山水甲天下。它因盛产桂花、桂树成林而得名。主要景点有叠彩山、象鼻山、独秀峰、七星岩、芦笛岩等。

贵阳素有第二春城之称，全年皆宜旅游。主要景点有黔灵山、花溪公园、甲秀楼、红枫湖、地下公园、黄果树瀑布、荔波樟江和马岭河峡谷等。

本区重点风景名胜区除以上所述外，还有云南的石林、西双版纳、大理苍山、丽江玉龙雪山、三江并流、腾冲地热火山、瑞丽江-大盈江、九乡、建水等；贵州的织金洞、龙宫、梵净山、赤水等；广西的阳朔、漓江、花坪自然保护区等。广西的"左江花山岩画"于2016年7月入选世界遗产。

6.3.5　西北旅游区

西北旅游区包括陕、宁、甘、新四省区，在历史上曾是丝绸之路的必经之地，沿线留下了举世闻名的敦煌石窟、高昌故城等丝路古迹或遗址，现已成为本区最主要的人文旅游资源。大漠风光则是本区自然旅游资源的特色。其旅游热点主要在西安和敦煌两地。

西安是一座历史悠久、知名度很高的古城。城市呈棋盘式布局，街道纵横平直，为历史上城市规划之杰作。从公元前11世纪起，先后有13个王朝在西安及其附近建都，给西安留下了众多名胜古迹和艺术珍品。西安主要景点有西安碑林、文庙、大雁塔、小雁塔、兴教寺、兴庆宫、半坡村遗址、汉陵、唐陵、秦陵兵马俑坑、骊山等。

本区重点风景名胜还有陕西的华山、宝鸡天台山；甘肃的麦积山、崆峒山、鸣沙山-月牙泉；宁夏的西夏王陵；新疆的天山天池等。

6.3.6　东北旅游区

东北旅游区包括辽、吉、黑三省。它以独特的林海雪原、火山遗址和温带海滨风光闻名全国。哈尔滨和沈阳为本区旅游中心城市，大连作为现代化海滨城市，其旅游地位不断提高。边境旅游近几年在本区悄然兴起，已成为一个旅游新热点。

哈尔滨是一个风格独特的美丽城市，冬季严寒，夏季凉爽。冬季的冰灯游园和夏季的避暑休闲是哈尔滨最具特色的两大旅游活动。市区主要景点有太阳岛、斯大林公园和兆麟公园等。

沈阳是一座拥有2 000余年历史的文化古城，有许多历史文物和古迹，最著名的有沈阳故宫、昭陵、福陵等。此外，城中还有中山公园、南湖公园等游览景点。

除上述风景名胜外，本区重点风景名胜还有黑龙江的五大连池、镜泊湖；吉林的净月潭、松花湖；辽宁的千山、鸭绿江、金石滩、旅顺口、兴城海滨、凤凰山、本溪水洞等。此外，长白山、大兴安岭的茫茫林海也是本区重要景观之一。

6.3.7　青藏高原旅游区

青藏高原旅游区包括青、藏二省区，自然环境复杂，宗教色彩浓厚，是一个很有潜力、风格独特的旅游区。它主要以高原风光、地热奇观、宗教与古建筑的神秘色彩和藏族风情吸引着旅游者。主要风景名胜有青海湖、日月山、龙羊峡水电站、羊八井地热电站、雅鲁藏布大峡谷

中国经济地理

等。著名宗教寺庙有拉萨的布达拉宫、大昭寺、哲蚌寺、甘丹寺、色拉寺、罗布林卡，日喀则的扎什伦布寺，青海的塔尔寺、东关清真大寺、北山寺等。

本章小结

❋ 旅游活动是由旅游的主体（旅游者）、客体（旅游产品）和旅游媒介（旅游业）三大要素组成的。

❋ 旅游媒介是指在前两者之间起桥梁和纽带作用的旅游业。它通过旅游交通、旅行社和旅游饭店这三大支柱产业的有机联系和有序运行而产生经济效益和社会效益。旅游业在国民经济中占有日益重要的地位，被誉为"朝阳"产业和"无烟"工业。

❋ 旅游客体主要指旅游资源，是发展旅游业的基础。旅游资源按成因可分为自然旅游资源和人文旅游资源两大类。我国幅员辽阔，历史悠久，文化灿烂，自然风光绚丽多彩，旅游资源得天独厚，是世界著名的旅游大国。自然旅游资源主要包括地貌、水体、气候、生物等自然地理要素；人文旅游资源主要包括历史古迹、现代建筑、游乐设施、风土民情、风味美食和土特名产等。我国于1982—2012年共公布了八批计225个国家重点风景名胜区。截至2019年，我国已有55处景点列入《世界遗产名录》。它们都是我国山河的精华，中华民族的瑰宝。

❋ 按各地所拥有的旅游资源和自然条件的相对一致性，以及区域旅游联系和组织旅游活动的相对便利性，可把全国分为七大旅游区：黄河中下游、长江流域、华南、西南、西北、东北和青藏高原旅游区。最主要的旅游中心城市有北京、西安、杭州、上海、成都、厦门、广州、深圳、香港、澳门、昆明、桂林、哈尔滨、大连、拉萨等。

主要概念

旅游　自然旅游资源　人文旅游资源

知识练习

❋ **简答题**

（1）人文旅游资源具有哪些特点？说出你所在省份有哪些重要的人文旅游资源？

（2）山地有何旅游价值？你所在的省份有哪些重要的山地旅游资源？

❋ **填空题**

（1）五岳是指东岳_____、_____华山、中岳_____、_____衡山和北岳_____。

（2）桂林山水属于_____地貌风景区，以山青、_____、_____、石美为特色。

（3）西南旅游区包括_____、_____、桂三省区。_____是本区最重要的自然旅游资源，_____是本区最具特色的人文旅游资源。

❋ **选择题**

（1）黄山位于（　　）旅游区。

A.黄河中下游　　　　　　B.华南

C.西南　　　　　　　　　D.长江流域

（2）以下景点属于山地旅游资源的是（　　）；属于岩溶地貌的是（　　）；属于丹霞地貌的是（　　）。

A.五岳　　　　　　　　　B.桂林山水

C.五大连池　　　　　　　D.武夷山

E.东方明珠电视塔

（3）以下景点属于宗教旅游资源的有（　　）。

A.敦煌石窟　　　　　　　B.秦始皇陵兵马俑坑

C.西安大雁塔　　　　　　D.布达拉宫

（4）青岛和洛阳位于（　　）旅游区。

A.西南　　　　　　　　　B.华南

C.黄河中下游　　　　　　D.长江流域

（5）"古尔邦"节是（   ）一年一度的群众性盛会。

A.壮族   B.蒙古族

C.维吾尔族   D.藏族

（6）四大佛教名山是指（   ）。

A.五台山、峨眉山、九华山、普陀山

B.五台山、黄山、九华山、普陀山

C.五台山、峨眉山、千佛山、普陀山

D.五台山、峨眉山、九华山、武当山

（7）羊八井地热电站位于（   ）旅游区；厦门鼓浪屿位于（   ）旅游区。

A.西南   B.华南

C.青藏高原   D.长江流域

技能训练

（1）在中国地理填充图上，填上你所知道的国家级重点风景名胜区。

（2）在中国地理填充图上，画出七大旅游区的范围。

观念应用

❋ **案例题**

最值得去的九座小城

（1）吐鲁番——一地三季。吐鲁番市位于乌鲁木齐东南，最低处海拔-154.31米。其艾丁湖地区是神州大地地势最低且最热的"盆底"。在连绵100多千米的火焰山，岩石是褚红色的，地表气温最高达70℃，相传《西游记》中"唐三藏取经受阻火焰山，孙悟空三借芭蕉扇"的故事就发生在这里。由于干热，陈列在阿斯塔纳古墓中的古尸以及木器、丝绸都不腐烂。最妙的是坐在葡萄沟的棚下品尝冰镇甜瓜的感觉。棚顶上的气温高达42℃，身边渠道流淌的天山融雪水只有10℃，再往下去，钻到全国独有的坎儿井里，更是冷飕飕了。上热中凉下冷，一地三季妙不可言。城东南有苏公塔和高昌故城的公共墓地，城东北有柏孜克里克千佛洞，人文与自然景观相映生辉。

（2）延安——永远的圣地。无论从什么角度看，延安都非常值得一去。尽管许多人已经对杨家岭的灯火、枣园的灯光、王家坪的舞会耳熟能详，但历史毕竟在这宝塔山、凤凰山、清凉山环峙的延河中转了一个弯，身临其境，触摸每一片厚重沉实的黄土，穿过窑洞和中国革命家们的旧居，你会感悟到一种别处无法得到的东西。

（3）兴城——远离工业的海滨小城。从山海关出了关，沿着辽东湾一直北行，第一个到达的城市就是兴城。兴城是渤海之滨的古城，亦是新开发的旅游疗养胜地。虽然风景无限，但是兴城"城小言微"，养在深闺尚不为人识。兴城辽时始建县，未遭战火，远离工业，是我国现存古城中最完好的一座，在这一点上，它远胜丽江和平遥。

（4）凤凰——沈从文笔下的湘西风情。读过《边城》的人都对翠翠和翠翠生活的地方留有美好印象，如翠翠清澈如水的性情和恋情、乡民朴实旷达的作风、月光下水边的吊脚楼等等。《边城》是自称为"乡下人"的沈从文之作，描写的就是湘西的凤凰县。出城见天星山，进山上山顶，有一方池为"天池"，溪流汨汨；下山去奇梁洞，洞内有云雾山、天堂、龙宫、阴阳河等景；出洞入江，可观赏湘西最大的瀑布大龙洞瀑布和黄丝桥古城。

（5）丽江——云南的桃花源。位于云南西北的丽江，几年前还被许多人误认为是一条小江，现在可谓盛名在外，已被联合国确定为世界历史文化名城。其实，早在明清时，丽江就享誉中原。其大研古城的四方街、石板路、木桥、黑龙潭、东巴文化、纳西古乐等均引人入胜，使古城独具魅力。

（6）西昌——卫星从这里上天。位于川西南凉山彝族自治州中部、安宁河沿岸、成昆铁路线上的西昌，作为卫星发射中心，已经伴随着中国卫星以及其他国家卫星的多次升空而闻名世界。西昌可以说是中国高科技之旅的首站。在那里，人们不仅可以看到巨大的火箭发射架，而且还能了解卫星发射的全过程。走出市区，距城南约5千米的泸山上有光福寺，寺内石碑记载了西昌及周边的地震情况，为中国罕见。邛海位于西昌东南2.5千米处，湖水晶莹，蒲苇苒苒。螺髻山原始森林位于西昌市城南30千米处，林中小熊猫嚼竹，獐麂飞驰，有飞瀑、海子等。

（7）凭祥——离越南最近的地方。凭祥位于祖国西南边陲的中越边境线上，是中越关系的历史见证，市西南约18千米处是著名的友谊关。友谊关始建于明末，时称镇夷关，后改称镇南关。清时老将冯子材曾于此抗击法军，取得镇南关大捷。中华人民共和国成立后，中越交好，镇南关改名睦南关、友谊关。如今，凭祥已成为中越边境贸易的第一大站。

（8）玛多——追溯黄河源头。要指出玛多的精确位置实在不易，因为它邻近的四周并没有大的城市，我们只能说它位于青海省西宁市西南。玛多是黄河上游第一个县城，人口稀少，气候恶劣，海拔4 000多米，然而它却是一个值得一去的地方。因为，中华文化的摇篮——黄河源头就位于此县境内，自古以来人们就纷纷来此寻根溯源。在玛多县的西郊有黄河第一桥，这里黄河水清澈见底；再往西，可见鄂陵湖及鄂陵湖西20千米处的扎陵湖；源流而上有星宿海、约古宗列渠及著名的卡日曲。

（9）平遥——拍古装戏不用布景。从太原市往西南方向走，顺着酒香浓郁的汾河，走到约90千米处，见一古城雄立，形貌敦厚，即为平遥。平遥古城是我国现存最完整的古城之一，已被联合国教科文组织选为世界历史文化名城。如今，许多古装戏在此地拍摄外景时，连布景都不用。

问题：（1）为什么说这九座小城是最值得一去的地方？

（2）这九座小城分别位于哪一旅游区和哪一旅游线上？

（3）在中国地理填充图上，把它们的地理位置标注出来。

❀ 实训题

目前，在你家乡有哪些特色旅游项目或精品路线？

第7章

城市地理

学习目标

　　知识目标：了解城市的功能及分类；掌握我国城市的分布特点及规律、我国城市化及其进程的特点；掌握主要中心城市的特点。

　　技能目标：在中国地图上，找出我国特大城市和中心城市，指出其分布的规律。

　　能力目标：分析和评价你所在的省份城市化及其进程的现状和特点。

　　　　　　　推进以人为核心的新型城镇化

推进以人为核心的新型城镇化。实施城市更新行动，推进城市生态修复、功能完善工程，统筹城市规划、建设、管理，合理确定城市规模、人口密度、空间结构，促进大中小城市和小城镇协调发展。强化历史文化保护、塑造城市风貌，加强城镇老旧小区改造和社区建设，增强城市防洪排涝能力，建设海绵城市、韧性城市。提高城市治理水平，加强特大城市治理中的风险防控。

资料来源　根据《中共中央关于制定国民经济和社会发展第十四个五年规划的建议》的有关内容整理得来。

7.1　城市简述

7.1.1　城市的形成与发展

城市是现代产业和人口聚集的地区，是人类文明和社会进步的标志。只有拥有合理的城市规模、完善的城市设施和良好的城市环境，才能满足居民日益增长的物质文化需求，才能促进城市经济的发展和社会文明程度的提高。

城市的形成与发展是社会经济、文化发展的结果。城市是在商业、手工业与农业分离，原始社会向奴隶社会发展的过程中出现的。商业、手工业与农业的大分工，使居民点也产生了分化，形成了以农业为主的乡村和以商业、手工业为主的城市。早期，城市因受生产力发展水平的限制，可提供给居民的农产品有限，城市数目少、规模小，多分布在灌溉农业发达的地区，如两河流域、尼罗河下游、印度河流域及我国的黄河流域，其中许多城市都是行政、宗教、商业或军事中心。到了封建社会，生产力的进一步发展促使社会分工不断扩大和完善，商品生产与交换更加频繁，交通运输也比以前更加发达，这时在一些主要河口和海岸出现了以商业为中心的城市。这一时期城市的主要特征是：它既是商品市场和贸易中心，同时也逐渐发展成为政治、经济和文化中心。我国唐代的长安、洛阳，明代的南京等都是这一时期城市的代表，人口都超过百万。

但是，在资本主义以前的社会，城市的发展和人口的增长十分缓慢，1 800年城市人口只占全世界总人口的3%。

资本主义工业的发展，尤其是在18世纪下半叶，欧洲工业革命带动了城市的迅猛发展。以机器生产为基础的大工业城市的数量急剧增加，城市人口增长速度大大加快，这就形成了所谓的近代城市。20世纪，特别是第二次世界大战以来，世界进入了现代城市发展阶段。城市规模以空前速度扩展，新城市纷纷涌现，相继出现了前所未有的特大城市、大都市、区都市带和都市系统，还有人口超千万的超级大城市，如东京、墨西哥城、上海、北京等特大城市；美国东部大西洋沿岸波士顿—华盛顿，德国鲁尔区，日本东京—横滨、大阪—神户，我国的长江三角洲、珠江三角洲等城市群和都市带。现代城市的特征是：通过强有力的政权机构、雄厚的经济实力和各种先进的生产设施来实行对其他地区的控制和与其他地区加强联系，从而成为一个地区、一个国家的政治、经济和文化中心。

7.1.2 城市的功能和分类

1）城市的功能

（1）政治中心。对于绝大多数城市来说，它们是一定区域的政治中心，是各级人民政府的所在地，有各级政府的管理机关。如北京是我国首都，是我国的政治中心；武汉是湖北省人民政府所在地，是湖北省的政治中心；福鼎是一个县级人民政府的所在地，它是福建省县级市福鼎市的政治中心。

（2）经济中心。城市是众多人口聚集、制造业和服务业发达的地方。在现代社会，城市是国家资金积累的主要来源地，此外它还担负着向全社会提供先进技术装备的任务。其一般都有强大的经济实力。在一些大中城市，有众多银行、保险、证券等金融机构，形成本地区的金融中心。

（3）贸易中心。城市众多的人口需要大量的生活必需品，同时它也是各种物资产品的生产地和集散地，是城乡物资交流的枢纽。因此，城市里有许多大型商店和各种物资批发市场、超市，它们不但吸引着众多

中国经济地理

的城市消费者和生产者，同时也吸引着大量的农村消费者和生产者。

（4）文化中心。城市聚集了众多人口，同时也聚集了众多的科学技术人才，是文化最为发达的区域。城市一般都有众多学校和科学研究机构，它们担负着培养科学技术人才的任务，发挥着中心城市科学技术基地的作用，对于发展全国和区域经济具有重要意义。

（5）交通中心。由于人口和产业的聚集、物资和人员的大量流动，城市往往会成为一定区域的交通中心。一般来说，城市越大，交通量就越大，同时交通条件的优劣也会对城市的发展产生重大影响。

（6）服务中心。城市居民需要生产和生活两个方面的服务，所以城市里通常会建设许多医疗卫生机构、商店、旅馆、车站、机场、码头、邮电网点等，以解决流通、分配、消费等问题。

（7）信息中心。21世纪是信息时代，各种经济的发展都离不开信息，城市是信息发布中心，是其他地区信息的集散地。可以说，一个地区信息业的发达程度是本地区经济是否发达的标志之一。

2）城市的分类

城市分类是指根据城市的特点和属性将城市划分为不同的类别。城市的分类方法很多，目前在实际中运用较多的是按城市的职能和规模分类。

（1）按城市职能分类。按城市职能可以将城市分为工业城市、商贸城市、科学文化城市、风景旅游城市、港口城市、交通中心城市等。例如，黑龙江省的五大连池市是以旅游为主的城市；四川省的攀枝花市是西南重要的钢铁工业城市。但绝大多数城市的功能都是综合性的，即城市职能有多个。这种划分法主要是突出每个城市职能的特殊性。

我国城市按其职能可划分为5大类：

①综合性城市。它是指具有多种城市职能的城市。这类城市一般规模较大，在全国或较大地区范围内具有重要地位，如我国的四个中央直辖市和各省、自治区的省会和首府。

②工业城市。它是指以工业生产为主的城市。工业城市按其工业构成的不同可分为钢铁工业城市、石油工业城市、煤炭工业城市等。例如，被称为草原钢城的内蒙古包头市是钢铁工业城市；山西省大同市是煤炭工业城市；胜利油田所在地的山东省东营市是石油工业城市。

③交通城市。它是由于交通位置特别优越而发展起来的城市。如广西柳州（黔桂线、湘桂线、枝柳线）、陕西宝鸡（陇海线、宝成线）、湖北襄樊（襄渝线、汉丹线、焦枝线）、江苏徐州（陇海线、京沪线）等铁路交通枢纽城市和重庆涪陵（乌江和长江）、广西梧州（桂江和浔江）等河港枢纽城市。

④地区行政中心城市。它是地区级人民政府所在地，有地区级政府管理机关。地区行政中心城市一般都有一定的工业基础，同时还是该地区的商业、交通、文教中心。

⑤特殊职能城市。它是指革命圣地（如陕西延安市、贵州遵义市、江西瑞金市），风景旅游城市（如四川峨眉山市、湖南张家界市、福建武夷山市），边防城市（如广西凭祥市、内蒙古二连浩特市、黑龙江黑河市）等。

（2）按城市规模分类。我国城市规模按非农业人口数量的多少可分为4级：特大城市，人口在100万人以上，如上海、北京、重庆、天津、南京、青岛等；大城市，人口在50万~100万人，如安阳、潍坊、常州、宁波等；中等城市，人口在20万~50万人，如大理、遵义、江阴等；小城市，人口在20万人以下，如武夷山、张家界、五大连池等。我国百万人口以上城市的分布如图7-1所示。

7.1.3 城市化及其进程

1）城市化

城市化是以农村人口向城市迁移和集中为特征的一个历史进程，表现在人的地理位置上的转移和职业的改变以及由此引起的生产与生活方式的演变，既有看得见的实体变化，也有精神文化方面的无形转变。从某种意义上说，人类文明史也是一部城市发展史和城市化进程史。城市化的主要含义可归纳为四个方面：一是城市人口的迅速增加和城市人口比重的迅速提高；二是城市用地规模急剧扩大和新兴城市大量涌现；三是城镇的形态和分布由相对独立的状况转变为联系日益密切的状况；四是工业化国家之间在生产方式和生活方式方面的差距逐步缩小。

2）世界城市化进程

城市化的进程和特点受生产力发展水平等多种因素的制约。从世界

中国经济地理

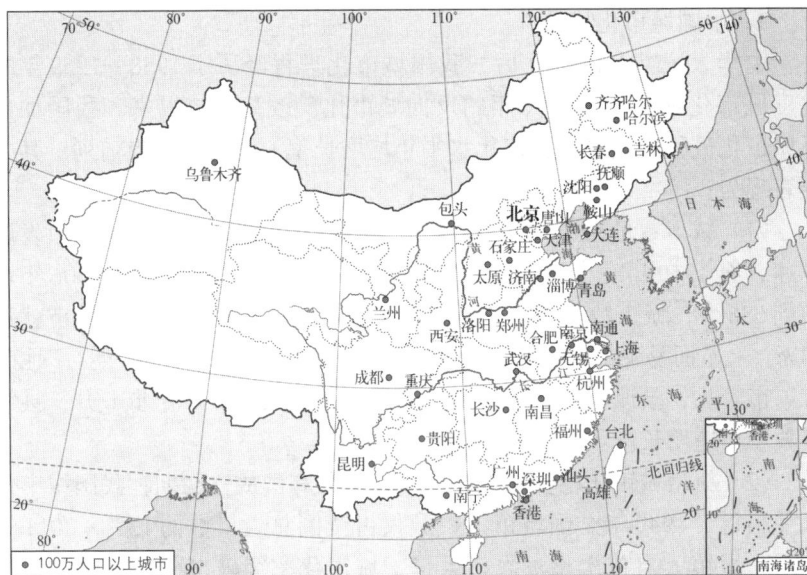

图7-1　中国百万人口以上的城市分布图

范围来看，随着各国工业化进程的加快，非农业经济活动的比重逐步上升，城市化的速度日益加快。1900年世界只有1.6亿人生活在城市，城市人口只占世界总人口的10%；而现在城市人口约有33亿人，约占世界总人口的50%。联合国的统计数字表明，1950—1995年，发达国家城市居民的数量增长了37%左右，欠发达国家城市居民的数量增加了一倍多，最不发达国家城市居民的数量增加了两倍多。同一时期，发展中国家人口超过百万的城市从34个增加到214个。目前，全世界人口超过100万的城市已达300多个，超过1 000万的超大城市有20多个。

　　城市化在让人类享受物质文明的同时，又使人类深受"城市病"的困扰，全球城市化的迅猛发展又加重了"城市病"的流行，使跨入21世纪的人类深受其害。据统计，现在生活在城市中的贫困人口约有15亿。世界城市人口中至少有6亿人没有足够的住房，非洲、拉美和亚洲部分大城市中，相当数量的人口居住在贫民窟里。城市供水不足且不洁，仅饮水不洁每年就造成1 000万人死亡。日益恶化的基础设施条件及交通拥挤、污染严重和犯罪率上升等问题不仅威胁着城市的经济发展，而且威胁着社会凝聚力和政治的稳定。

3）中国城市化特征

中华人民共和国成立后，我国城市化进程经历了1958—1959年的过度城市化和1961—1976年的反向城市化。改革开放以来，我国加快了城市化进程的速度，城市化水平年均增长率一直处于世界前列。其主要表现为：

（1）城市数量迅速增加。中华人民共和国成立以来，我国城市发展迅速，至1949年底全国有136个城市，1978年为191个，到2006年增加到656个，城市数量增加了近4倍。2020年全国地级及以上城市就达337个。显而易见，改革开放以来是我国城市发展最快的时期。"地改市、市管县、县改市"的新体制的实施，使地级市数量稳步上升，县级市数量快速增长。

（2）新型城镇化稳步推进。中华人民共和国成立初期，我国城市化水平很低，1949年全国城镇人口数仅占全国总人口数的13%，2011年年末，城镇人口首次超过农村人口，城镇化率突破50%，2019年进一步提高到60.60%，城市发展带动了整个社会经济的发展，城市建设已成为现代化建设的重要引擎。

（3）城市规模结构趋向合理。当前，我国大中小城市发展平衡，已基本形成了以大城市为中心、大中小城市相结合的比较合理的城市结构体系。我国西部地区城市密度比1949年增长了10倍多，中部地区增长了近4倍，这说明我国中西部地区城市数量偏少的局面已得到改善。

（4）城市基础设施大大改善。由于城市人口的急剧增加，我国大部分城市都经历了居民住房拥挤、排水困难、用电紧张等基础设施跟不上城市发展需要的阶段。从1995年起，我国城市市政公用设施建设投资大幅度增长，使全国绝大部分城市的道路、通信、煤气、住房、供电、供水、污水和垃圾分类处理等基础设施大大改善，增强了城市功能，城市化进程的速度明显加快；同时注意城市绿化，2019年我国城市建成区绿化覆盖率达41.5%，人均公园绿地面积达14.4平方米。

在"十四五"规划的引领下，我国城市的发展将迎来新的机遇，以提升城市产业竞争力和人口吸引力为导向，统筹优化城市国土空间规划、产业布局和人口分布，提升城市可持续发展能力，建设宜业宜居、富有特色、充满活力的绿色城市。

中国经济地理

【小知识7-1】
城市化的实质——城乡文化整合

人类学的观点认为，城市化的实质是城乡文化的整合。城乡文化的整合是城市化在城乡关联基础上的深化和拓展，即城市化进程是城市文化和乡村文化接触、融合、吸收、调和而趋于一体的过程。文化是人类创造物的总称，遍布于人类社会的各个角落。城乡差异可以说是文化的差异，那么，城市化期望达到的就是城乡携手前进、共享文明的局面。

7.1.4 城市分布特点

城市分布和人口分布一样主要受自然条件和社会经济条件的影响。因此，城市主要分布在适宜人们居住的、社会经济发达的温带、亚热带平原、低高原地带和沿海地区。人口最多的温带、亚热带、大河三角洲地带是城市比较稠密的地区。

1）我国城市分布的特点

我国城市分布的特点：一是东多西少、东密西疏；二是在人口特别稠密的地区和大河三角洲地区，城市成群分布；三是沿交通线成串珠状分布。东部城市在我国经济中占据主导地位。

2）我国的城市群

在我国东部人口稠密、经济发达、交通便利的大河三角洲地区，初步形成了长江三角洲、珠江三角洲、京津唐、辽中南、山东半岛五大城市群。前三大城市群的经济发展最为活跃，以全国5%的土地面积吸纳了约24%的人口，贡献了近四成的经济总量。

（1）长江三角洲城市群。它以沪、宁、杭、甬为发展中心，上海和宁波为主要口岸。这里经济发达、人口稠密、交通便利、城市化水平较高，已形成了以沪、宁、杭、甬四大城市为中心的包括苏南的常州、无锡、苏州、南通、泰州、扬州、仪征、丹阳、宜兴、张家港、常熟，浙北的湖州、嘉兴、绍兴、诸暨、余姚等的我国最大城市群，也是世界六大都市圈之一，有大中小城市近50个。目前拥有20座GDP百强城市、8座GDP万亿城市。

（2）京津唐城市群。它以北京、天津两大城市为发展中心，天津、秦皇岛为主要口岸，包括唐山、秦皇岛、廊坊、三河、霸州等9个大中小城市。这里煤炭、石油、铁矿资源丰富，水陆交通便利，经济实力和城市化水平都较高。

（3）珠江三角洲城市群。它以广州、香港、澳门为发展中心，香港、广州为主要口岸。这里外向型经济发达，中小城市密集，轻工业、家电业发展迅速。其包括深圳、珠海两个经济特区，香港、澳门两个特别行政区和广州、佛山、东莞、中山、肇庆、三水、江门、顺德、惠州、番禺等20多个大中小城市。这里是中国第一湾——粤港澳大湾区，是我国开放程度最高、经济活力最强的区域之一。它以不到全国0.6%的面积，创造了全国12%的GDP。

（4）辽中南城市群。它以沈阳和大连为发展中心，大连、丹东和营口为主要口岸，包括鞍山、抚顺、本溪、辽阳、大石桥、瓦房店等14个大中小城市。这里煤、铁资源非常丰富，水陆交通十分便利，是我国的重工业基地。

（5）山东半岛城市群。它以济南和青岛为发展中心，青岛和烟台为主要口岸，包括威海、莱阳、龙口、青州、潍坊、淄博、东营等23个大中小城市。这里煤炭、铁矿、石油、金矿等资源丰富，水产业发达，海上交通便利，是我国著名的海洋渔业养殖基地和著名的工业区。

此外，我国还将加速形成"四纵四横"沿海岸线和铁路线分布的八大城市带，即沿海城市带、沿京广铁路城市带、沿京沪铁路城市带、沿陇海铁路城市带、沿哈大铁路城市带、沿长江城市带、沿沪杭—浙赣铁路城市带、沿蓝烟—胶济—石德铁路城市带。

【观念应用7-1】

"都市圈"的概念是法国地理学家简·戈特曼提出来的，他认为都市圈应以2 500万人口的规模和每平方千米250人的人口密度为下限。都市圈是城市群发展到成熟阶段的最高空间组织形式，其规模是国家级甚至是国际级的。按简·戈特曼的标准，世界上有六大城市群达到了都市圈的规模。

（1）纽约大都市圈。该都市圈从波士顿到华盛顿，包括波士顿、纽约、费城、巴尔的摩、华盛顿等共40个大中小城市。其长965千米，宽48~160千米，面积13.8万平方千米，人口6 500万人，占美国总人口数

中国经济地理

的20%以上，城市化水平达到90%以上。

（2）北美五大湖都市圈。该都市圈分布于五大湖沿岸，从芝加哥向东到底特律、克利夫兰、匹兹堡，并一直延伸到加拿大的多伦多和蒙特利尔。它与纽约大都市圈共同构成了北美的制造业带。

（3）东京大都市圈。该都市圈一般指从千叶向西，经过东京、横滨、静冈、名古屋到京都、大阪、神户的范围。其面积3.5万平方千米，占日本国土总面积的9.26%。人口将近7 000万人，占全国总人口的61%。

（4）巴黎大都市圈。该都市圈内主要城市有巴黎、阿姆斯特丹、海牙、布鲁塞尔、科隆等，其中人口在10万以上的城市有40个，总面积14.5万平方千米，总人口4 600多万人。

（5）伦敦大都市圈。该都市圈以伦敦-利物浦为轴线，包括大伦敦地区、伯明翰、设菲尔德、利物浦、曼彻斯特等大城市以及众多小城镇，这是产业革命后英国主要生产基地。该都市圈总面积为4.5万平方千米，人口3 650多万人。

（6）长江三角洲都市圈。该都市圈由苏州、无锡、常州、扬州、泰州、南京、南通、镇江、杭州、嘉兴、宁波、绍兴、舟山、湖州等城市与上海一起组成，面积近10万平方千米，人口达7 240万人。

问题：应用上述资料分析世界都市圈分布的特点。

分析提示：（1）明确都市圈的概念。（2）世界都市圈主要分布在发达国家的经济发达地带，如美国的纽约、美加交界的北美五大湖、日本的东京、法国的巴黎、英国的伦敦、中国的长江三角洲等六大都市圈。

【小思考7-1】

现代城市有哪些功能？

答：现代城市主要有如下功能：政治中心、经济中心、贸易中心、文化中心、交通中心、服务中心、信息中心。

7.2 中心城市

中心城市是指一定区域内占主导地位、对整个区域经济的发展起关键作用的大中型城市。它通常以一定的行政区划为范围，是该地区的经济、政治和文化中心，是引领辐射圈内城乡发展的龙头。这些城市有明显的区位优势，各种生产要素密集，服务设施完善，适宜二三产业集中发展，能够形成产业集聚效应，能够广泛吸引和聚集人流、物流、信息流和资金流，是区域内体制、管理、科技和观念创新的策源地。可以说，中心城市的大小强弱直接影响着区域经济发展的活力和竞争力。

7.2.1 北京和天津

1）北京

北京位于华北平原西北端，是我国的首都，简称京。它先后有燕京、燕都、中都、大都、北平、北京等称谓，是全国的政治中心，同时也是全国科技、信息、文化艺术、国际交往和交通中心，还是我国第二大城市和北方重要的工业基地。

北京是中国历史文化名城，有3 000多年的悠久历史。北京拥有众多的古代宫殿、皇家园林和宗教庙宇等风景名胜，还有清华大学、北京大学、中国人民大学、中国科学院大学等600多所大专院校和科研机构。此外，北京的商业也很繁荣，有王府井、西单、东四等著名商业中心。新建的奥运村更为北京锦上添花。

北京工业门类齐全，其中，石油、钢铁、机械、化工以及毛纺、日用电器、工艺美术用品等生产在全国位居前列。北京拥有"首钢""燕山石化"等大型国有企业，驰名产品有"大宝"系列化妆品、"北京吉普"等，主要特产有"全聚德"烤鸭、"景泰蓝"瓷器、北京果脯等。2019年地区生产总值达3.54万亿元，人均GDP2.4万美元，劳动生产率超过28万元/人，居全国各省区市首位。

发展目标：首都功能明显提升；京津冀协同发展水平明显提升；构建以首都为核心的世界级城市群；成为国际科技创新中心。主要经济指标平衡协调，发展质量和效益显著提高。

2）天津

天津为我国北方重镇，简称津。它位于华北平原东北部，北依燕山，东临渤海，是中央直辖市和沿海开放城市。

天津依山傍海，是华北重要商业中心和口岸城市，也是北京出海门

中国经济地理

户，水陆交通发达，许多产品销往全国各地，同150多个国家和地区有贸易往来。天津港现有25个万吨级以上泊位，客运航线可达大连、烟台、龙口等地。市区地下铁路也已开始通车运行。

天津的海盐、石油和天然气资源丰富，并有一定的工业技术基础，现有工业门类150多个，主要包括化工、冶金、汽车、机械、仪表、电子、自行车、纺织、服装、制药和食品等。天津的驰名产品有"夏利"轿车、"飞鸽"自行车、"康师傅"方便面等，主要特产有"狗不理"包子、天津麻花、杨柳青木版年画等。2019年地区生产总值达1.41万亿元，名列全国第五。

发展目标：立足天津、依托京冀、服务环渤海、辐射"三北"、面向东北亚，加快基础设施建设，搞好综合改革和对外开放，瞄准世界先进水平，对接《中国制造2025》，努力把天津建设成为高水平的现代制造和研发转化基地、北方国际航运中心和国际物流中心、宜居的生态城区；努力把滨海新区建设成为高度开放、生态、智慧、港产城融合的宜居宜业美丽滨海新城。

7.2.2　沈阳和大连

1）沈阳

沈阳是东北地区最大的城市，辽宁省省会。它地处辽河冲积平原，地势平坦，经济发达，是东北地区的经济、交通和文化中心。

沈阳是一座有着2 000多年历史的古城，明末满族人努尔哈赤建后金迁都于此，称盛京，后改称奉天。沈阳现在是东北地区的工业中心，我国重工业基地之一，已形成以机械为主，包括冶金、航空、化工、轻工、纺织、建材、电子、造纸等在内的门类齐全的综合性工业体系。沈阳所产的大型变压器、大型机床和成套设备在国内外均享有盛誉。市内有辽宁大学、鲁迅美术学院、东北大学等高等院校和科研机构。2015年地区生产总值达0.71万亿元。

发展目标：至2030年，城镇化水平达到90%，建成国家现代综合枢纽、国家先进制造中心、综合性国家科学中心、区域性金融中心、区域性文化创意中心。

2）大连

大连位于辽东半岛南端，是沈大铁路和沈大高速公路的终点。素有"东北之窗""北方明珠""浪漫之都"之称，是中国东北对外开放的窗口和最大的港口城市；先后获得国际花园城市、中国最佳旅游城市、国家环保模范城市等荣誉。

大连是世界经济论坛（WEF）夏季达沃斯的常驻举办城市，拥有中国最大的农产品期货交易所，全球第二大大豆期货市场——大连商品交易所。大连还是辽宁省重要的工业城市，有造船、机械、海上钻井平台、机车、炼油、纺织、服装、食品加工、化工等工业门类，其中服装、工艺贝雕等产品素负盛名，曾经一年一度的大连国际服装节也吸引了大批国内外客商。2019年地区生产总值达0.70万亿元。

大连的群众性体育活动非常活跃，是我国著名的"足球城"，拥有多支著名足球队和金州体育场等一流体育运动场馆。

7.2.3 上海、南京和杭州

1）上海

上海是中国重要的经济、交通、科技、工业、金融、会展和航运中心，是世界上规模和面积最大的都会区之一，是中国大陆首个自贸区——"中国（上海）自由贸易试验区"所在地，是长江三角洲地区的核心城市，简称沪，别称申。它位于长江入海处的三角洲的东端和大陆海岸线的中段，地理位置十分优越。上海是全国最大的工业科技基地，拥有复旦大学、同济大学等800多所高等院校和科研机构，高新技术产业发展迅速。上海工业门类齐全，主要包括冶金、机械、石化、纺织、化纤、航空航天、汽车、服装、食品、化妆品、计算机、家电等。在《2013年中国城市竞争力蓝皮书》中位列第三（次于香港、深圳）。2019年地区生产总值达3.82万亿元，名列全国第一，亚洲第二。

上海是我国最大的金融和商贸中心。在2013年全球十大金融中心城市排名第六。上海证券交易所是全国最大的证券交易所，有600多家公司在此上市，上海石化、上海汽车、上海重工、陆家嘴集团等都是本地的上市公司。上海素有"购物天堂"之誉，商业中心以南京路、淮海路、四川北路、福州路为主，有上海一百、豫园商城、新世界商城等著

中国经济地理

名商业区。

2）南京

南京是江苏省的省会，简称宁，为全省政治、经济、文化、交通中心。它位于江苏省西南部，濒临长江，京沪和宁铜线交会于此。南京是我国七大古都之一，名胜古迹众多。市内有南京大学、东南大学、河海大学等多所大专院校和科研机构。

南京是全国重要的综合性工业生产基地。经过多年的发展，南京已形成以电子信息、石油化工、汽车制造、钢铁为支柱，以软件和服务外包、智能电网、风电光伏、轨道交通等新兴产业为支撑，先进制造业和现代服务协调发展的产业格局。南京位列中国城市综合实力"50强"第5名，是国际上看好的21世纪亚洲环太平洋地区最具发展前景的城市之一。2019年地区生产总值达1.40万亿元。

3）杭州

杭州位于浙江省北部、钱塘江下游，是浙江省的省会，全省政治、经济、文化中心，也是一座美丽的风景城市。同时，杭州还是我国著名的历史文化名城和国际旅游城市，有浙江大学、中国美术学院等著名高等学府，坐落在中山公园的西泠印社是我国研究金石篆刻的著名学术团体。此外，杭州西湖景区四季如画，有"人间天堂"之誉。2016年，G20会议在杭州召开，更提升了杭州在国际上经济、旅游等各方面的地位。

杭州是国家信息化、电子商务、电子政务、数字电视等试点城市，是国家软件产业化基地、集成电路设计产业化基地。杭州致力于打造"滨江天堂硅谷"，以信息和新型医药、环保、新材料为主导的高新技术产业发展势头良好，已成为杭州的一大特色和优势。通讯、软件、集成电路、数字电视、动漫、网络游戏等六条"产业链"正在做大做强，有12家企业进入全国"百强软件企业"行列，15家企业进入国家重点软件企业行列，14家IT企业在境内外上市。2019年地区生产总值达1.54万亿元。

7.2.4 郑州、武汉和广州

1）郑州

郑州是河南省省会。它位于河南省中部，紧临黄河，处陇海和京广两大铁路线的交会处，有全国最大的铁路编组站，交通地位非常重要。近年来，郑州的工业发展迅速，在纺织、机械、建材、耐火材料、能源、原辅材料、有色金属、食品、煤炭、卷烟等产业上具有明显优势，重点培育电子信息、汽车及装备制造、生物及医药、新材料、铝及铝精深加工、现代食品制造、品牌服装及家居制造等产业为工业主导产业。郑州宇通是亚洲规模最大、工艺技术最先进的客车生产企业。郑州速冻思念食品等占据全国高端市场。

2019年地区生产总值达1.16万亿元。郑州是我国中部地区著名的商贸城，是国家首批确定的商贸试点城市之一。郑州商品交易所是中国成立的第一家商品交易所、中国三大期货交易所之一、中西部唯一一家商品期货交易所。其期货产品如郑州白糖等，是国际市场核心价格指导价之一，并已经与印度美国等交易所达成合作协议。市内商场林立，著名的大型商场有"金博大"商场、"商城"大厦、"国际友谊"广场等。

2）武汉

武汉位于长江和汉水的交汇处，是湖北省省会，也是我国中部最重要的水陆交通枢纽和中部经济区的核心城市。市区由武昌、汉口、汉阳三镇组成。2004年在全国城市商务环境竞争力排名中名列第6位。

武汉历史悠久，春秋时属楚国的"江夏都"，东汉时叫"却月城"，三国时称"夏口城"，明代时与朱仙镇、景德镇、佛山镇合称"四大名镇"。历代的能工巧匠给后人留下了黄鹤楼、古琴台、归元寺等众多名胜古迹。

武汉是我国重要的工业基地，拥有钢铁、汽车、光电子、化工、冶金、纺织、造船、制造、医药等完整的工业体系。2019年地区生产总值达1.62亿元。

武汉是我国重要的科研教育基地。截至2019年，在汉高等院校100多所；其中普通高校和本科院校数仅次于北京居中国第二，在校大学生和研究生总数107.26万人，居世界第一。主要有武汉大学、华中科技大学、华中师范大学等。

3）广州

广州为华南经济区的核心城市，广东省省会，简称"穗"，别称"羊城"。广州位于广东省珠江三角洲北部，2 000多年来一直是华南重要的交通枢纽，有"中国南大门"之誉，是华南地区的政治、经济、文化中心。广州是我国改革开放后发展最快的城市之一。其主要工业有家电、电子、石油、造纸、食品、制糖、服装、化工、橡胶、汽车、造船、机械等部门。改革开放以来，"广货"大举北上，在全国有较高的声誉。广州主要有"五羊"摩托、"美的"和"格力"空调、"黑妹"牙膏等著名产品。汽车制造、电子通信和石油化工三大支柱产业的工业产值约占广州工业总产值的1/3。2019年地区生产总值达2.36万亿元，名列全国第三。

广州是我国著名的外贸中心城市，每年春秋两季都在此举办进出口交易会，珠海广场的中国出口商品交易会大厦是全国最大的商品展销中心。广州素有"花城"之称，在城北著名的花都市，每天都有成千上万束鲜花从这里运往全国各地。此外，广州植物园是我国最大的植物园之一。

7.2.5 重庆和成都

1）重庆

重庆是我国西南地区最大的工商业城市和水陆枢纽，也是西南经济区的中心城市，面积82 400平方千米。它位于长江与嘉陵江交汇处，简称"渝"，是中央直辖市（1997年设立）。直辖市的设立是针对我国西部城市稀疏、经济基础相对薄弱的特点，为加速我国西部城乡一体化而进行的大城市带动农村的重大试验。当时总人口中73%为农民，但至2019年年末，重庆市城镇化率已达66.8%，常住人口3 124万人。重庆冬春多雾，号称"雾都"，夏季炎热，和南京、武汉并称为我国的"三大火炉"。

重庆现代工业萌芽于抗日战争前，中华人民共和国成立以后发展成为重、轻工业多种部门的综合性工业城市。现在重庆是国家重要的现代制造业基地，已形成了电子信息、汽车、装备制造、综合化工、材料、能源和消费品制造等千亿级产业集群。2019年地区生产总值达2.36万亿元。2012年，在《第十一届中国城市竞争力排行榜》中，重庆荣获第十。同年，重庆荣获"十大幸福之城"和"十大休闲之城"。入围中国大陆旅游业最发达城市、中国最具安全感城市等。

重庆三面环山，有"山城"之称，独特的山城夜景驰名中外。南、北温泉和枇杷山、缙云山为著名风景区，还有红岩村、曾家岩、桂园等革命纪念地。

2）成都

成都是四川省省会，简称"蓉"，别称"锦城""芙蓉城"。它位于四川盆地西北部的成都平原上，是西南地区经济、文化、交通中心。

成都是我国著名的文化名城。古为蜀国地，秦于公元前316年入川，并巴蜀，改蜀国为蜀郡，筑土建成成都。成都有四川大学、成都大学、西南交通大学、西南民族大学等众多高等院校和科研机构。

1993年成都被国务院确定为西南地区的科技、商贸、金融中心和交通、通讯枢纽，是设立外国领事馆数量最多、开通国际航线数量最多的中西部城市。2015年成都由国务院批复并升格为国家重要的高新技术产业基地、商贸物流中心和综合交通枢纽，是西部地区重要的中心城市。成都工业以电子信息、医药、航空航天、食品及烟草为主，而且大力发展冶金、建材、化工、机械及汽车产业。自2010年以来，成都高新技术产业增长较快，已逐渐成为中国的信息技术产业中心之一。思科、西门子、SAP、甲骨文、联想、盛大、腾讯、华为、中兴等国内外知名公司都在成都设有研发中心。英特尔、中芯国际等公司也已在成都投资设厂。2019年地区生产总值达约1.70万亿元。

7.2.6 西安

西安是我国西北地区最大的城市，陕西省省会。它地处渭河平原中部，是西北地区的政治、经济、文化和交通中心。

西安是我国七大古都之一。自公元前1126年始，有西周、西汉、隋、唐等十多个王朝在此建都，曾发生过许多重要的历史事件。汉末的赤眉起义、唐末的黄巢起义和明末的李自成起义后，都曾在此建立过短暂政权。悠久的历史，给后人留下了众多名胜古迹。市内有西安交通大学、西北大学、西北工业大学等众多高等学府和科研机构。

西安的现代工业非常发达，已建成了以机械设备、交通运输、电子信息、航空航天、生物医药、食品饮料、石油化工为主的门类齐全的工业体系。"西安杨森"为著名的制药企业，"咸阳偏转"是中国电子行业

中国经济地理

第一家在美国上市的公司。2019年地区生产总值达0.93万亿元。

7.2.7　香港和澳门

1）香港

香港是我国的特别行政区。它位于珠江三角洲东部的南海之滨，隔深圳河与深圳特区相望。香港距广州140千米，包括香港岛、九龙和新界及其附近岛屿，面积1 104平方千米，人口约700万人，是世界人口密度最高的地区之一。

香港古时因生产沉香故称香江、香海，明代因转运东莞所产香木而有香港之称。1842年鸦片战争后被英国殖民者侵占，1997年7月1日回归祖国，并设立了保持资本主义社会制度、经济制度和生活方式50年不变的享有高度自治权的特别行政区，汉语和英语同为官方语言，货币是可自由兑换外汇的港元。

香港曾被称为亚洲四小龙之一，经济发展迅速，现已成为世界著名的金融、航运、旅游、信息和贸易中心，有"东方明珠"之称。香港地区资源贫乏，淡水无法满足生产和生活的需要，每年需从被称为"香港水缸"的广东新丰江水库调水。所以，香港经济的迅速发展，与其优越的地理位置和优良的港口、特定的历史背景以及香港人民不懈的奋斗、祖国内地对香港的支持是分不开的。贸易、加工业、金融、房地产、旅游是香港经济的五大支柱产业。2019年本地生产总值达28 657亿港元。

由于香港缺乏自然资源，地域狭小，人口众多，生产和生活所需的物资基本依赖进口，产品的绝大部分需输出到国际市场上，所以对外贸易是香港经济的生命线。内地是香港最大的进口市场，进口的主要商品有食品、燃料和原料等。为了香港人民的生活需要，每天有三趟快运列车从内地开往香港，供应鲜活冷冻食品。香港除向内地出口商品外，还向美国、欧洲、中国台湾和东南亚等地区出口商品，主要出口商品有服装、玩具、钟表、收音机、鞋类等。

香港是亚洲地区最大的自由贸易港。维多利亚港是世界著名的集装箱大港，可同时停泊100多艘万吨级以上的船舶，年吞吐各种货物超过亿吨。赤鱲角新机场是世界理货量最大的空运站之一，有航线通达南北美洲、欧洲、日本、中国内地、大洋洲和东南亚各国的近百个大城市。

香港金融业是香港经济生活的"中枢"，在经济中起主导作用。香港也是仅次于纽约、伦敦的世界第三大金融中心，同纽约、伦敦、苏黎世并称为全球四大黄金市场。香港集结了近400家世界主要外资银行，各项业务和买卖活动已趋向国际化，有自由外汇市场、股票市场、期货市场、租赁市场、黄金市场等。香港已成为一个区域性的国际金融中心。

旅游业是香港赚取外汇的第二大产业。作为东西方文化的荟萃之地，香港凭借自由港的地位和浓郁的地方色彩，大力开发、兴建各种旅游设施，已使其发展成为世界著名的旅游胜地，客源遍布美国、加拿大、日本、西欧、大洋洲和东南亚各国。其主要名胜古迹有文武庙、礼宾府（旧称港督府）、圣约翰大教堂、天后古庙、万佛寺、黄大仙祠、海洋公园和太空馆等。

2）澳门

澳门位于珠江三角洲南端的澳门半岛上，包括附近的氹仔、路环两小岛。面积29.2平方千米，人口55.7万人，97%为华人。澳门于19世纪被葡萄牙占领，沦为殖民地，1999年12月20日回归祖国，并设立特别行政区。

澳门经济以出口加工业、博彩旅游业、建筑业和金融业为主。工业以轻工业为主，包括服装、纺织、印染、玩具、电子、印刷、人造花等部门。博彩业在澳门的旅游业中占有极其重要的地位。澳门是亚洲最大的赌城，与蒙特卡洛、拉斯维加斯一起被称为世界三大赌城。澳门的博彩业内容丰富，有幸运彩、赛马、赛狗、彩票等，澳门政府财政收入的1/3来自博彩业。其主要名胜古迹有葡京娱乐场、水上皇宫、大三巴牌坊、大炮台、妈阁庙、主教山、普济禅院等。

澳门对外贸易发达，以欧洲和美国为主要出口对象，其次是中国香港和中国内地。其主要出口纺织品、服装、玩具、电器等。进口货物主要来自内地和香港，从内地进口水泥、轻工产品、燃料、蔬菜、肉类等。2019年本地生产总值达4 346.7亿澳门元。

澳门的交通主要以水运和公路为主，水运又以到香港的航线为主，水上客运量占入境客运量的80%以上。通过拱北海关到经济特区珠海的公路是澳门与内地之间的主要货运线。随着2018年超大型跨海港珠澳大桥正式开通，一桥连三地，天堑变通途。港澳与内地的联系更为便捷与紧密，进一步推动了粤港澳大湾区的建设。

【小思考7-2】
香港与澳门的经济特色是什么？
答：香港与澳门都以外向型经济为主。贸易、加工业、金融、房地产、旅游是香港经济的五大支柱产业。澳门经济以出口加工业、博彩旅游业、建筑业和金融业为主。

本章小结

※ 城市是现代产业和人口聚集的地区，是人类文明和社会进步的标志。也可以这样表述：城市是人口集中的相对永久性的大型聚落。现代城市有政治、经济、工业、交通、信息、科学、文化中心等功能。城市分类是根据城市的特点和属性将其划分为不同的类别。我国目前主要按城市的职能和城市规模对其进行分类。按城市的职能可以将城市分为工业城市、商贸城市、科学文化城市、风景旅游城市、港口城市、交通中心城市等。按非农业人口数量的多少可以把我国城市分为4级：特大城市，人口在100万人以上，如上海、北京、广州、重庆、天津等；大城市，人口在50万~100万人，如安阳、潍坊、常州等；中等城市，人口在20万~50万人，如大理、遵义等；小城市，人口在20万人以下，如武夷山、张家界等。

※ 城市化的主要含义可归纳为四个方面：一是城市人口的迅速增加和城市人口比重的迅速提高；二是城市用地规模急剧扩大和新兴城市大量涌现；三是城镇的形态和分布，由相对独立的状况转为彼此联系日益密切的状况；四是工业国家之间在生产和生活方式方面的差距正在逐步缩小。

※ 改革开放以来，中国城市化的基本特征表现为：城市数量增加迅速；城镇人口在全国总人口中的比重不断加大；城市规模结构趋向合理；城市基础设施大大改善。但是，目前我国的城市化水平仍低于世界平均水平。根据我国的国情，我国正

在加速城市化进程，积极推进有中国特色的城镇化建设，走城市与生态、城市与农村、城镇化与新型工业化相协调发展的路子，提升城市可持续发展能力，建设宜业宜居、富有特色、充满活力的绿色城市。

❋ 我国城市布局的特点是东密西疏，城市成群、成带分布。东部地区的长江三角洲、珠江三角洲、京津唐、辽中南、山东半岛城市群是我国城市化发展最快的地区，也是我国现代化的"高地"。

❋ 中心城市是指一定区域内居主导地位的、对带动整个区域经济发展起关键作用的大中型城市。它通常以一定的行政区划为范围，是该地区的经济、政治和文化中心，是引领辐射圈内城乡发展的龙头。中心城市的大小、强弱直接影响着区域经济社会发展的活力和竞争力。

❋ 我国的主要中心城市有北京、天津、上海、南京、杭州、重庆、广州、武汉、沈阳、大连、西安、郑州、成都等。

❋ 香港和澳门是我国的特别行政区，实行50年不变的港人治港、澳人治澳、高度自治的特殊政策。贸易、加工业、金融、房地产和旅游是香港的五大支柱产业。澳门经济以出口加工业、博彩旅游业、建筑业和金融业为主。

主要概念

城市　城市化　中心城市

知识练习

❋ **简答题**

（1）你学校所在省份有哪些中心城市？试分析它们的主要特点和功能。

（2）我国城市分布有何特点？

✳ **填空题**

（1）城市有多种职能，北京的主要职能是_____；上海的主要职能是_____；桂林的主要职能是_____。

（2）特大城市是指非农业人口在_____万人以上的城市。位于黄河岸边的特大城市有_____、_____、_____。既是海港又与铁路干线相连的特大城市有_____、_____、_____、_____。

（3）武汉市区是由_____、_____和_____三镇组成。

（4）香港是我国的特别行政区，其五大支柱产业是_____、加工业、_____、_____和旅游。

✳ **选择题**

（1）下列各组城市中，都属于百万以上人口的特大城市是（　　）。

A.吉林、淄博、抚顺

B.郑州、呼和浩特、齐齐哈尔

C.成都、南昌、银川

D.昆明、贵阳、南宁

（2）保护和改善城市环境的主要措施是（　　）。

A.分散城市职能，建设新城和卫星城市

B.增加城市数量，扩大城市职能

C.进行合理规划，加强对城市的管理

D.推进城市道路、住房建设，解决交通、住房拥挤问题

（3）既是百万以上人口的城市，又是沿海对外开放港口，同时还是自北向南排列的有（　　）。

A.大连、秦皇岛　　　　　　B.烟台、青岛

C.大连、上海　　　　　　　D.厦门、广州

（4）广州、香港和澳门等中心城市位于（　　）。

A.长江三角洲城市群

B.珠江三角洲城市群

C.山东半岛城市群

D.京津唐城市群

技能训练

（1）举例说明中心城市的作用。

（2）在中国填充图上，填注黄河与长江沿岸的特大城市。

观念应用

❊ **案例题**

全球城市化进程急剧加快

联合国发布报告称，到2050年，生活在城市的人口将达到64亿人，而目前这个数字是33亿人。预计到2050年，全球总人口将从目前的67亿人增长到92亿人。

在欧洲、北美洲和大洋洲（澳、新两国）这几个世界最发达的地区，城市人口数量远超农村，拉美地区和加勒比海地区也是如此。只有非洲和亚洲以农村人口居多，而全球大部分人口都生活在这两个地区。随着城市化水平的提高，全球农村人口总量预计将在10年内开始下降，到2050年，估计将从2007年的34亿人降至28亿人。

当前，以印度为代表的一些国家正企图以鼓励农村地区的发展来减缓城市化进程。在全世界最大的10个城市中，印度就有2个，孟买和新德里2007年的人口数量分别为1 900万人和1 880万人。

尽管城市化给政府带来了挑战，但城市化通常是经济活力的标志。目前，全球城市化进程急剧加快，预计到2050年之前，全球会新增8个人口在千万以上的大都市，使千万人口以上的城市达到27个。

亚洲和非洲国家目前基本上还是农村人口居多，城市人口与农村人口分别约占总人口的40%和60%，但在未来几十年里，城市人口将迅速增加。当然，这个变化是一个渐进过程，在2045—2050年间，非洲人口的一半将成为城市居民，而亚洲会在2020—2025年间达到这个水平。目前，中国人口大约有40%生活在城市，这个数字2050年可望超过70%，届时中国城市人口将超过10亿人。联合国报告显示，到2050年，迅速发展的中国外资中心深圳将步北京和上海的后尘，成为中国又

中国经济地理 ■

一个人口过千万的大都市。

　　世界第二人口大国印度目前只有29%的城市人口，预计到2050年，印度的城市人口数将占总人口数的55%。当然，印度的城市化水平估计不会像中国那么高，因此它有可能成为全球农村人口最多的国家。

　　资料来源　佚名. 全球城市化进程急剧加快［N］. 参考消息，2008-02-28.

　　问题：根据以上资料回答：（1）城市化的明显特征是什么？（2）全球城市化进程的特点是什么？（3）我国目前和将来的城市化特征是什么？

　　❋　**实训题**

做一份社会调查，说明你所在城市的城市化进程有何特点。

附：台湾经济概况

　　台湾位于我国东南部，西隔台湾海峡与福建省相望，东临太平洋。台湾省包括台湾岛、澎湖列岛、兰屿、绿岛、钓鱼岛等88个岛屿，面积3.6万平方千米，是我国第一大岛。2019年人口2 360.3万人。台湾自古以来就是中国领土的一部分，曾多次受到外来侵略，1895年被日本占领，1945年抗战胜利后回归祖国。

　　台湾有丰富的森林、水能、渔业和热带、亚热带生物资源，有"祖国宝岛"和"水果之乡"之称。其樟脑产量居世界首位，香蕉、菠萝、茶叶驰名中外。除有少量的金、银、铁、硫黄、石油、天然气资源外，发展现代工业所需的金属矿产资源异常贫乏，需大量进口。

　　台湾自20世纪60年代起开始注重现代工业的发展，现已形成以加工外销为主的海岛型工商经济。其主要工业部门有纺织、服装、食品、电子、机械、钢铁、炼油、造船、化工等。石油化学工业是台湾的支柱产业，乙烯、塑料、合成纤维的产量均居世界前列。电子电器工业是其发展最快的支柱产业，主要产品有冰箱、电脑、电话、电视机、照相机等。电脑硬件的产值仅次于美国、日本，列世界第三位。2019年台湾本地生产总值约18.90万亿新台币。

　　台湾以美国和亚洲各国为主要贸易区，其中美国和日本是其最主要的贸易伙伴。进入21世纪，随着海峡两岸关系的不断改善和发展，尤其是2009年5月国务院正式下发《关于支持福建省加快建设海峡西岸经济区的若干意见》以来，台湾和大陆之间的贸易往来频繁，其外贸市场结构起了很大变化，出口市场转向经济快速增长的中国大陆和东南亚地区。同时到大陆投资办实业的台商也大为增加。

台湾的对外交通主要依靠海运和航空运输。海运以高雄和基隆南北两港为主，高雄港是亚洲最大的海港之一，其集装箱吞吐量在世界排名第8位；桃园国际机场为台湾航空枢纽，台北和高雄也有大型机场。岛内运输以陆路为主。公路的90%集中在西部地区，以南北高速公路为主干线，环岛公路和东西横贯公路密布成网；台湾共有1 200千米长的铁路，大部分已实现电气化，连接基隆和高雄两港的铁路是台湾南北交通的主干线。

目前，海峡两岸已开通5条客货运航线，即厦金（厦门—金门）、两马（福州马尾—马祖）、泉金（泉州—金门）；第4条客货运航线于2008年8月开通，即厦门五通码头至金门航线。两码头之间只相隔8海里，搭乘高速双体船单程只需20多分钟；第5条航线于2011年11月30日开通，即福建平潭至台中航线，从平潭直航台中，航程仅2.5小时，这艘由两岸商家共同经营、目前世界上科技含量高、双体飞翼、航速最快的客货滚装船"海峡号"，为两岸直航又增加了一条快速通道。

中国经济地理

综合案例

综合案例1

潜龙横贯神州八千里

"西气东输"是一项举世瞩目的宏伟工程，是实施西部大开发战略的重要举措。它不仅能够发挥新疆的资源优势，加快新疆经济的发展，造福新疆各族人民，而且将有力地带动东、中、西部地区共同发展。工程西起新疆轮南，途经10个省、自治区、直辖市，全长4 000千米，设计年输气量120亿立方米，管道工程投资400多亿元，上、中、下游投资总额约1 400多亿元。管道工程经过戈壁沙漠、黄土高原、太行山脉，穿过黄河、淮河、长江，是我国目前距离最长、投资最多、输气量最大、施工条件最复杂的输气管道工程。

输气管道全长4 200千米，管道建设投资435亿元，覆盖东部8 500万户居民生活用气。该工程于2002年7月5日在塔里木气田、新疆库尔勒、陕西延川黄土塬、江苏无锡新区和上海白鹤镇等五个施工工地同时开工。2年之后，一条长距离大口径的天然气管道，从新疆塔里木延伸到上海白鹤镇，成为横贯中国的能源传输大动脉。饱受能源匮乏之苦的长江三角洲地区，迎来清洁高效的天然气时代。

问题：

（1）在填充图上填注工程的起点和终点以及所经省份。

（2）应用学过的知识分析为何要"西气东输"？它在经济布局中发挥了什么作用？

（3）"西气东输"工程现阶段的进展情况和效益如何？

综合案例2

青藏铁路：驶向幸福的雪域天路

2016年7月1日，青藏铁路开通运营10周年。10年来，青藏铁路安全运送旅客1.15亿人次、货物4.48亿吨，推动西藏GDP突破1 000亿元、年均增速超10%……这条犹如吉祥哈达一样的雪域天路把西藏与祖国内地紧密相连，为雪域高原的跨越式发展插上了腾飞的翅膀。

青藏铁路，这条最早由孙中山先生提出的伟大设想，在新中国成立57年之际成为现实。经过十载光阴的浸润，奇迹已然铸就了另一个奇迹。

——10年来，青海省GDP由641亿元增长到2 417亿元；西藏自治区GDP由248.8亿元增长到1 026.39亿元，年均增速保持在10%以上，2015年GDP增幅位列全国第一，是青藏铁路通车前的4倍。西藏农村居民人均可支配收入8 244元，是青藏铁路通车前的4倍；城镇居民人均可支配收入25 457元，是青藏铁路通车前的3倍。

——10年来，青藏两省区经济结构日趋优化。西藏经济总量中一产比重下降到9.4%，二产比重提高到36.6%，三产持续稳定。青藏铁路的开通使得青海旅游业呈现"井喷"式发展，2015年青海省接待国内外游客2 315万人次，旅游收入248亿元，分别是青藏铁路通车前的3.6倍和7.3倍。

青藏铁路沿线的柴达木盆地矿产富集，但过去因为物流成本太高难以开发。"钾肥对农业至关重要。青藏铁路通车以来，我公司的货运量从不足千吨到现在每天数万吨，主打产品钾肥占国内市场份额近70%，助力我国钾肥国产化率从约10%上升到50%。可以说，青藏铁路和盐湖工业携手维护了我国的粮食安全。"青海盐湖工业销售公司经理段盛清说。

青藏铁路地处世界"第三极"，由于昆仑山、唐古拉山等巨大山脉的阻隔，来自印度洋的暖湿气流无法跨越，生态环境极为脆弱。然而，乘坐火车行驶在青藏铁路，仍能看到铁路沿线绿色的灌木和草原。翻越唐古拉山后，更是一路雪山、草原、湿地绵延不绝，宛若一条"绿色长廊"。为全面实施"绿色天路"工程，10年来青藏铁路公司采取"宜乔则乔、宜灌则灌、宜草则草"的方法，对铁路沿线重点沙害地段进行全面整治。目前，青藏铁路沿线绿化长度达708千米。

此外，青藏铁路沿线的职工都承担着保护野生动物活动、迁徙的义务和责任。监测数据显示，藏羚羊等野生动物通道的使用率已经从2004年的56.6%逐步上升到了2011年以后的100%，区域内野生动物活

中国经济地理

动自如，呈现出一幅人与自然和谐相处的美好画卷。

在日喀则，货物列车穿行在拉萨与日喀则之间。这条2014年8月开通的线路是青藏铁路的第一条延伸线。货物通过拉日线的集装箱运输和公铁联运，运送到藏西地区和中尼樟木口岸，大大促进了西藏融入"一带一路"战略和与南亚国家的经贸往来。

资料来源　根据《光明日报》2016年07月02日相关报道整理得来。

问题：

（1）在地图上画出青藏铁路线并标注出铁路跨过的山脉和河流。

（2）归纳青藏铁路开通营运10周年对青藏两省区经济发展的贡献。

（3）在青藏高原上延伸的铁路有哪些？它们对国防和对外经济贸易有何意义？

（4）青藏铁路在生态保护方面的建设对现在的经济建设有何可借鉴的地方？

综合案例3

携手共创丝绸之路新辉煌

2 000多年前，亚欧大陆上勤劳勇敢的人民，探索出多条连接亚欧非几大文明的贸易和人文交流通路，后人将其统称为"丝绸之路"。千百年来，"和平合作、开放包容、互学互鉴、互利共赢"的丝绸之路精神薪火相传，推进了人类文明的进步，是促进沿线各国繁荣发展的重要纽带，是东西方交流合作的象征，是世界各国共有的历史文化遗产。

2013年，中国国家主席习近平在出访中亚和东南亚国家期间，先后提出共建"丝绸之路经济带"和"21世纪海上丝绸之路"（以下简称"一带一路"）的重大倡议，得到国际社会高度关注。

"一带一路"贯穿亚欧非大陆，一头是活跃的东亚经济圈，一头是发达的欧洲经济圈，中间广大腹地国家经济发展潜力巨大。丝绸之路经济带重点畅通中国经中亚、俄罗斯至欧洲（波罗的海）；中国经中亚、西亚至波斯湾、地中海；中国至东南亚、南亚、印度洋。21世纪海上丝绸之路重点方向是从中国沿海港口过南海到印度洋，延伸至欧洲；从中国沿海港口过南海到南太平洋。

根据"一带一路"的走向，陆上依托国际大通道，以沿线中心城市为支撑，以重点经贸产业园区为合作平台，共同打造新亚欧大陆桥、中蒙俄、中国—中亚—西亚、中国—中南半岛等国际经济合作走廊；海上以重点港口为节点，共同建设通畅、安全、高效的运输大通道。中巴、孟中印缅两个经济走廊与推进"一带一路"建设关联紧密，要进一步推动合作，取得更大进展。

截至 2016 年，共有 70 多个国家和国际组织积极参与"一带一路"建设，中国与 30 多个国家签署了共建"一带一路"的合作协议。3 年来，沿线各国聚焦政策沟通、设施联通、贸易畅通、资金融通、民心相通，不断深化合作，已经在多个方面取得积极成果。中国同 20 个国家签署了产能合作协议，同"一带一路"沿线 17 个国家共同建设了 46 个境外合作区，中国企业累计投资超过 140 亿美元，为当地创造 6 万个就业岗位。

资料来源 （1）根据 2016 年 6 月 22 日中华人民共和国主席习近平在乌兹别克斯坦最高会议立法院的演讲《携手共创丝绸之路新辉煌》整理得来。

（2）根据 2015 年 3 月国家发展和改革委员会、外交部、商务部《推动共建丝绸之路经济带和 21 世纪海上丝绸之路的愿景与行动》整理得来。

问题：

（1）何谓"一带一路"？是谁何时何地提出的？

（2）在地图上画出"一带一路"的走向。

（3）分小组，综合应用学过的工业地理、农业地理、交通地理、贸易地理、旅游地理等知识，分别谈谈"我的家乡"如何参与"一带一路"建设。

（4）上网查阅，至 2020 年，"十三五"期间，中国与沿线国家互利共赢、高质量共建"一带一路"的成果。

提示：第三个问题可以分别从西北和东北、西南、沿海和内陆地区、港澳台地区等着手分析讨论作答。

　　　　　　　　　　　　　　　　　　　　　　中国经济地理

主要参考文献

［1］中华人民共和国国家统计局. 2019年中国统计年鉴［M］. 北京：中国统计出版社，2019.

［2］2020年国民经济和社会发展统计公报。

［3］百度知道，http：//zhidao.baidu.com。

［4］新浪财经，http：//finance.sina.com.cn。

［5］搜狐财经，http：//business.sohu.com。